Ullstein

Über das Buch

Avi Primor ist seit 1993 israelischer Botschafter in Bonn. Seine Mutter stammte aus Deutschland und emigrierte 1932 nach Israel. Sie verlor durch den Holocaust ihre Frankfurter Familie. Primor erfuhr als Kind über Deutschland so gut wie nichts. Erst nach und nach erlangte er Kenntnisse über das Land, traf mit Deutschen zusammen – mit widersprüchlichen Empfindungen. Er beschreibt in ungewöhnlich offener Weise seine Erfahrungen mit Deutschland und den Deutschen, reflektiert vier Jahrzehnte diplomatischer Arbeit, erzählt mit viel Sinn für Humor Anekdoten und spricht über die Ängste seiner Landsleute. Vor allem aber liegt Primor die gemeinsame Zukunft Deutschlands und Israels am Herzen, nicht zuletzt die wirtschaftliche Zusammenarbeit, von der er sich eine Stabilisierung des Friedensprozesses im Nahen Osten verspricht.

Am 16. Juli 1998 wurde Avi Primor für sein vielseitiges Interesse und Engagement für Europa vom damaligen Bundespräsidenten Roman Herzog mit dem Merité Européen in Gold geehrt.

Der Autor

Avi (Avraham) Primor, geboren 1935 in Tel Aviv. Nach dem Studium der Politikwissenschaft und dem Militärdienst Eintritt in den diplomatischen Dienst. Unter anderem Botschafter in Dahomey (jetzt Benin), Gesandter in Frankreich, stellvertretender Staatssekretär im israelischen Außenministerium, Botschafter der Europäischen Gemeinschaft in Brüssel, in Belgien und in Luxemburg. Bevor er 1993 nach Bonn kam, war er zwei Jahre Vizepräsident der Hebräischen Universität in Jerusalem.

Avi Primor

»... mit Ausnahme Deutschlands«

Als Botschafter Israels in Bonn

Ullstein

Ullstein Buchverlage GmbH & Co. KG,
Berlin
Taschenbuchnummer: 35910

Überarbeitete Ausgabe
Dezember 1999

Umschlaggestaltung:
Bauer & Möhring
Foto:
Atelier Schafgans, Bonn

ISBN 3 548 35910 8

Gedruckt auf alterungsbeständigem
Papier mit chlorfrei gebleichtem
Zellstoff

Die Deutsche Bibliothek –
CIP-Einheitsaufnahme

Prîmôr, Avī:
»... mit Ausnahme Deutschlands« :
als Botschafter Israels in Bonn / Avi Primor. –
Überarb. Ausg. – Berlin : Ullstein, 1999
(Ullstein-Buch ; 35910)
ISBN 3-548-35910-8

Meiner Mutter gewidmet,
geboren als Selma Goldstein
in Frankfurt am Main

Bildnachweis

André Brutman, Ramat Hakoyal 28; Bundesbildstelle, Bonn 3; Contrast Press (Daniel Sauerstrom), Bonn 12, 27; Daniel Franck, Paris 5, 7; Rafael Herlich, Walldorf 14, 25; Israel Agency Press, Jerusalem 16, 17, 20, 21; Israelische Botschaft, Bonn 6, 8, 11, 13, 22, 24, 29, 30; Michael von Lingen, Bonn 15, 26; Melde Press, Bonn 23; Avi Primor 1, 2, 9, 10, 18, 19, 31; Ullstein Bilderdienst, Berlin 4

Inhalt

Deutsches Volk, wie viel mehr hast du den Sieg deiner
Führer zu fürchten als ihre Niederlage.

Thomas Mann

Die sich des Vergangenen nicht erinnern, sind dazu verurteilt, es noch einmal zu erleben.

George Santayana

Vorwort

Ich werde immer wieder gefragt, ob es denn nicht zwischen Israel und Deutschland längst normale Beziehungen gibt, und ich sage darauf immer: nein, normal sind die Beziehungen nicht, dazu trennt uns aus der Geschichte zuviel.
Bundespräsident Roman Herzog
am 14. Mai 1995

Dieses Buch erhebt weder den Anspruch, eine zeitgeschichtliche Untersuchung noch eine Selbstbiographie zu sein. Ich habe lediglich versucht, persönliche Impressionen darzustellen, die Deutschland und die Deutschen betreffen. Viele Erlebnisse und Eindrücke sind so Teil meiner Person geworden, daß ich sie mittlerweile als selbstverständlich mit mir herumtrage. Es überrascht mich, daß Deutsche, denen ich begegne, fasziniert auf Dinge reagieren, die grundlegend für mich sind und mir seit eh und je höchst vertraut.

Seit meiner Ankunft in Deutschland, 1993, ist immer wieder die Aufforderung an mich herangetragen worden, nicht nur meine Gedanken und Gefühle, die sich mit diesem Land verbinden, sondern auch die Empfindungen meiner Landsleute zu beschreiben – eine schwierige Aufgabe. Die Erfahrungen, die mein Deutschlandbild beeinflußten, habe ich so genau wie möglich zu schildern versucht. Ebenso bemühte ich mich um die fehlerlose Wiedergabe von Daten und Fakten, ich behaupte jedoch nicht, daß sämtliche geschichtlichen Tatsachen, die mit dem Inhalt des Buches in Zusammenhang stehen, insgesamt oder im Detail jeweils so behandelt sind, wie ihr Gewicht in der Geschichte es hätte erfordern können.

Ich gestehe auch, daß manche Tatsachen, gemessen an ihrer Wirkung in der Geschichte, einen unverhältnismäßig großen oder einen zu geringen Raum in diesem Buch einnehmen. In richtigen Proportionen dargestellt ist dagegen die Wirkung, welche die angesprochenen Ereignisse auf mich hatten. Es handelt sich, wie gesagt, um die Beschreibung persönlicher Eindrücke, Gedanken und Empfindungen und nicht um ein akademisches Werk.

Ich möchte die Gelegenheit nutzen, um folgenden Damen und Herren ganz besonders für die Unterstützung zu danken, die sie mir beim Abfassen dieses Buches in der einen oder anderen Weise haben zuteil werden lassen: Botschafter Asher Ben Natan, Prof. Dr. Moshe Zimmermann, Inge Deutschkron, Dorothea Dane, Rosemarie Toscha, Alice Jambor, Gisela Kuck, Raul Teitelbaum, und schließlich Hans-Georg Puchert, der den gesamten Text mit stilistischem Feingefühl durchgesehen und bearbeitet hat.

A.P.

Deutschland – ein weißer Fleck

Schon in meiner Kindheit war mir klar, daß ich mit Deutschland nie etwas zu tun haben, mit Deutschen weder verkehren noch sie überhaupt jemals kennenlernen würde. Niemals auch würde ich ein Produkt aus Deutschland kaufen. Deutschland war für mich ein weißer Fleck auf der Karte, es existierte einfach nicht. Meine Mutter, die dort geboren ist, sich dank eines Zufalls aber schon 1932 in Israel, dem damaligen Palästina, niederlassen konnte, hat mir diese Einstellung zwar nicht eingeprägt, allerdings auch nichts unternommen, um ihr in irgendeiner Weise entgegenzuwirken. Dabei war sie selbst durchaus darauf bedacht, engen Kontakt zur deutschen Sprache und Kultur zu halten. Obwohl die Umgangssprache bei uns zu Hause Hebräisch war, das sie ziemlich mühelos und rasch erlernt hatte, und obwohl sie Französisch fast ebensogut beherrschte wie Deutsch, befaßte sie sich ständig mit deutscher Literatur. Zu ihrer Lektüre gehörten Zeitschriften in deutscher Sprache, und wenn sie Freundschaften schloß, handelte es sich meist um andere deutschsprachige Juden, die es nach Israel verschlagen hatte. Ich erinnere mich, bei uns des öfteren die »Neue Zürcher Zeitung« gesehen zu haben, doch keine deutschen oder in Österreich erschienenen Zeitungen, Zeitschriften und Bücher aus der Hitler- Zeit, den Jahren nach 1933.

Weshalb ich eine so heftige und ausschließliche Abneigung gegen alles hegte, was deutsch war, ist mir nicht immer völlig bewußt gewesen. Ich selbst habe weder den Krieg noch den Holocaust erlebt. In meiner Kindheit kannte ich niemanden, der jemals, es sei denn auf Abbildungen, eine Nazi-Uniform gesehen hat. Meine Mutter hat zwar während des Kriegs ihre gesamte Familie verloren, Verwandte und Freunde, von denen sie sich 1932 in Frankfurt verabschiedet hatte – keiner von ihnen hat den Holocaust überlebt –, diese Menschen und ihre Schicksale aber wirkten auf mich, der ich keinem der späteren Opfer jemals direkt begegnet war, eigentümlich schemenhaft und abstrakt. Von ihren Eltern besaß meine Mutter nicht einmal ein Foto. Für sie, die schon lange vor dem Krieg die Verbindung zu den Angehörigen verloren hatte, war dann der Schmerz um so größer. Übrigens hat sie fast nie darüber gesprochen. Bis auf die Tatsache, daß die Familie in Deutschland bald nach Anfang des Krieges verschleppt worden war, wurde das Holocaust-Thema in Gesprächen kaum erwähnt, jedenfalls nicht in meiner Gegenwart und der meiner Geschwister.

Wo also lagen die Gründe meiner totalen Ablehnung jedes Wissens über Deutschland? Vielleicht im Abscheu eines jüdischen Kindes vor dem Bannerträger des Antisemitismus, zu dem Deutschland sich entwickelt hatte? Wohl kaum, denn Antisemitismus war für mich ein historischer, gefühlsmäßig fremder Begriff. Ich gehöre einer jener Generationen von Juden an, die mit dem Antisemitismus nie in direkte Berührung gekommen sind. Ich bin in einer Gesellschaft geboren und aufgewachsen, die ausschließlich aus Juden bestand. In meiner Jugend habe ich nie einen Nichtjuden kennengelernt; ob die Lehrer in der Schule, ob Freunde oder Verwandte – sie alle konnten nur Juden sein. Daß es Nichtjuden gab, bedeutete in meinen Augen nichts anderes als die Existenz von Ausländern etwa in Deutschland oder irgendeinem anderen

Land. Gewiß, es gab Araber, die Palästinenser, doch bildeten sie, so haben wir es als Kinder empfunden, eine eigenständige Bevölkerungsgruppe, die neben uns und nicht mit uns lebte. Und dann die Kolonialmacht England, repräsentiert durch Fremde, durch Ausländer, durch Feinde zumal, die es zu bekämpfen galt, um Freiheit und Unabhängigkeit zu erringen. Hier ging es indessen um keine gesellschaftlichen Probleme. Mit den Engländern wünschte man sich weder zu befreunden noch zu vergleichen; niemand bezweifelte, daß sie eines Tages wieder abziehen würden, und dieses Ziel hatte Vorrang vor allen anderen. Von den Empfindlichkeiten der Angehörigen einer Minderheit mit ihren Komplexen jedenfalls, die vielen im Ausland aufgewachsenen jüdischen Kindern zu schaffen macht, blieb ich verschont.

Uns als Angehörige einer Minderheit zu begreifen, kam uns nicht in den Sinn. Daß wir Feinde hatten – anfangs, in der Zeit meiner Kindheit, die Engländer, später die Araber –, stellte uns Ländern und Völkern gleich, die ebenfalls um ihre Selbstbestimmung kämpften. Was unsere Freiheitsbestrebungen angeht, so hatten sie mit Antisemitismus und dessen Abwehr so gut wie nichts zu tun, um so gründlicher aber hat man uns in der Schule über die Judenverfolgungen und ihre Ursachen aufgeklärt. Ganz der Aufsicht unserer von der Kolonialmacht unabhängigen autonomen Behörden unterstellt, erfolgte der Unterricht in hebräischer Sprache und gemäß den Richtlinien des allgemeinen Erziehungs- und Bildungsprogramms, in dem die Vermittlung der jüdischen Geschichte natürlich einen der Hauptschwerpunkte bildete. Ich erinnere mich, wie ich mir erste welthistorische Kenntnisse durch das Erlernen der Geschichte des jüdischen Volkes aneignete, sie gewissermaßen nebenbei und fast zwangsläufig erwarb. Die Darstellung der Lage jüdischer Gemeinschaften im Europa zur Zeit der Kreuzzüge etwa kam ohne erklärende Hinweise auf Entstehung und Bedeutung dieser Unternehmungen nicht aus. Und wer verstehen wollte, was mit den polnischen und ukrainischen Juden im 17. Jahrhundert geschah, kam nicht umhin, in die Geschichte der Polenherrschaft in der Ukraine und des ukrainischen Widerstands einzudringen. Im Mittelpunkt des Grundschulunterrichts aber stand die Geschichte der Juden.

Von diesen dreitausend Jahren handelte die Rede, die der israelische Staatspräsident Ezer Weizman am 16. Januar 1996 vor dem Deutschen Bundestag hielt. Wegen ihres eher literarischen als politischen Stils öffentlich allgemein als außergewöhnlich gewürdigt, beeindruckte sie vor allem durch die enge Verbundenheit des Präsidenten mit der Geschichte seines Volkes, die in bewegten, anrührenden Worten zum Ausdruck kam.

»Ich bin nicht mehr ein Jude«, sagte Weizman, »der in der Welt umherwandert, der von Staat zu Staat ziehende Emigrant, der von Exil zu Exil getriebene Flüchtling. Doch jeder einzelne Jude in jeder Generation muß sich selbst so verstehen, als ob er dort gewesen wäre – dort bei den Generationen, den Stätten und den Ereignissen, die lange vor seiner Zeit liegen. Daher bin ich immer auf der Wanderschaft, aber nicht mehr auf den abgelegenen Wegen der Welt. Jetzt wandere ich durch die Weite der Zeiten, ziehe von Generation zu Generation, laufe auf den Pfaden der Erinnerung.«

Weizman beschwor die Geschichte nicht als Chronist, sondern als ein Zeuge, der unmittelbar an ihr Anteil hatte: »Die Erinnerung verkürzt die Distanzen. Zweihundert Generation sind seit den historischen Anfängen meines Volkes vergangen, und sie erscheinen mir wie wenige Tage. Erst zweihundert Generationen sind vergangen, seit ein Mensch namens Abraham aufstand, um sein Land und seine Heimat zu verlassen und in ein Land zu ziehen, das heute mein Land ist. Erst zweihundert Generationen sind seit dem Zeitpunkt vergangen, als Abraham die Machpelah-Höhle in der Stadt Hebron kaufte: bis zu den schweren Konflikten, die sich dort in meiner Generation abspielen. Erst hundertfünfzig Generationen sind seit der Feuersäule des Auszugs aus Ägypten bis zu den Rauchsäulen der Shoah vergangen. Und ich, geboren aus den Nachkommen Abrahams im Lande Abrahams, war überall mit dabei.«

»Ich war«, fuhr der Präsident fort, »ein Sklave in Ägypten und empfing die Thora am Berg Sinai, und zusammen mit Josua und Elijah überschritt ich den Jordan. Mit König David zog ich in Jerusalem ein, und mit Zedekiah wurde ich von dort ins Exil geführt. Ich habe Jerusalem an den Wassern von Babel nicht vergessen, und als der Herr Zion heimführte, war ich unter den Träumenden, die Jerusalems Mauern errichteten. Ich habe gegen die Römer gekämpft und bin aus Spanien vertrieben worden. Ich wurde auf den Scheiterhaufen in Magenza, in Mainz, geschleppt und habe die Thora im Jemen studiert. Ich habe meine Familie in Kischinew verloren und bin in Treblinka verbrannt worden. Ich habe im Warschauer Aufstand gekämpft und bin nach Eretz Israel gegangen, in mein Land, aus dem ich ins Exil geführt wurde, aus dem ich komme und in das ich zurückkehren werde.«

So ungewöhnlich eindringlich und poetisch diese Rede allenthalben wirkte, so angemessen und konsequent, ja so selbstverständlich in ihrem inhaltlichen Kern wollte sie mir erscheinen. Das tiefe, um nicht zu sagen intime Verhältnis der heutigen Israelis zu den Jahrtausenden jüdischer Geschichte, wie es sich ungebrochen in Weizmans Worten äußerte, ist uns, den in Israel Geborenen, schon in der Schule eingeprägt worden. Im Zusammenhang damit machte man uns auch mit dem Phänomen des Antisemitismus vertraut, im alltäglichen Leben jedoch spielte all das, was sich mit diesem Begriff verbindet, keine, jedenfalls keine gefühlsmäßige Rolle. Dem Antisemitismus sind wir ganz einfach nie begegnet.

Als mögliche Ursache meiner Abneigung gegen Deutschland, die mich auch den neuen, nach dem Krieg gegründeten Staat, die demokratische Bundesrepublik, nicht wahrnehmen ließ, kam nicht zuletzt die massenhafte Vertreibung und Ermordung von Juden in Betracht, die Deutschland vor sich selbst und vor der Weltöffentlichkeit zu verantworten hat. Doch hatte es, wie wir es als Kinder lernten, nicht schon in früheren Jahrhunderten Judenverfolgungen großen Ausmaßes gegeben, Haß auf Menschen, die sich zum jüdischen Glauben bekannten, Pogrome und blindwütige Vernichtungszüge, die zum Tod von Tausenden und Abertausenden von Juden führten? Bereits vor zweitausend Jahren, als die Römer uns besiegt und Jerusalem zerstört hatten, sind wir aus dieser Stadt verbannt und schließlich auch aus unserem Land vertrieben worden.

Verheerender noch verlief die große Welle der Judenverfolgungen, die Ende des 11. Jahrhunderts mit den Kreuzzügen einsetzte. In Spanien hatte der Untergang der Araberstaaten, die Rückeroberung (Reconquista) des bis dahin arabisch beherrschten Südens und die Wiederherstellung der christlichen Oberherrschaft 1492 nicht nur die Vertreibung der nichtchristlichen Mauren zur Folge. Auch die Juden mußten das Land verlassen, sofern sie als »Ungläubige« sich nicht dem Taufgebot der Inquisition unterwarfen, wozu sich nur wenige bereit zeigten. Am Hof geachtet, am kulturellen Leben beteiligt und dank ihres hohen Bildungsstandes einflußreich, hatten sie glücklich und sozial voll integriert bis zur Ausweisung mehr als tausend Jahre lang in Spanien gelebt und das Land als ihre Heimat betrachtet, sowohl unter christlicher wie muslimischer Herrschaft. Die Juden Spaniens galten in der gesamten Diaspora als kultivierteste und mit ihren Gastvölkern am stärksten verbundene Gemeinschaft. Ihre Vertreibung machte sie über Nacht zu Recht- und Besitzlosen.

Schließlich, als weiteres Beispiel herausgegriffen aus der langen Leidensgeschichte des jüdischen Volkes, der Aufstand des ukrainischen Kosakenführers Bogdan Chmelnizkij im 17. Jahrhundert, sein Kampf gegen die Polen und der Anschluß der Ukraine an Rußland (1654). Im Grunde hatte er, durchaus ehrenwert, nichts anderes im Sinn, als sein Land von fremder Herrschaft zu befreien. Zur Bilanz seines Konflikts mit den Polen aber gehört auch die Ausrottung eines Großteils der jüdischen Bevölkerung. Warum eigentlich und zu wessen Nutzen? Waren schon damals nach landläufiger Auffassung die Juden »an allem schuld«? Eine Frage, die an jene bekannte Anekdote erinnert, die genau diese Meinung kolportiert und außer den Juden auch den Radfahrern die Schuld an allem und jedem zuweist. »Warum die Radfahrer?« fragt einer. Antwort: »Warum die Juden?«

Solche Geschichten, mehr oder minder geistreich und oft voll bitterer Ironie, sind undenkbar ohne die gewaltige Summe der Erfahrungen, die ihnen zugrunde liegt: soziale und rechtliche Diskriminierungen, etwa die Ausschaltung der Juden aus dem politischen und öffentlichen Leben, Einschränkungen der Berufs- und Glaubensfreiheit und die Pflicht, in eigenen Wohnvierteln zu leben, den Ghettos, sodann Heimsuchungen durch Pogrome bis hin zum staatlich geduldeten oder gar befohlenen Mord.

Mit dem während meiner Ausbildung vertieften Wissen um die leidvollen Erfahrungen meines Volkes aber kam ich kein Stück der Antwort auf die Frage näher, weshalb Deutschland für mich lange eine Art Niemandsland blieb, obwohl sich doch gerade hier Unsägliches ereignet hatte, nicht erst in jüngerer Vergangenheit. Auch der Krieg, genauer gesagt die Furcht vor einem Einfall deutscher Truppen in unser Land, der 1941 und im darauffolgenden Jahr nicht ganz auszuschließen war, hat mein Verhältnis zu Deutschland, das eigentlich ein Un-Verhältnis war, kaum bestimmt. Feldmarschall Rommel war mit den Soldaten seines Afrikakorps innerhalb kurzer Zeit zwar weit nach Osten vorgedrungen, so daß man bei uns schon Vorbereitungen zum Widerstand traf und von Städten sprach, die wie Festungen verteidigt werden sollten, mit Sprengsätzen für die Häuser und bis zum letzten Mann, falls die Invasoren tatsächlich eindringen und die Engländer sich zurückziehen und uns, wie vermutet, im Stich lassen würden. Die anfängliche Besorgnis schlug mehr und mehr in ein Gefühl ohnmächtiger Beklommenheit um.

Nur: Von alldem spürte und wußte ich so gut wie nichts. Ich war damals gerade erst sieben, meine bis dahin normal verlaufene, ja ausgesprochen glückliche Kindheit wurde von den Sorgen der Erwachsenen nicht belastet, schon gar nicht durch Schreckensnachrichten. Das erste, was ich über Rommel erfuhr, verband sich, ohne daß ich es ganz verstand, mit dem Namen Bir-Hakeim, dem Schauplatz jener Schlacht, in der es der Freien Französischen Armee de Gaulles unter ihrem Befehlshaber General Pierre Koenig gelang, das Afrikakorps sechzehn Tage aufzuhalten und damit den Engländern hinreichend Zeit für ihren Aufmarsch bei El Alamein zu verschaffen. Auch der Name dieser Oase in der Libyschen Wüste blieb mir seit jener Zeit im Gedächtnis, bedeutete er doch gleichsam das Ende aller Bedrohung: Die Niederlage des Afrikakorps in der Schlacht bei El Alamein besiegelte das Schicksal des deutschen Expeditionsheers in Nordafrika und leitete dessen Rückzug nach Italien ein. Danach reihte sich eine Siegesmeldung an die andere.

Kindheitsängste vor deutscher Kriegsgewalt also haben, da ich sie nicht erlebte, mein früheres Deutschlandbild mit Sicherheit nicht beeinflußt. Wohl aber kehrte die Erinnerung an jene Jahre zurück, als ich, inzwischen Botschafter in Bonn, Manfred Rommel kennenlernte, den Sohn jenes umstrittenen Feldherrn, der nach dem Afrikakorps später eine Heeresgruppe an der Westfront befehligte. Ich schätze Manfred Rommel, den langjährigen Oberbürgermeister Stuttgarts, als aufrichtigen Freund Israels, der 1987 als »Guardian of Jerusalem« ausgezeichnet worden ist und sich ebenso um die deutsch-französischen Beziehungen wie um die demokratische Erziehung der Nachkriegsjugend verdient gemacht hat. Das erste Mal sah ich ihn im Juni 1994 in einem Fernseh-Interview. Die Sendung war anläßlich des 50. Jahrestags der Invasion der Alliierten in der Normandie aufgezeichnet worden, bot aber nicht nur Gelegenheit zu kriegsgeschichtlichen Rückblicken. Zu den Erinnerungen an den berühmten Vater, die Rommel in diesem Interview preisgab, gehörte, daß er, der Sohn, bereits als Fünfzehnjähriger eine Luftwaffenuniform getragen, die SS der Luftwaffe damals jedoch entschieden vorgezogen habe. Daß man ihn nicht zum Dienst in der SS einzog, habe er allein seinem Vater zu danken.

Später, in einem Gespräch, konnte ich Manfred Rommel zu diesem Punkt näher befragen. Er bestätigte, daß er, fast noch ein Kind und indoktriniert durch Erziehung und Nazi-Propaganda, sich für die SS begeistert hatte, nicht zuletzt

19

auch deshalb, weil die SS so schneidige Uniformen trug ...
Als er sich aber dann ernstlich als Freiwilliger um Aufnahme
bemühte und seinem Vater den Antrag zur Unterschrift vorlegte, die wegen der Minderjährigkeit des Bewerbers erfor-
derlich war, zerstoben alle vermeintlich schönen Pläne: Nicht
nur, daß der Feldmarschall die Unterschrift verweigerte, er
deutete seinem Sohn gegenüber auch an, als SS-Mann müsse
er bereit sein, Menschen zu vergasen. An dieser Stelle des Gesprächs überkam mich eine seltsam beunruhigende Vorstellung, absurd und doch so abwegig nicht: Was wäre aus unserem Land, was wäre aus mir geworden, hätten 1942 die
Divisionen des Afrikakorps die Schlacht von El Alamein
nicht verloren? Nichts hätte sie nach den vorausgegangenen
Erfolgen daran hindern können, den Weg nach Palästina ein-
zuschlagen. Und ich, kaum acht Jahre alt, hätte mein Leben
womöglich in einer Gaskammer beendet.

Deutschland also als einziger Inbegriff und Verkörpe-
rung des Bösen schlechthin? Mich hat es nicht nachhaltig beeindruckt. Schon während des Kriegs gab es nicht wenige
Menschen im heutigen Israel, die sich, neben der am Anfang
nicht ganz unbegründeten Furcht vor einem dauerhaften
Sieg Nazi-Deutschlands über alle mittel- und osteuropäischen Staaten, mit dem Vorgefühl des Entsetzens die Begegnung mit einer ungefähr ähnlich totalitären Ideologie aus-
malten, wie sie der Nationalsozialismus darstellte.

Mein Großvater väterlicherseits etwa, der am Anfang des
Jahrhunderts mit seiner Familie vor den Pogromen in der
Ukraine nach Holland geflüchtet war, bevor er schließlich in
Palästina eine neue Heimat fand, wurde, zumal gegen Ende
des Krieges, nicht müde, vor den Gefahren des Kommunismus zu warnen. Es war bald nach der Schlacht von El Alamein, als ich ihn fragte, ob »die Bösen« nun endgültig besiegt

seien. Die Antwort fiel weniger eindeutig aus, als ich es nach meinem damaligen Verständnis der Dinge erwartete. Nicht allein die Nazis seien »böse«, wurde mir erklärt. »Hast du schon mal von den Kommunisten gehört?« Als ich verneinte, erhielt ich einen Nachhilfeunterricht besonderer Art: Die Kommunisten würden auch als »Rote« bezeichnet, denn Rot sei die Farbe ihrer Fahnen, rot sei bekanntlich aber auch das Blut. Folglich handele es sich um blutrünstige, auf jeden Fall gefährliche Leute, welche ihre in der Farbe symbolisierten Absichten und Ziele sogar noch schamlos zur Schau trügen. Meine Mutter, die ins Zimmer getreten war, unterbrach die Belehrung abrupt. Sie widersprach ihr aber nicht, wich dem wegen der Zurechtweisung empörten Großvater vielmehr mit der schwer zu widerlegenden Feststellung aus, es gebe weiß Gott größere Sorgen und tiefere Ängste als die Furcht vor den Kommunisten.

Nein, meine totale Abneigung gegen Deutschland mußte andere Ursachen haben. Sie grenzte, mit nichts vergleichbar, an Feindseligkeit und war dennoch mit rationalen, vordergründigen Argumenten nicht zu erklären. Wenn ich meine Gefühle aufrichtig zu analysieren versuche und dabei auch die Erinnerungen an all das einbeziehe, was in meinem früheren Umfeld, vor allem von meiner Generation, gedacht und ausgesprochen wurde, dann scheint sich zumindest eine der Spuren abzuzeichnen, die kausal zum Kein meiner einstigen Haltung gegenüber Deutschland führen. Genau besehen, handelte es sich um ein internes Problem, mit dem allein wir Juden uns befassen und auseinandersetzen mußten. Es hatte, psychologisch höchst kompliziert, mit den Grundlagen unseres Daseins zu tun und lief auf die Erkenntnis eines Vorgangs hinaus, der sich am kürzesten mit dem Wort Demütigung umschreiben läßt.

Denn was den Juden in Nazi-Deutschland angetan wurde, konnten wir weder einfach nur als Niederlage noch als bloßes historisches Unglück empfinden. Jahrelang hatte man die Juden mehr und mehr entwürdigt, sie als minderwertig, ja als Untermenschen hingestellt und ihnen jede Art von Gleichberechtigung genommen. Und wie, fragten wir, junge, in der Freiheit geborene Israelis, hatten sie sich damit arrangiert? Sie paßten sich unterwürfig der Lage an, senkten den Kopf und warteten – worauf, wußte niemand. Dann kam die Zeit ihrer systematischen Vernichtung, und auch dies, so meinten wir, nahmen sie widerstandslos hin. Hatten sie in ihrer Schicksalsergebenheit wenigstens versucht, ein paar Nazis mit in den Himmel zu nehmen? Im Gegenteil, sie ließen sich willig wie Lämmer zur Schlachtbank führen, es gab kein Feld der Ehre, auf dem sie heldenmütig hätten fallen können. Bedeutete all dies aber nicht, daß wir uns letztlich der ermordeten Brüder und Schwestern zu schämen hatten?

Die Frage mag heute mehr als befremdlich klingen, doch damals lagen uns, muß ich gestehen, derlei Gedanken und Empfindungen nicht fern. Immerhin bildeten wir, die in Palästina Fuß gefaßt hatten, nach allgemeiner Auffassung eine neue, eine stolze Generation von Juden. Keiner Macht unterworfen, verabscheuten wir die sogenannte jüdische Existenz im Exil. Jüdische Würde lag für uns allein noch im Zionismus. Die Emanzipation der Juden im Verlauf des 19. Jahrhunderts in Europa betrachteten wir als vergebliches und gescheitertes Experiment. Formeln wie jene von der »Symbiose zwischen Deutschen und Juden« wurden belächelt. Wir waren überzeugt, daß Juden weder in Europa noch sonstwo sich wirklicher Gleichberechtigung erfreuen durften. Kein Deutscher, auch kein Bürger der Weimarer Republik, vermochte mit deutschen Juden wie mit seinesgleichen umzugehen, ebensowenig wie ein Franzose seinen jüdischen Nachbarn als Franzosen oder ein Engländer einen britischen Juden als gesellschaftlich gleichgestellten Landsmann akzeptierte.

Gleich sein unter Gleichen, normal und in Würde leben konnten wir nur durch die Rückkehr nach »Zion«, unserer ursprünglichen biblischen Heimat. Normal leben, das hieß eine selbstverantwortliche und durch kein Gesetz für Minderheiten eingeschränkte Existenz mit der Möglichkeit der freien Berufswahl, hieß aber auch staatliche Unabhängigkeit. Wir waren stolz, daß wir wieder als Bauern arbeiten durften, in einem Beruf, der uns jahrhundertelang in Europa verschlossen gewesen war. Ähnliches galt für Industriearbeiter und Soldaten. Ungeachtet der Freiheiten, die uns anderswo versagt geblieben wären, hätten wir vielleicht Verständnis für die Juden außerhalb Palästinas aufgebracht, die nicht bereit waren, ihr Leben mit unserem zu teilen. Völlig unbegreiflich schien nur das Ausmaß der Passivität, mit der sich die mittel- und osteuropäischen Juden ihren Unterdrückern und Mördern ergaben.

Dem Gefühl der Demütigung, das wir empfanden, lag eine mittlerweile längst verschwundene Unwissenheit zugrunde, eine beschränkte und wohl auch überhebliche Form der Ahnungslosigkeit. Außer dem Eindruck tiefer Erniedrigung bewirkte sie Ohnmacht und Wut. Doch um Rachebedürfnisse zu befriedigen, lag für uns Deutschland, das dies alles verursacht hatte, zu weit, außerdem wurde es nach dem Krieg von den Siegermächten beschützt. Im übrigen gab es andere, nicht weniger wichtige Probleme: Vor uns lagen der Kampf um die Erlangung der Unabhängigkeit und die Abwehr der Invasoren aus den Nachbarstaaten. So blieb, was Deutschland betraf, nur eine Möglichkeit – es fortan einfach zu ignorieren, es wie einen weißen Fleck auf der Landkarte zu behandeln. Tröstlich nur, daß das Gebiet, das dieser Fleck bezeichnete, zerstört war bis zur Unkenntlichkeit.

Mit einer derartigen Einstellung, so plausibel sie zunächst schien, ließ sich freilich nicht ewig leben. Irgendwann mußte der Zeitpunkt kommen, an dem man sich auf beiden Seiten, in Deutschland wie in Israel, nicht nur mit der Schuldlast der jüngsten Geschichte auseinandersetzte, die unzweifelhaft allein bei Deutschland lag, man mußte auch Überlegungen anstellen über das künftige wechselseitige Verhältnis beider Staaten. Schon Anfang der fünfziger Jahre wagte Ministerpräsident David Ben Gurion, der große Staatsmann, vom Entstehen eines »neuen Deutschland« zu sprechen. Gemeint war damit die Bundesrepublik, die 1949, ein Jahr nach Ausrufung des jüdischen Staates Israel, gegründet worden war, knapp zwei Monate vor Umwandlung der sowjetisch besetzten Zone in die Deutsche Demokratische Republik.

Die Frage, ob mit der Bundesrepublik wirklich ein demokratisches Staatswesen entstanden sei, hat viele Israelis damals und in der Folgezeit intensiv beschäftigt. War das Instrumentarium der neugegründeten Republik kräftig genug, um sich der Schatten der Vergangenheit zu erwehren? Würde es ein Erziehungssystem geben, in dem die Kinder sich an neuen ideellen Werten orientierten?

Die Meinungen darüber waren geteilt. Immerhin hat Ben Gurion mit keinem Wort den Eindruck herzustellen versucht, die Deutschen hätten sich mit plötzlicher Entschlossenheit, gute Demokraten zu werden, grundsätzlich gewandelt. Er behauptete nie, in Deutschland lebe nunmehr ein anderes Volk als jenes, dessen Mehrheit seinem »Führer« zugejubelt und fast bis zum letzten Augenblick hinter ihm und seinen Verbrechen gestanden hatte. Ben Gurion bewies nur

Realitätssinn, als er der Regierung der Bundesrepublik Glaubwürdigkeit zusprach. Diese Regierung sei ehrlich um den Aufbau eines anderen Deutschland bemüht, und wir, die wir am stärksten unter den Nazi- Verfolgungen litten, hätten die moralische Pflicht, einen solchen Versuch zu unterstützen. Unberührt ließ uns das Argument nicht, von seiner Richtigkeit aber, geschweige denn von der Notwendigkeit, es praktisch umzusetzen, waren wir deshalb noch lange nicht überzeugt.

Zumal junge Israelis, Menschen meiner Generation, waren wenig geneigt, Hinweisen auf die veränderte politische Situation in Deutschland Gehör und Glauben zu schenken und sich von herkömmlichen Auffassungen zu trennen. Anders als manchem Realpolitiker stellte sich uns die Frage, ob die Deutschen, von den Repräsentanten ihrer öffentlichen Institutionen abgesehen, insgeheim noch immer Nazis seien. Bereuten sie deren Verbrechen, die sie vielfach, zumindest passiv, unterstützt hatten? Oder bedauerten sie nur, daß der Krieg, durch welche Umstände auch immer, verloren war?

Daß uns Jüngeren vieles, was mit Deutschland zusammenhing, noch lange suspekt schien, hatte durchaus konkrete Gründe. Noch nachhaltiger wurden unsere Gedanken und Empfindungen beeinflußt von Tatsachen, die wir nur halb oder unbewußt wahrnahmen. Dazu gehörte das beharrlich praktizierte Leugnen jeglicher Schuld und Mitwisserschaft. Sobald der Krieg zu Ende war, hörten wir von den Deutschen stets nur das eine: Sie hätten von allem Furchtbaren, das geschehen war, nichts gewußt. Mehr oder weniger überzeugend erweckten sie den Anschein völliger Ahnungslosigkeit. Wenn sie schon bereit waren, zuzugeben, etwas von den Greueltaten gewußt zu haben, verhielten sie sich wie die Angeklagten in den Nürnberger Prozessen: Sie schoben die

Verantwortung auf einen Mann, auf Hitler. Er allein, den man nicht mehr belangen konnte, wurde so zu einer Art Abladeplatz für leichtfertig verdrängte persönliche Schuld zahlloser ehemaliger Helfer und Helfershelfer.

Ich war elf oder zwölf, als ich im Kino zum ersten Mal eine amerikanische Wochenschau sah. Obwohl nicht mehr ganz neu, hatte sie an Aktualität nicht verloren. Gezeigt wurden Szenen der von der amerikanischen Besatzungsmacht im Mai 1945 angeordneten Zwangsbesichtigung des Konzentrationslagers Buchenwald durch Angehörige der deutschen Bevölkerung von Weimar und Umgebung. Unvergeßlich der Anblick ordentlich gekleideter, disziplinierter Männer, Frauen und junger Leute, die, von G.I.s flankiert, in Reihen durch das Lager zogen. Und ebenso unvergeßlich der Horror der Leichenberge und der ausgemergelten Gesichter und Körper der Überlebenden, allesamt Elendsgestalten, von den Toten kaum zu unterscheiden. Schließlich dann die hilflosen, fast immer gleichlautenden Beteuerungen der Deutschen: Davon haben wir nichts gewußt, das alles war uns unbekannt. Eine amerikanische Journalistin, die die Aufnahmen kommentierte, faßte ihre Eindrücke in dem Satz zusammen, die Worte »Ich wußte nichts« hätten offenbar zur deutschen Nationalhymne gehört.

Nicht nur mit Schuld, auch mit Sühne und Bußopfer läßt sich auf vielerlei Weise umgehen. Bei einem Besuch Berlins, ich war schon Botschafter in Bonn, fiel mir an dem im Krieg durch Bomben beschädigten und weitgehend in diesem Zustand belassenen alten Turm der Kaiser-Wilhelm-Gedächtniskirche eine Gedenktafel auf: Ich mußte die Inschrift mehrmals lesen, sie erschien mir zumindest zweideutig: Die Turmruine solle, hieß es, »an das Gericht Gottes erinnern, das in den Jahren des Krieges über unser Volk hereingebrochen ist«. Ist der Satz wie eine biblische Textstelle zu verstehen, die etwa ein Jahr der Dürre im Land mit der Versündigung des Volks rechtfertigte? Wo liegt die Klammer, die eine solche Inschrift mit den an grausamer Realität durch nichts zu überbietenden Verbrechen Nazi-Deutschlands verbindet? Und schließlich: Über welches Volk war das Gottesgericht hereingebrochen? Nur über das deutsche? Wenn ja, dann fehlt die Begründung.

Es gab Begegnungen, auch solche gesellschaftlicher Art, die, ob man wollte oder nicht, den Gedanken an ein kollektives Selbstmitleid der Deutschen nahelegten. Bemerkenswert ist, daß sich darin das Gesetz von Ursache und Wirkung umzukehren oder gar völlig zu verflüchtigen scheint. In dieser Hinsicht ist mir ein Abendessen, zu dem ein Botschafterkollege meine Frau und mich geladen hatte, in besonderer Erinnerung. Es war 1994, bald nach unserer Ankunft in Deutschland. Das Gespräch zwischen meiner Frau und ihrem Tischherrn, einem höheren Beamten, bestand im wesentlichen aus dessen Monolog, in dem er die eigene Leidensgeschichte und die seiner Familie unter den Bombenangriffen der Alliierten in den letzten Kriegsjahren schilderte. Die Geduld meiner Frau war bewundernswert, gelangte schließlich aber an einen Punkt, an dem es ihr geboten schien, den Redefluß des Herrn mit einer kurzen Bemerkung zu unterbrechen. Genau die Zeit, von der er spreche, gab sie ihrem Nachbarn zu verstehen, habe ihre Mutter in Auschwitz verbracht. Er wandte sich darauf der Dame an seiner anderen Seite zu.

Noch vor meiner Botschaftertätigkeit in Deutschland versuchte ich nähere Kenntnisse über die Geschichte der hier ansässig gewesenen jüdischen Gemeinden zu gewinnen. Kaum weniger war ich am Entstehen neuer Gemeinschaften in den Jahren seit dem Krieg interessiert – für mich damals ein widersprüchlicher, ja rätselhafter Vorgang, der Argwohn und Beklemmungen weckte. Was konnte Juden veranlassen, in das Land ihrer Verfolger zurückzukehren?

Ein Artikel, den ich in der »Allgemeinen Jüdischen Wochenzeitung« fand, die seit 1946 wieder in Deutschland erscheint, bestätigte alle Befürchtungen. Er gibt Aufschluß über die Verfassung eines jüdischen Emigranten nach rund sechsmonatigem Aufenthalt in der alten Heimat. Die Bilanz, die der Zurückgekehrte aus seinen Erfahrungen zieht, ist desillusionierend, voll bitterer Anklage. Auch er wundert sich über die Schuldverdrängung und das kurze Gedächtnis der Deutschen, die selbst die Anklage der Judenverfolgung entweder gar nicht oder rein »zufällig« wahrgenommen haben wollen, zufällig etwa am 9. November 1938, als überall im Land die Synagogen in Flammen aufgingen und eine Unzahl jüdischer Geschäfte dem organisierten Vandalismus von Nazi-Trupps zum Opfer fiel.

Um so nachdrücklicher leistet der Autor des Zeitungsbeitrages Erinnerungshilfe; er listet die perfiden Schikanen auf, jene Beschränkungen und Sondergesetze, die mit erbarmungsloser Folgerichtigkeit auf die »Endlösung« hinausliefen. Schon der Judenstern habe diejenigen, die ihn tragen mußten, zum Freiwild gemacht. Wenn er heute nur von solchen und anderen »Degradierungen der Juden« spreche, so der aus dem Exil Heimgekehrte, »und nicht eingehe auf die fürchterlichen Grausamkeiten, die begangen wurden, so deshalb, weil ich nur die Dinge in Erinnerung rufen will, deren Augenzeuge jeder deutsche Mann, jede deutsche Frau und jedes deutsche Kind war«. Am Ende allerdings steht die Frage, ob das deutsche Volk, da es doch über ein offenkundig mangelhaftes Erinnerungsvermögen verfüge, »wirklich glaubt, wieder einmal in der Welt den Namen des Volkes der Dichter und Denker zurückgewinnen zu können . . .«

Ich hielt damals, nicht erst nach der Lektüre dieses Artikels, den Umgang der Deutschen mit den Nazi- Verbrechen schlechtweg für einen Ausdruck von Heuchelei, unerträglich, dazu angetan, Begegnungen mit Angehörigen dieses Volks möglichst zu vermeiden. Und wenn es denn schon dazu kommen sollte – die Umstände eines solchen Zusammentreffens, vor allem aber die Art meiner Reaktion auf eben jene Unwahrhaftigkeit, die ich »den« Deutschen unterstellte, wagte ich mir gar nicht erst auszumalen. Wahrscheinlich hätte ich die Beherrschung verloren.

Es gab auch die Frage: Wieweit wußten die Deutschen im voraus, jene, die Hitler demokratisch gewählt und an die Macht gebracht hatten, was genau er im Sinn hatte, was für ein Regime er anstrebte?

William L. Shirer schrieb in seinem Buch »Aufstieg und Fall des Dritten Reiches«: »Man kann Hitler mit allem beschuldigen, keiner aber kann ihn bezichtigen, daß er nicht immer, in seinen Reden wie auch in seinen Schriften, allen genau unterbreitet hat, was für ein Deutschland er aufbauen würde, käme er jemals an die Macht, und was für eine Welt er durch die gewaltige deutsche Eroberung gestalten würde. Der Entwurf des Dritten Reichs und darüber hinaus die barbarische ›Neue Ordnung‹, die Hitler über das eroberte Europa verhängt hat, wurden im voraus in allen ihren gräßlichen und grausamen Details in seinem Buch ›Mein Kampf‹ beschrieben.«

Shirer fügte hinzu, daß »Mein Kampf«, 1925 verlegt, im Laufe der Jahre in Millionen Exemplaren in Deutschland verkauft wurde, allein 1940 waren es sechs Millionen.

Ich war dreiundzwanzig, als ich zum ersten Mal deutschen Boden betrat, wenn auch nicht im buchstäblichen Sinne. Die Autoreise mit Freunden quer durch Europa, die ich damals unternahm, führte uns auf dem Weg nach Frankreich auf der Strecke zwischen Salzburg und Innsbruck für kurze Zeit durch bayerisches Gebiet. Es war schon spät in der Nacht, und wir hatten, wollten wir uns längere Umwege ersparen, keine andere Wahl. Wir fuhren, ohne unterwegs zu halten, bemüht, diesen Teil der Route möglichst schnell hinter uns zu bringen. Von dem Augenblick an, da wir an der Grenze deutsche Uniformen sahen, wurde im Auto kein Wort mehr gesprochen. Wir verspürten Anspannung und Beklommenheit, und obwohl es Winter war, fühlte ich mich verschwitzt, wie in feuchtheiße Tücher gehüllt. Erleichterung kam erst beim Passieren der Grenze zu Österreich auf, wir waren wie erlöst.

Die Ängste, die sich mit dieser nächtlichen Fahrt durch einen Teil Deutschlands verbanden, kamen natürlich nicht von ungefähr. Ihnen lagen Bilder und deren Eindrücke zugrunde, Gesehenes und Gehörtes, das in uns weiterwirkte, damals aber waren wir zu unwissend, um die Inkonsequenz und das Irrationale unseres Verhaltens zu begreifen. Gab es denn zur Hitler-Zeit nennenswerte Unterschiede zwischen Bayern und dem angrenzenden, 1938 annektierten Österreich, Hitlers Geburtsland? Wenn es, was die Befolgung der Nazi-Ideologie angeht, überhaupt Unterschiede gab, dann fielen sie aus heutiger Sicht eher zu Ungunsten der Österreicher aus. Davon sind vor allem Wiener Juden überzeugt, die den Nazis entkamen. Sie nannten mir gegenüber ihr Überleben immer wieder ein geradezu unglaubliches Wunder, gemessen daran, daß sie von ihren nichtjüdischen Landsleuten in der Regel kaum Hilfe zu erwarten hatten.

Nachdenklich zumindest stimmt auch, daß die mit der Judenverfolgung befaßten Behörden in Berlin von der Einsatzbereitschaft und Leistungsfähigkeit der eigenen Gestapo nicht überzeugt waren und sich Verstärkung aus Wien holten. Offenbar war man, wie Inge Deutschkron in ihrem Buch »Ich trug den gelben Stern« vermutet, der Meinung, die Wiener seien die »besseren« Antisemiten, beharrlicher und erfolgreicher im Aufspüren untergetauchter Juden.

Von alldem erfuhr ich, wie gesagt, erst relativ spät. Lange teilte ich die allgemeine, politisch und zeithistorisch heute unwiderlegbare Auffassung, wonach es Österreich war, das als erstes europäisches Land dem Expansionshunger Hitlers zum Opfer fiel – die sogenannte Vergewaltigung Österreichs. Dabei konnte Hitler sich dort, lange vor dem umjubelten Einzug deutscher Truppen in Wien, auf eine erstaunlich große Zahl überzeugter Parteigänger verlassen. Sie hielten wichtige Schlüsselpositionen besetzt und nutzten ihren Einfluß, um, gewissermaßen vor Ort, den »Anschluß an das Reich« vorzubereiten. Interessant ist in diesem Zusammenhang eine Feststellung des amerikanischen Historikers John Weiss, Sohn einer aus Österreich stammenden katholischen Familie. In seinem Buch »Ideology of Death« setzt er den Anteil der Österreicher an der Gesamtbevölkerung des Dritten Reiches – er betrug acht Prozent – in Relation zur statistischen Größe des österreichischen Personals in den Konzentrationslagern: Sie machte etwa vierzig Prozent aus und bestand überwiegend aus freiwilligen SS-Leuten. Von den Mitarbeitern Eichmanns kamen siebzig Prozent aus Österreich.

Daß ein Mann wie Karl Renner, Gründer der ersten wie auch der zweiten österreichischen Republik und deren Kanzler, ein Spitzenpolitiker der österreichischen Sozialdemokratie, nicht nur in seiner Abgeordnetenzeit, sondern auch noch nach 1933 den Gedanken des Zusammenschlusses mit Deutschland vertrat, rückt ihn ins Zwielicht, auch wenn er sich später offen und nachdrücklich von den Nazis distanziert hat. Er war kein Einzelfall. Um so weniger überrascht im Rückblick, wie lange Österreich insgesamt, auch nach der Bundespräsidentschaft Renners, an seiner Opferrolle festgehalten und es darüber verabsäumt hat, sich vor aller Welt zum ganzen Ausmaß eigener Schuld zu bekennen. Während Konrad Adenauer schon 1951 vor dem Deutschen Bundestag die uneingeschränkte Verantwortung des deutschen Volkes für die in seinem Namen geschehenen und von ihm mehrheitlich geduldeten Verbrechen der Nazi-Zeit erklärte, gingen Jahrzehnte ins Land, bis ein österreichischer Bundeskanzler öffentlich eine ähnliche Erklärung abgab. Es war Franz Vranitzky, auch er ein Sozialdemokrat, der 1993 diesen langerwarteten, fast schon überfälligen Schritt tat. Anlaß jener »historischen« Rede war die Verleihung der Ehrendoktorwürde durch die Hebräische Universität in Jerusalem, deren Vizepräsident ich damals war.

Es mag heute seltsam anmuten und mir als Mangel an zeitgeschichtlichen Kenntnissen ausgelegt werden, daß sich alles, was sich in meinen Vorstellungen mit dem Begriff des Nationalsozialismus verband, allein auf Deutschland bezog, nicht auch auf Österreich. Das gilt fast noch bis in die Zeit des Beginns des Prozesses um Adolf Eichmann (1961). Doch hatten, was die Rolle Österreichs anlangt, nicht selbst die Holländer ein überwiegend argloses, ja wohlwollendes Verhältnis zu diesem Land? Die höchste Auszeichnung, die sie zu vergeben hatten, den Erasmus-Preis, verliehen sie 1947 »dem tapferen österreichischen Volke«.

Im Jahr des Eichmann-Prozesses erschien ein Buch, das nicht nur mein Denken und Geschichtsverständnis entscheidend beeinflußte: Shirers schon erwähntes Werk »Aufstieg und Fall des Dritten Reiches«. Es übte auch, dank der Art der Darstellung und seiner so reichen wie seriösen Informationsfülle, eine geradezu faszinierende Wirkung auf zahllose andere junge Israelis aus und fand als erste umfassende Monographie des Nationalsozialismus und seiner Verbrechen weltweit Verbreitung. Der Autor war Amerikaner, der lange in Deutschland gelebt, deutsche Schulen besucht, eine deutsche Universität absolviert und danach, bis zum Kriegseintritt der USA, als Korrespondent für amerikanische Zeitungen das Innenleben des Dritten Reiches aus nächster Nähe beobachtet hatte, ein Mann mit ausgeprägtem Scharfblick und analytischem Verstand.

Shirers detaillierte Schilderung der Tötungsmaschinerie in den deutschen Konzentrationslagern las sich und liest sich noch heute wie ein Bericht aus der Hölle. Kaum weniger aber beeindruckten mich die Passagen seines Buches, in denen er seine Rückkehr nach Deutschland beschreibt, nunmehr Kriegsberichterstatter, der die amerikanischen Truppen auf ihrem Vormarsch begleitet, voll wacher Neugier auf die Wiederentdeckung des Landes, das er etwa zwei Jahre vorher verlassen mußte. »Ich fand das Volk wieder und fand das Land wieder«, schreibt er, »das Volk betäubt und leidend und hungernd, in seinen von Bomben zerstörten Behausungen und in seinen elenden Kleidern, vor Kälte zitternd, als der Winter kam, und das Land als riesiges Trümmerfeld . . . Dahin hatten es Adolf Hitlers Torheiten – und auch die eigene Torheit, ihm so blind und begeistert zu folgen – gebracht. Dennoch stieß ich, als ich im Herbst 1945 nach Deutschland zurückkehrte, auf wenig Erbitterung gegen ihn.«

Auf die Frage, was von einem Volk zu erwarten sei, dessen Führung derart versagt und soviel Leid verursacht hatte, findet Shirer keine Antwort. Erstaunt steht der Deutschlandkenner vor einem Phänomen, das er sich nicht erklären kann: die Indolenz, die ausbleibende Empörung, der fehlende Mut zur – wenn auch späten, allzu späten – Auflehnung gegen ein Regime, das Millionen und Abermillionen von Toten auf dem Gewissen hat. Wie kommt es, daß sich aus dem Volk, von den Überlebenden des Widerstands abgesehen, so wenig Ankläger fanden? Die Deutschen, nun selber zu Leidtragenden geworden, hüllten sich in achselzuckendes Schweigen.

Spätere Erfahrungen, aber auch solche jüngeren Datums seit der Übernahme meines Amts in Deutschland, vermittelten mir Aufschlüsse zu wenigstens einem Aspekt dieser Haltung. Israel bemüht sich seit langem, in Deutschland und den ehemals von den Nazis besetzten Ländern Menschen aufzufinden, die, auf welche Weise auch immer, Juden vor der Verfolgung gerettet und damit vor dem fast immer sicheren Tod bewahrt haben. Daß sie dabei ihr eigenes Leben riskierten, zeichnet diese Menschen doppelt und dreifach aus, zumal in Deutschland, wo sie nicht nur die in Staats- und Parteidiensten stehenden Angehörigen des Überwachungsapparats zu fürchten hatten, sondern oft genug auch die Denunziation unauffälliger, womöglich sogar freundlicher Nachbarn. Merkwürdigerweise setzte sich nach dem Krieg, als alle Gefahr vorbei war, gerade diese, auf die allernächste Umgebung gerichtete Furcht in nicht wenigen Fällen fort. Mitunter mag Bescheidenheit im Spiel gewesen sein und Scheu vor der Öffentlichkeit, vielleicht auch die selbstsichere Gewißheit bloßer humanitärer Pflichterfüllung, die keine offizielle Anerkennung verlangte, ihr im Gegenteil aus dem Weg ging. Öffentliche Ehrungen sind, auch wenn ihre Veranstalter sie für gerechtfertigt halten, nicht jedermanns Sache.

Das trifft um so mehr zu, je größer der Zeitraum ist, der zwischen der zu würdigenden Tat und der Würdigung selbst liegt.

Tatsächlich haftet Auszeichnungen oft etwas Anachronistisches an, sie vergilben leicht wie Altpapier. Zu unserer Überraschung aber schwang bei der Weigerung vieler, unsere Anerkennung und Dankbarkeit für die Rettung jüdischer Mitbürger anzunehmen, eine gewisse Zurückhaltung mit, womöglich ein Rest jener alten Vorsicht, die sie einmal gegenüber Anverwandten und Nachbarn walten ließen. Die Ungewißheit, wie diese auf die Auszeichnung reagieren würden, ließ sie lieber ganz darauf verzichten. So forderte selbst noch lange nach dem Krieg der Einsatz aufopferungswilliger Menschen, die Juden versteckten oder zur Flucht verhalfen, seinen Preis – ein, wie uns schien, zutiefst tragischer Vorgang. Kein jemals mutiges Handeln wurde dadurch entwertet. Nach unserer Einschätzung aber stellt schon die geringste Rücksichtnahme auf die öffentliche Meinung ein nachträgliches Zugeständnis an die Kräfte dar, die man in allerkleinstem privatem Bereich durch schlichte Mitmenschlichkeit besiegt hatte, damals oft spontan, ohne jeden Gedanken an mögliche Folgen.

Viele Helfer und Retter waren nicht mehr zu ermitteln. Andere, als sie endlich gefunden waren, zeigten kein oder nur wenig Interesse an denen, die ihnen ihr Leben verdankten – die unterdessen vergangene Zeit hatte gleichsam einen Riegel zwischen sie geschoben. Oder aber die Last der Erinnerung war noch so groß, daß sie erneut übermächtig zu werden drohte, unerträglich in einer mittlerweile veränderten Welt. Wie auch sollte man Jüngeren begreiflich machen, daß etwa selbst nach der Kapitulation der Hitler-Wehrmacht noch Juden in Deutschland umgebracht und Menschen, die ihnen hatten helfen wollen, dafür »standrechtlich« erschossen wurden?

Ein solcher Fall hat sich tatsächlich im Mai 1945 in einem Ort in Sachsen zugetragen. Drei Monate vorher, im Februar, konnten drei jüdische Häftlinge auf einem der berüchtigten »Todesmärsche«, mit denen die SS die letzten Insassen eilig aufgelöster Konzentrationslager quer durch Deutschland trieb, den begleitenden Wachmannschaften entkommen. Völlig entkräftet fanden sie Unterschlupf im Haus des Ehepaars Kurt und Herta Fuchs. Die sowjetischen Truppen rückten näher und näher, das Kriegsende war in Sicht. Nachdem ihre Helfer sie zunächst als Zwangsarbeiter ausgegeben hatten, machten die Geretteten am 10. Mal keinen Hehl mehr daraus, entflohene jüdische KZ-Häftlinge zu sein. Und da geschah das Unfaßliche: Einwohner des Ortes denunzierten das Ehepaar, und zwei Tage später, fast zwei Wochen nach Hitlers Tod und vier Tage nach der Kapitulation, wurden Kurt Fuchs und einer der Geflüchteten öffentlich hingerichtet. Die beiden anderen konnten sich im letzten Moment der Verhaftung entziehen, zusammen mit Herta Fuchs. Am 28. Februar 1996, mehr als ein halbes Jahrhundert nach diesen Ereignissen, hatte ich in Dresden gemeinsam mit Kurt Biedenkopf Gelegenheit, Frau Fuchs in einer ergreifenden Feierstunde die Yad-Vashem-Urkunde des Staates Israel zu überreichen.

Nun waren Vorkommnisse der Art, wie sie sich noch nach dem Zusammenbruch des Dritten Reiches in jener kleinen sächsischen Gemeinde zugetragen haben, gewiß Einzelfälle, wenig geeignet, daraus pauschale Schlußfolgerungen abzuleiten. Andererseits warfen sie ein bezeichnendes Licht auf die Kontinuität eines Systems, das mit der Unterzeichnung von Kapitulationsurkunden noch längst nicht zu existieren aufgehört hatte. Es lebte nicht nur in den Köpfen seiner Diener fort, es funktionierte offensichtlich auch noch im Zustand scheinbarer Agonie.

Insofern bestand, bevor ich mir aufgrund eigener Erfahrungen ein genaueres Bild verschaffen konnte, nicht der geringste Zweifel, daß es eine Solidarität gegeben hatte zwischen der Mehrheit des deutschen Volks und seiner Führung. Am Ende schien mir, daß die Deutschen gespürt haben, daß nicht Hitler, Himmler oder Göring, die Funktionsträger und Militärs versagt hatten, sondern sie selbst. Kein Wunder, daß dieses Volk, nachdem seine Symbiose mit den Nazis zerbrochen war, »von allem nichts gewußt« haben wollte.

Ein solches Volk aber nahm man am besten erst gar nicht zur Kenntnis.

Annäherungen

Es hat ziemlich lange gedauert, bis ich »meinen« ersten Deutschen traf. Die Begegnung war unvermeidlich. Sie kam sogar, könnte man sagen, erzwungenermaßen zustande, und zwar im Zusammenhang mit der Ausübung meiner Diplomatentätigkeit Anfang der sechziger Jahre.

Vorausgegangen waren flüchtige Zusammentreffen mit deutschsprachigen Studenten im Sommer 1954, Gästen eines französischen Sprachseminars der Universität Grenoble, an dem auch ich teilnahm. Nicht nur, daß mich die Gegenwart dieser Leute störte, ich empfand sie als nahezu empörend und tat alles, um jeden Kontakt mit ihnen zu meiden. Das war nicht immer leicht. Sämtliche Kursteilnehmer waren im Studentenheim der Universität untergebracht, und der Unterricht erfolgte gemeinschaftlich, ohne Rücksicht auf die Herkunft. Meine Identität verbarg ich, so gut es ging; ich wehrte Annäherungsversuche ab und bemühte mich, um sozusagen ausgebucht zu erscheinen, um freundschaftliche Verbindungen zu Studenten anderer Nationalität. Fand ich mich dann doch, beim Essen, auf Ausflügen oder im Unterricht, neben einem Deutschen wieder, verhielt ich mich ablehnend, zumindest uninteressiert. Im übrigen gab ich mich in solchen Fällen gern als Amerikaner aus – durchaus glaubwürdig wegen des amerikanisch gefärbten Englisch, das ich mir in der Gymnasialzeit während eines zweijährigen Aufenthalts in den USA angeeignet hatte. Kurz, mir lag alles daran, die Deutschen nicht merken zu lassen, daß sie mit einem Juden beziehungsweise einem Israeli sprachen.

Der erste Posten, den ich als Auslandsdiplomat antrat, lag in Schwarzafrika. Das Auswärtige Amt in Jerusalem, wo meine Laufbahn kurz vorher begonnen hatte, schickte mich nach Bamako in der Republik Mali. Von dort wechselte ich auf meine erste Station mit längerem Aufenthalt in Abidjan, der Hauptstadt der Elfenbeinküste. Gerade in den ersten Jahren der Unabhängigkeit, die die jungen afrikanischen Staaten erlangt hatten, achtete das jeweilige Gastland peinlich genau auf die Einhaltung des Protokolls. Jeder Verstoß konnte Folgen haben, wurde zumindest als Mißachtung der Traditionen und der nationalen Würde registriert. Ähnliches galt für den Umgang der ausländischen Missionen miteinander. Sobald etwa ein neuer Botschafter sein Beglaubigungsschreiben überreicht hatte, bat er die Amtskollegen um Termine für Antrittsbesuche, streng darauf bedacht, die Rangfolge einzuhalten und niemanden zu übergehen. Auch die Mitarbeiter des neu akkreditierten Botschafters hatten sich diesem förmlichen, etwas operettenhaft anmutenden Zeremoniell zu unterwerfen.

Unter den Botschaften, die es damals in Abidjan gab, befand sich auch die der Bundesrepublik Deutschland. Meinem Vorgesetzten, Botschafter Shlomo Hillel, kein Berufsdiplomat und, obwohl noch jung, eine bekannte öffentliche Figur, später Minister und dann Parlamentspräsident in Israel, war es keineswegs leichtgefallen, sich zur üblichen Antrittsvisite bei seinem deutschen Kollegen anzumelden. Verständlicherweise, denn der in Bagdad geborene Hillel war mit dem Schicksal des Judentums in der arabischen Welt verbunden, speziell mit der jüdischen Bevölkerung des Irak, um deren Rettung er sich 1948, während des Unabhängigkeitskrieges

Israels, persönlich so verdient machte, daß er fortan als eine Art Nationalheld galt. Allerdings konnte Hillel sicher sein, daß der deutsche Amtskollege, der die gesamte Nazi-Zeit als privater Geschäftsmann in Afrika verbracht hatte, in keinerlei Verdacht stand, ein Gefolgsmann Hitlers gewesen zu sein.

Eines Tages fragte Hillel mich, mit dem ich mich rasch angefreundet hatte, nach der Erfüllung meines Pflichtsolls an Besuchen in den übrigen ausländischen Botschaften in Abidjan. Meinem Rang entsprechend, hatte diese unvermeidliche Prozedur auf der Ebene der Zweiten Botschaftssekretäre zu erfolgen. Hillels Vorstoß brachte mich in einige Verlegenheit. Ich zögerte mit der Antwort, gab dann aber zu erkennen, daß ich die Besuchsrunde unter Beachtung aller Regeln absolviert, das Programm zumindest fast lückenlos abgewickelt hatte – aber eben nur fast. Denn auf der Liste der Botschaften, die ich bis dahin aufsuchte, fehlte eine, die deutsche. Ich schützte Zeitmangel vor, doch Hillel belehrte mich, daß ich, wenn ich mich schon für die Diplomatenlaufbahn entschieden hätte, persönliche Gefühle zurückstellen und allein die Interessen meines Landes wahrnehmen müsse. Danach kam er zum Glück nicht noch einmal auf die Angelegenheit zu sprechen. Ich habe mich der Aufgabe einfach entzogen.

Entwicklungen, die man fest in der Hand glaubt, nehmen manchmal wundersame Wege. Ein Anruf, der mich eines Morgens im Büro erreichte, änderte schlagartig meine vertrackte Lage, entzog ihr gewissermaßen den Boden. Es war ausgerechnet der Zweite Sekretär der deutschen Botschaft, der sich meldete – er habe von meiner Ankunft gehört, sei zufällig gerade in der Nähe, und wenn es mir nichts ausmache, käme er gerne auf einen Sprung vorbei. Der Situation und ihrer Peinlichkeit bewußt, in die ich mich durch mein buchstäblich undiplomatisches Verhalten gebracht hatte, versuchte ich den Mann abzuwehren. Doch es half alles nichts, auch nicht der Hinweis auf die Regeln des Protokolls. »Unsinn«, sagte der Kollege in fließendem Französisch, »über das Protokoll können wir immer noch reden. Ich wollte Sie nur, wenn Sie gestatten, kurz begrüßen.«

Ich hatte kaum Zeit, mich von der Überraschung zu erholen, als der Besucher vor mir stand. Er wirkte, wie schon am Telefon, freundlich und unbefangen, sah ungewöhnlich gut aus und war, wie ich später erfuhr, neun Jahre älter als ich. Wir führten ein angenehmes, aber kurzes und belangloses Gespräch, redeten über Klima- und Wohnungsfragen, und am Ende fühlte ich mich irgendwie erleichtert, froh jedenfalls, auf so unerwartete Weise der Unannehmlichkeit eines Pflichtbesuchs in der deutschen Botschaft entkommen zu sein, dieses Problem zumindest weiter vor mich herschieben zu können.

Es verging geraume Zeit, ohne daß ich von dem Kollegen sah oder hörte. Inzwischen hatten meine Frau und ich ein entzückendes Haus gefunden. Es lag am Ufer der Hauptlagune von Abidjan, nicht weit entfernt von der Straße, die von der Stadt zum Flughafen führt. Es berührte mich einigermaßen seltsam, als hier eines Abends das Telefon klingelte und ich, total überrascht, am anderen Leitungsende die Stimme des deutschen Botschaftssekretärs vernahm. Auch diesmal war er angeblich ganz in der Nähe, auch diesmal kam seine Frage, ob er bei uns vorbeischauen dürfe, einer Selbsteinladung gleich, und wiederum sah ich keine Alternative. Auch nicht meine inzwischen verstorbene erste Frau Miki, die zunächst an einen Scherz glaubte.

Der Gast, der uns um die wohlverdiente Feierabendruhe brachte, kam am frühen Abend – und fuhr nach Mitternacht. Danach war an Schlaf kaum zu denken, so erregt, so aufgewühlt waren wir. Völlig unverhofft und mit eindringlicher Deutlichkeit hatte sich vor uns ein Stück deutscher Zeitgeschichte und Gegenwart aufgetan, eine Realität, die in entscheidenden Punkten von unserem damaligen Deutschlandbild abwich, und zwar so, daß wir uns in mehr als einer Hinsicht zu Korrekturen genötigt sahen. Anders als bei unserem ersten Zusammentreffen nahm das Gespräch einen ernsten und ohne Umschweife direkten Verlauf. Das Thema war, was sonst, die Nazis und ihre Verbrechen. Der Deutsche beschönigte nichts, auch nicht die eigene Vergangenheit und die seiner Familie, die von 1928 bis 1939 im damaligen britischen Mandatsgebiet Tanganjika gelebt hatte. Er selbst, seit 1938 Schüler einer Internatsschule im pommerschen Misdroy und eines Gymnasiums in Bad Doberan, war mit seiner Klasse im Sommer 1943 als »Marinehelfer« nach Kiel eingezogen worden, war dann im Arbeitsdienst, schließlich Soldat in einer Panzerabteilung bis zum Kriegsende, das er in der Nähe von Meran erlebte. Ob und wie stark sein Vater mit den Nazis sympathisiert hatte, wußte er nicht genau, nur, daß er Mitglied einer von den Nazis ins Leben gerufenen Organisation für Auslandsdeutsche gewesen war.

Mit absoluter Gewißheit jedoch äußerte er sich zur Frage, ob die Deutschen tatsächlich nicht, wie sie immer wieder beteuerten, rechtzeitig Kenntnis von den Nazi-Verbrechen hatten. Für ihn gab es da nicht den geringsten Zweifel, ja er sah es geradezu als selbstverständlich an, daß seine Landsleute um das Ungeheuerliche dieser Diskriminierungen, Verfolgungen und Morde wußten, mochten sie später auch das Gegenteil behaupten. Die Offenheit des Gesprächs, vor allem aber die rückhaltlos wahrhaftige, die Dinge beim Namen nennende Art unseres Besuchers beeindruckten uns tief. Mir fiel die amerikanische Wochenschau ein, der Report

42

aus Buchenwald mit den nach eigenem Bekunden Ahnungs-
losen und Unwissenden aus Weimar, Leuten, die »von allem
nichts gewußt«, obwohl sie jahrelang in der Nachbarschaft
des Lagers gelebt hatten. Hier war endlich jemand, der die
Wahrheit nicht nur kannte, sondern sie auch aussprach.

War er eine Ausnahme, ein Sonderfall? Die Freundschaft,
die an jenem Abend begann, besteht bis heute. War es
Freundschaft mit einem Deutschen, oder galt sie mehr einem
außergewöhnlichen, herausragenden Menschen, einer Per-
sönlichkeit von überdurchschnittlichem Format? Die Afrikaner, die ein untrügliches Gespür für die Aufrichtigkeit der
Absichten und Gefühle besitzen, mit denen Fremde ihnen
gegenübertreten, akzeptierten meinen deutschen Kollegen
ohne jeden Vorbehalt. Obwohl als Zweiter Sekretär eher in
untergeordneter Position, war er damals fraglos der beliebteste ausländische Diplomat in der Republik Elfenbeinküste.

Es gab, während ich in Afrika meinen Dienst tat, noch
manche Anlässe und Gelegenheiten, sich mit Deutschland
und den Deutschen, ihrer aktuellen Rolle in der Weltpolitik
und den dunkelsten Kapiteln ihrer Geschichte zu befassen.
Manchmal waren es schlichte menschliche Begegnungen, die
zum Nachdenken aufforderten, mitunter erwiesen sich Mißverständnisse und Vorurteile, sobald man sie nur als solche
begriffen hatte, als Schlüssel zu einem besseren, objektiveren
Verständnis. Gelegentlich auch konfrontierten die Afrikaner
mich mit Fragen, die Israelis und Deutsche gleichermaßen
betrafen, einfach weil sie Weiße sind.

Die Beförderung, die mich in Abidjan erreichte, bedeutete den Wechsel in ein anderes westafrikanisches Land: Ich
wurde, damals siebenundzwanzig Jahre alt, nach Dahomey
versetzt, dem heutigen Benin, als jüngster jemals entsandter
Botschafter Israels. Sitz der Regierung ist Cotonou, die ei-

gentliche Hauptstadt aber ist Porto Novo, wo sich auch die größte und traditionsreichste Hochschule des 1960 unabhängig gewordenen Staates befindet. Sie lud mich bald nach meinem Amtsantritt zu einem Vortrag über mein Land ein, über unser Volk und dessen Geschichte, die ich in Anbetracht der knappen Redezeit allerdings nur oberflächlich streifen konnte. Eventuelle Fragen wollte ich anschließend beantworten. Dazu kam es dann auch.

So sprach mich einer der Studenten auf die deutschen Judenverfolgungen an, die ich erwähnt hatte. Er verstehe das alles nicht: Der deutsche Botschafter, Karl August von Kameke, habe vor einem Monat hier, in derselben Aula, ebenfalls über sein Land berichtet, beide seien wir doch durch unsere Hautfarbe verbunden. »Wie konnte es da möglich sein, daß die Deutschen Ihrem Volk etwas antaten?«

Es fiel nicht schwer, über die Naivität der Frage hinwegzusehen und dem jungen Mann zu erklären, daß die menschliche Hautfarbe weder ein Hindernis noch ein hinreichender Schutz sei vor Verfolgungen und Grausamkeiten, wie die Juden sie gerade unter den Deutschen erdulden mußten; auch unter den afrikanischen Stämmen gebe es ja immer wieder kriegerische Konflikte. Ich ergänzte dann meine vorangegangene Rede noch um einige Anmerkungen zum Holocaust, nicht ahnend, daß gerade sie die Aufmerksamkeit meines deutschen Botschafterkollegen finden würden. Denn etliche Tage später, auf einem Empfang, kam von Kameke auf mich zu und fragte mit einem Unterton, der schwer zu deuten war: »Was haben Sie denn Schlimmes über Deutschland der Crème de la crème der Jugend von Dahomey erzählt?«

Das Nachspiel zu dieser Geschichte leitete ein Brief ein, den ich mehr als dreißig Jahre später von einem Historiker erhielt. Beigelegt war dem Schreiben die Fotokopie eines Berichts, auf den der Absender in den Archiven des Auswärtigen Amtes in Bonn gestoßen war. 1963 geschrieben, war er jetzt der zeitgeschichtlichen Forschung zugänglich. Das Papier befaßte sich mit der damals erfolgten Neueinrichtung einer israelischen Botschaft in Dahomey, ging auf meine Akkreditierung als Botschafter ein und enthielt eine äußerst schmeichelhafte Einschätzung meiner Person. Diese überschwenglich positive Beurteilung war es, die mich am meisten überraschte, denn der Verfasser war kein anderer als Herr von Kameke, mein ehemaliger deutscher Kollege, dessen Reaktion auf meine Rede in Porto Novo mir sofort wieder vor Augen stand. Bedauerlich nur, daß er seinerzeit nicht auch das Auswärtige Amt in Jerusalem mit einem solchen Bericht bedacht hat, der Förderung meiner Karriere wegen . . .

Karl August von Kameke, mit dem ich in Dahomey sonst wenig zu tun hatte, lebt schon des längeren im Ruhestand in Bonn. Ich bin ihm dort 1993, nach der Überreichung meines Beglaubigungsschreibens, zu einem ausführlichen und vergnüglichen Gespräch wiederbegegnet. »Meinen« ersten Deutschen aber, den nach meiner Versetzung nach Dahomey an der Elfenbeinküste verbliebenen Kollegen, sah ich in all den Jahren regelmäßig entweder in Cotonou oder in Abidjan. Als wir uns am Ende unserer Aufenthalte in Afrika verabschiedeten, wußten wir, daß wir uns weiterhin treffen würden, allerdings nie in Deutschland. Wollten wir uns sehen, mußte er reisen, meist nach Paris.

Als Deutschland und Israel 1965 diplomatische Beziehungen aufnahmen, bot ihm sein Freund Rolf Pauls, der erste von Bonn nach Israel entsandte Botschafter, den Posten des Botschaftsrats an. Wir erhielten einen begeistert klingenden Brief, der Freude auf das neue Amt verriet. Daß er es dann doch nicht übernahm, hing mit besonderen Ereignissen zusammen: Er hatte geheiratet, hatte Deutschland verlassen und war kein deutscher Staatsbürger mehr. An unserem privaten Verhältnis änderte dies nichts. Heute lebt er in Holland, und wir sind nach wie vor befreundet, ich auch mit seiner Gattin. Mittlerweile lebe ich in seinem Land, wohingegen er in seltsamer Umkehrung der Rollen in ein anderes wechselte. Das hindert uns nicht, neuerdings Deutsch miteinander zu sprechen, früher für mich gänzlich unmöglich. »Mein« erster Deutscher ist Claus von Amsberg, Gemahl der Königin Beatrix, also – mit offiziellem Titel – Seine Königliche Hoheit Prinz Claus der Niederlande.

Die enge Freundschaft, die sich im Laufe der Jahre zwischen uns entwickelte, ließ sich natürlich, losgelöst von aller offiziellen Politik, nicht aus dem deutsch-jüdischen Spannungsfeld heraushalten, das sich aufgrund der Geschehnisse im Nazi-Reich, besonders auch im Zusammenhang mit der Verfolgung und Ermordung nichtdeutscher Juden in Europa, aufgebaut hatte. Claus von Amsberg verzichtete, als er sich in die holländische Kronprinzessin verliebte, nicht nur auf den Posten an der neuen deutschen Botschaft in Israel, sondern auch auf jede weitere diplomatische Karriere.

Dabei war höchst ungewiß, ob die Verbindung der beiden einen glücklichen Ausgang nehmen werde – Claus' deutsche Abstammung weckte bei einem Großteil der Niederländer böse Erinnerungen. Als der Hochzeitstermin näherrückte, erklärte die jüdische Gemeinde, sie werde die Feierlichkeiten des Königshauses offiziell boykottieren – für meine Frau und mich, die wir eingeladen waren, ein deutliches Signal, der Hochzeit fernzubleiben. Peinlich war nicht nur der Brief, in dem ich unsere Absage begründete – ich griff zu wenig ehrlichen Ausreden –, peinlich war auch, daß es überhaupt dazu kommen mußte. Statt einer schriftlichen

Antwort kam ein Anruf von Claus. Es sei selbstverständlich für ihn, erklärte er, daß wir – ungeachtet unserer Ausreden – nicht zur Hochzeit erscheinen würden. Der Widerstand der Juden und auch Nichtjuden schmerze ihn sehr, doch gerade angesichts der Proteste hätte er es nicht verstanden, wenn wir unsere Teilnahme nicht abgesagt hätten. Wir waren beschämt und gerührt zugleich.

Als sich Ende Mai 1967 die Lage im Nahen Osten zuspitzte und wenige Tage später, am 6. Juni, der Sechstagekrieg ausbrach, machte man sich in aller Welt Sorgen um Israels Überleben. Die Stimmung war bedrückend. Da erreichte uns das Angebot von Claus und Beatrix, unsere damals zweijährigen Zwillinge Adar und Guy zu sich zu nehmen, bis die Krise vorüber sei. Die hilfsbereite, um unsere Sicherheit bemühte Geste, auf die wir, zuversichtlich, wie wir waren, nicht einzugehen brauchten, wiederholte sich ähnlich 1973 im Yom- Kippur-Krieg. Meine Familie und ich befanden uns damals in Paris, wo ich an unserer Botschaft Dienst tat. Die Situation im Nahen Osten war bedrohlich. Claus, auch diesmal besorgt, rief an. Er bat dringend um ein Treffen, mir war es jedoch in jenen Tagen ganz und gar unmöglich, Paris zu verlassen. Da kam er selbst, ließ sich umfassend informieren und schließlich auch, was das weitere Schicksal Israels betraf, beruhigen.

Als das Kronprinzenpaar im April 1976 Vorbereitungen zu einem offiziellen Besuch Israels traf, bestand es darauf, meine Frau und mich von Paris mit auf die Reise zu nehmen. Mein Posten in der französischen Hauptstadt stand mit den Beziehungen meines Staats zu den Niederlanden in keinem Zusammenhang, gleichwohl fühlten wir uns geehrt, als wir, der in Paris zwischengelandeten Sondermaschine entstiegen, eine Woche gemeinsam mit den Staatsgästen verbringen und

Zeugen sein durften, als die Thronfolgerin und mein Freund, der ehemalige Deutsche, der erste Deutsche, den ich kennenlernte, meine Eltern empfingen. Die Begegnung hatte in der Tat etwas Anrührendes, nicht zuletzt auch für meinen Vater. Seine Eltern waren, wie erwähnt, aus Holland ins damalige Palästina ausgewandert, und ich mußte unwillkürlich schmunzeln, als ich ihm seine Freude anmerkte, vor Ihrer Königlichen Hoheit mit holländischen Sprachkenntnissen glänzen zu können.

Dennoch, jede neue Erfahrung will verarbeitet sein, bevor sie sich wie ein Mosaikstein zu älteren fügt. Bis dahin hatte ich eine Menge über Deutschland gelernt, in vieler Hinsicht aber erschien es mir nach wie vor fremd und unverständlich, wenig anziehend, ja eigentlich störend und abweisend. Es mußten noch viele Jahre vergehen, bis aus den Mosaiksteinen ein halbwegs geschlossenes und in seinen Farbwerten abgestuftes Bild entstand.

Die Nachkriegszeit bescherte Israel besonders schwierige Probleme. Im Vordergrund standen der Widerstand gegen England und der Kampf um die Erlangung der nationalen Unabhängigkeit. Allein der Untergrundkrieg, der die britischen Mandatsträger zwingen sollte, die Überlebenden der Konzentrationslager aus Europa ins Land zu lassen, und die diplomatischen Bemühungen bei den Vereinten Nationen, das Mandat zu beenden, erforderten enorme Anstrengungen, zumal es starke Kräfte gab, die den neu zu schaffenden Staat Israel bereits im Keime ersticken wollten. Der Gedanke an Deutschland spielte dabei trotz aller Schrecken, die von ihm ausgegangen waren, mehr eine untergeordnete Rolle. Zumindest emotional standen uns Fragen, die mit unserer Zukunft zu tun hatten, entschieden näher.

Dabei waren zweifellos auch Verdrängungsmechanismen im Spiel. Es ging nicht nur darum, Deutschland zu ignorieren. Die Mehrzahl der Israelis wollte auch, ohne die Ursachen recht zu begreifen, die Erinnerungen an den Zweiten Weltkrieg aus dem Gedächtnis tilgen. Und die Deutschen selbst? Ihnen mußte im Rückblick die NS-Zeit zumindest als unangenehm erscheinen. Viele sahen sie indessen als eine trotz allem glorreiche Periode ihrer jüngeren Geschichte an, von der in diesem Sinne zu reden im Moment nur nicht als salonfähig galt. Für uns war die Erinnerung einfach nur schmerzlich, allzu schmerzlich. Um Geist und Körper zu schonen, mußte man den Schmerz verdrängen. Ich kenne eine Frau, deren Mutter Auschwitz überlebt, ihrer Tochter aber bis zu deren achtzehntem Lebensjahr so gut wie nichts von ihren furchtbaren Erlebnissen berichtet hat. Sie besaß nicht die Kraft, sich an die Greuel zu erinnern, bemühte sich nur, ihre Gedanken unablässig mit anderem zu beschäftigen.

Für Menschen wie mich, die nie persönlich unter den Nazis gelitten haben, bedeutete die NS-Zeit – über alles damals Geschehene hinaus – eine derart tiefe Demütigung, daß man sie, um sein Gleichgewicht zu wahren, verdrängen mußte. Das gelang nicht immer. Der Eichmann-Prozeß in Jerusalem etwa riß noch nicht vernarbte Wunden auf, bei jedem aber waren die Folgen andere. So erinnere ich mich, daß ich, völlig hypnotisiert, bis zum Schluß keinen der Prozeßberichte ausließ, obwohl ich mir jeden Tag aufs neue schwor, den Verlauf der Verhandlungen nicht weiter zu verfolgen. Sobald er aber vorbei war, wollte ich vom Prozeß nichts mehr hören – ich verdrängte ihn und alles, was dazu geführt hatte.

Zu welchen eigentümlich irrationalen, der Kontrolle von Vernunft und Verstand entzogenen Brüchen es kommen konnte, wenn man sich der Techniken des Verdrängens bediente, zeigt eine Episode, in der ich selbst im Mittelpunkt stand – zweifellos ist sie mir deshalb in so peinlicher, noch heute unangenehmer Erinnerung. Anfang der siebziger Jahre war ich bei einem Freund, Jean François Kahn, einem bekannten Pariser Journalisten, zum Abendessen geladen. Unter den Gästen war auch Simone Signoret, die berühmte Schauspielerin. Sie war gerade von einer Reise nach Osteuropa zurückgekehrt und berichtete leidenschaftlich erregt von ehemaligen Konzentrationslagern, die sie dort besichtigt hatte. Mir schien das alles unerträglich, und um aus der ewigen Teufelsspirale der Holocaust-Geschichten auszubrechen, fiel mir nichts Dümmeres ein, als zu erzählen, auch ich sei soeben von einer Reise zurück, nämlich aus Los Angeles, total überwältigt von der dortigen Hauptattraktion, dem schönen, berühmten Disneyland. Was die Anwesenden in diesem Moment dachten, spiegelte sich in den Gesichtern, es wurde kein Wort mehr gesprochen. Allein der Hausherr rettete dann den Abend, indem er rasch ein anderes Thema anschnitt.

Neben denen, die ihre Erinnerungen mehr oder minder erfolgreich verdrängten, und anderen, die unentwegt, wie unter einem starken inneren Zwang, von ihren Holocaust-Erfahrungen sprechen mußten, gab es bei uns nach dem Krieg Menschen, die an nichts anderes als an Rache dachten. Der Gedanke, an Deutschland Vergeltung üben zu müssen, ließ sie nicht los, tatsächlich aber kam es nur einmal zu einem ernsten Versuch, mit gezielten Aktionen die Untaten der Nazis zu rächen. Das israelische Fernsehen berichtete darüber im Rahmen der Sondersendungen anläßlich des fünfzigsten Jahrestags des Kriegsendes. Einige der ehemaligen Akteure, die dabei zu Wort kamen, erinnerten sich, wie sie sich 1945 mit jungen KZ-Überlebenden und vormaligen

Partisanen, sämtlich Juden, zu einer sechzigköpfigen Gruppe zusammenschlossen. Ihr Ziel sahen sie in der Erfüllung jener Forderung, die Juden vor ihrer Ermordung an Orten ihrer Qual hinterlassen hatten, vielfach mit Blut geschrieben: Rache.

Der Anführer der Gruppe, die sich »Rächer« nannte, war ein ehemaliger Untergrundkämpfer, der Dichter Abba Kovner. Ihm und seinen Gefährten ging es ausschließlich um die Tötung von Deutschen, »weil das ganze deutsche Volk hinter Hitler stand und mit ihm begeistert die Verbrechen gegen die Juden verübt hat«. Entsprechend sah einer der Pläne die Vergiftung von Trinkwasservorräten in zwei deutschen Städten vor. Das Vorhaben scheiterte an der Aufmerksamkeit jüdischer Behörden in Palästina, der künftigen israelischen Regierung, die Verdacht schöpfte, als die »Rächer« sich anschickten, größere Giftmengen zu besorgen.

Auch ein zweiter Giftanschlag der Gruppe führte zu keinem Erfolg, jedenfalls nicht zum erhofften. Er galt SS-Gefangenen in einem amerikanischen Lager in Nürnberg. Die »Rächer« hatten herausgefunden, daß das Brot, mit dem die Gefangenen verpflegt wurden, nicht aus einer amerikanischen Heeresbäckerei stammte, sondern in einem deutschen Betrieb hergestellt wurde. Als Arbeiter getarnt, gelang es einigen der jungen Männer, Gift – diesmal aus eigener Produktion – in die Brotfabrik zu schmuggeln und damit eine gesamte, für das Gefangenenlager bestimmte Tageslieferung zu bestreichen. Eine gewisse Wirkung ließ sich nicht verkennen: Fünfzehntausend SS-Leute »litten« einen Tag lang unter mehr oder minder heftigen Leibschmerzen. Damit war auch diese Aktion der »Rächer« beendet.

Die Juden in Palästina verfolgten die Unternehmungen der Gruppe, soweit sie bekannt wurden, mit Sympathie, nah-

51

men sie aber nicht sonderlich ernst. Wie bald sie in Vergessenheit gerieten, zeigt die personale Konstellation des ersten Militär-Geheimtreffens zwischen Israelis und Deutschen. Es ging um Möglichkeiten einer Zusammenarbeit im Rüstungsbereich. Hauptverhandlungspartner dieser Konferenz, die im Dezember 1957 in Bayern stattfand, waren Shimon Peres und Franz Josef Strauß. Peres wurde außer von Asher Ben Natan, der mir von den »Rächern« erzählt hatte, von General Chaim Laskov begleitet. Laskov, damals noch Stellvertreter des Oberbefehlshabers der israelischen Streitkräfte Moshe Dayan – im darauffolgenden Jahr trat er dessen Nachfolge an –, hatte 1945 bei den »Rächern« eine maßgebliche Rolle gespielt. Jetzt saß er ohne erkennbare Hemmungen mit seinen Generälen im Haus des deutschen Verteidigungsministers, um Möglichkeiten einer Kooperation zu erkunden . . .

Im Bewußtsein der jüdischen Bevölkerung Palästinas hat das Holocaust-Thema in der Nachkriegszeit einen dominierenden Platz eingenommen, auch wenn es in der Öffentlichkeit nicht ständig im Vordergrund stand. Es gab Herausforderungen, deren Lösung uns, wie gesagt, dringlicher, auch hoffnungsträchtiger erschien. Die Würfel über unsere Zukunft sind damals gefallen. Wir bereiteten uns auf die Staatsgründung vor, wir mußten uns militärisch verteidigen, und die Aufnahme der Flüchtlinge, meist Überlebende der Konzentrationslager, aber auch Juden aus arabischen Ländern, war uns nicht nur eine moralische Pflicht, sie wurde mehr und mehr zu einer Aufgabe von historischer Größe. Deutschland glaubte man neben allem verdrängen zu können.

Was erwarteten wir von diesem Land eigentlich? Wer der Frage nachging, der fühlte sich nicht selten an das historische Beispiel Spaniens erinnert. Die Geschichte der dort einst ansässigen Juden, ihre reiche Kultur, ihr hohes öffentliches Ansehen und die Tatsache, daß sie im Mittelalter in den Augen anderer jüdischer Gemeinschaften in Europa, aber auch in der islamischen Welt eine Elite darstellten, vorbildhaft und mit vermeintlich dauerhafter Präsenz – all dies hat sich unserem Volk ebenso tief eingeprägt wie das Wissen um das plötzliche Ende jener Hochblüte jüdischen Lebens und jüdischer Geistigkeit. Aus heutiger historischer Sicht könnte man sagen, daß die 1492 aus Spanien vertriebenen Juden bis zu dem Tag, da sie ihre Heimat verlassen mußten, offenbar die Gefahren des christlichen Fanatismus, die Macht der Inquisition und das Potential an Grausamkeit unterschätzt haben, Instrumente, welche die Spanier später auch auf ihren Eroberungszügen in Mittel- und Südamerika einsetzten.

Der Bann, den die spanischen Juden gegen das Land aussprachen, das sie rücksichtslos vertrieb, ihr Schwur, nie mehr Kontakte mit Spanien oder Spaniern zu unterhalten, hielt offiziell genau fünfhundert Jahre. Während des Zweiten Weltkriegs, in der Franco-Ära, fanden hier zwar jüdische Flüchtlinge gelegentlich Asyl, wenn auch nicht immer unter besten Umständen. Zur Aufhebung des Banns kam es jedoch erst 1992, als sich der israelische Staatspräsident Chaim Herzog und König Juan Carlos von Spanien zur längst überfälligen Aussöhnung trafen.

Erstaunlich ist dennoch die Treue, welche die Juden spanischer Herkunft über alle Jahrhunderte hin in ihren neuen Gastländern zur Kultur und Sprache Spaniens bewahrt haben. Noch heute, wenn Nachkommen die Heimat ihrer Vorväter besuchen, bewundern die Einheimischen die selten gewordene klassische Reinheit ihres Spanisch. Mich erinnert das ein wenig an meine Mutter. Sie, die von Deutschland nichts wissen wollte, konnte und mochte nicht von der Sprache ihrer Kindheit lassen.

Es lag nach dem Krieg nahe, an Spanien und an den Bann als Vorbild für unsere künftigen Beziehungen zu den Deutschen zu denken. Was hatten die Spanier uns angetan? Gewiß, sie hatten zahllose Angehörige unseres Volkes entwürdigt und vertrieben, sie jedoch nicht ermordet. Selbst die Vertreibung ließ sich umgehen, wenn die Betroffenen sich zum Christentum bekehrten. Bedeutete dies nicht, daß der damalige Antisemitismus in Spanien sich nicht einmal nachträglich rassistisch begründen ließ, da man doch mit der Taufe, sofern man sie vollziehen ließ, weiterhin als Spanier akzeptiert und entsprechend behandelt wurde? Mit dem Holocaust jedenfalls war das alles unvergleichbar.

Tatsächlich haben die Nazis den in Deutschland bis dahin völlig integrierten Juden keinen Ausweg aus ihrem Schicksal gelassen, auch nicht den ultrapatriotisch gesinnten. Ein Jude, mochte er noch so an eine Symbiose zwischen Deutschen und Juden glauben, mochte er Frontkämpfer des Ersten Weltkriegs und womöglich Träger des Eisernen Kreuzes sein oder Familienmitglieder als Kriegsopfer verloren haben – die Zahl der jüdischen Gefallenen lag proportional höher als die der übrigen Bevölkerung –, er konnte, weil er als Jude geboren war, dennoch nicht der Verfolgung entgehen, an deren Ende die physische Vernichtung stand.

Im Jahr 1933 lebten in Deutschland etwa 495 000 Juden. Nach den Rassentheorien der Nazis lag die Zahl jedoch weit höher: Juden waren für sie auch solche christlichen Glaubens und ihre Nachkommen. Die sogenannten Deutschen Christen, eine Bewegung innerhalb der evangelischen Kirche, strebten schon zu Beginn der Nazi-Herrschaft die Ausscheidung aller »jüdischen Elemente« an und untersagten ihren

Pfarrern das gemeinsame Gebet mit getauften Juden – eine Maßnahme, der dann die Bekennende Kirche massiv entgegentrat.

Eine damals viel erzählte Geschichte spielt auf die antijüdischen Tendenzen innerhalb der Kirche an, speziell auf deren Haltung gegenüber den Judenchristen: Am Anfang des Sonntagsgottesdienstes wendet sich der Pfarrer vom Altar aus an seine Gemeinde mit den Worten: »Ich bitte alle Christen jüdischer Abkunft, die Kirche zu verlassen.« Als sich niemand aus den Bänken erhebt, wiederholt er die Bitte erst ein-, dann ein zweites Mal. Als die Gemeinde immer noch reglos verharrt, verlangt er, nun mit besonders strengem Nachdruck, alle Christen jüdischer Abkunft hätten sich sofort aus der Kirche zu entfernen. Da hört er ein Geräusch hinter sich, blickt sich um und sieht, wie Jesus vom Kruzifix herabsteigt und langsam den Kirchenraum verläßt. »Danke«, sagt der Pfarrer, »und nun wollen wir mit dem Gottesdienst beginnen.«

Im mittelalterlichen Spanien konnte sich derlei natürlich nicht ereignen. Aber wenn es richtig gewesen war, fragte man sich, einen Bann gegen Spanien zu verhängen, wäre da ein gleiches Vorgehen gegen Deutschland mit ähnlichen Konsequenzen nicht das allermindeste, was in Anbetracht der Nazi-Verbrechen geboten schien? Tatsächlich aber haben wir nach dem Krieg nichts gegen die Deutschen unternommen. Im Unterschied etwa zu den Russen, Polen und Tschechen waren wir nicht an der Vertreibung von Deutschen beteiligt, wir enteigneten sie nicht und beschlagnahmten kein deutsches Eigentum. Israel hat sich sogar in dem Luxemburger Wiedergutmachungsabkommen von 1952 verpflichtet, Entschädigung für das während des Krieges beschlagnahmte Eigentum des deutschen Staates, zum Beispiel Konsulatsliegenschaften in Haifa, Jaffa und Jerusalem, der deutschen katholischen Kirche und der Tempelgesellschaft zu zahlen. Bis 1962 hat Israel der BRD einen Ausgleich von 54 Millionen Mark überwiesen. Israel hält damit einen »Rekord« gegenüber den meisten anderen Ländern.

Wir beteiligten uns auch nicht an Prozessen gegen Nazi-Verbrecher, ausgenommen solchen, in denen die Angeklagten Juden waren, die mit den Nazis kollaboriert hatten. Bis zum Eichmann-Prozeß 1961 haben wir auch keine direkten Verfahren gegen Nazis, die sich schuldig gemacht hatten, eingeleitet; niemand von ihnen wurde aufgrund seiner Taten zu Haftstrafen verurteilt oder gar hingerichtet. Man sollte uns, so die weitverbreitete Meinung, mit diesem Land und diesem Volk in Ruhe lassen. Kurz, wir waren die Deutschen leid, wollten einfach nichts von ihnen wissen.

Seit der Staatsgründung und Unabhängigkeit Israels galt Deutschland offiziell als »Feindesland«. In den neuen Pässen, auf die jeder Bürger des jungen Staates stolz war, stand der Vermerk: »Gilt für alle Länder der Welt mit Ausnahme Deutschlands.« In jener Zeit herrschte zwischen Israel und mehreren Ländern Kriegszustand, wie er heute noch teilweise fortdauert, doch er bezog sich nicht auf Deutschland. Nicht die Nachbarländer, die uns 1948 überfallen hatten und mit denen wir jahrzehntelang in jenem besagten Zustand lebten, wurden offiziell als Feinde bezeichnet, nicht für diese Länder waren unsere Pässe ungültig. Zum Feind – und zwar sehr nachdrücklich – war allein Deutschland erklärt worden. Doch so wollten wir es haben, wir waren zufrieden damit, gingen davon aus, daß es so bleiben würde.

Von sehr langer Dauer freilich war diese Haltung nicht, jedenfalls nicht auf politischer Ebene. Am 6. Mai 1951 traf erstmals eine israelische Delegation mit Konrad Adenauer in

Paris zu Geheimgesprächen zusammen. Gegenstand der Verhandlungen war ein »Wiedergutmachungsabkommen« zwischen Deutschland und Israel. Als im darauffolgenden Jahr nur die Aufnahme von Verhandlungen mit den Deutschen in Israel bekannt wurde, kam es zu einem Sturm der Entrüstung, der mir unvergeßlich bleibt.

Ich war damals siebzehn und hatte schon manchen erregenden historischen Augenblick erlebt. Ich erinnere mich an die Feierlichkeiten am 8. Mai 1945, ebenso an Hiroshima und Nagasaki, an die langen Diskussionen in den Vereinten Nationen, welche die Beendigung des britischen Mandats in Palästina zum Ziel hatten, an den Beschluß der UN-Vollversammlung, das Land zu teilen und uns den einen Teil unserer biblischen Heimat als Boden für einen unabhängigen Staat anzubieten – sämtlich Ereignisse, über die man uns mit aller Ausführlichkeit täglich in der Schule informierte und die zu Hause diskutiert wurden. Deutlich in Erinnerung auch habe ich den ersten Angriff der Araber Palästinas, wie sie sich damals nannten, stärker noch Ben Gurions Erklärung der Unabhängigkeit des Staates Israel am 15. Mai 1948, jenem Tag, an dem wir den Abschied des letzten britischen Gouverneurs mit großer Emotion, doch ohne jegliches Bedauern verfolgten und an dem der Überfall all unserer Nachbarstaaten auf unser Land begann. Es war der Tag, an dem ich zum ersten, aber nicht zum letzten Mal in einem Keller saß, während in der Nachbarschaft die Bomben der ägyptischen Luftwaffe niedergingen. Ob Begeisterung, Zorn oder Trauer jedes große Gefühl, mit dem uns die Geschichte zu ihren Zeugen macht, bleibt im Gedächtnis. Der Tag, an dem der Beschluß bekannt wurde, ein Abkommen mit Deutschland zu unterzeichnen, hat sich mir als derjenige eingeprägt, der die stärksten Emotionen auslöste, die ich je erlebte.

Die Lehrer an meinem Gymnasium konnten oder wollten sich nicht über die deutsch-israelischen Verhandlungen äußern, zumindest nicht offen vor der Klasse – auf dem Schulhof und anderswo ließen sie ihrer Wut und Empörung um so freieren Lauf. Meine Eltern, die ich nach der Schule zu Hause fand, was mich überraschte, da mein Vater sonst viel später von der Arbeit kam, waren so erregt, daß sie kaum ein Wort hervorbrachten. In der Knesset, dem israelischen Parlament, kam es während der Debatte über den Vorschlag von Premierminister Ben Gurion, die Verhandlungen mit Deutschland zu billigen, zu heftigen Krawallen, den schlimmsten in der Geschichte der Knesset bis heute. Vor dem Parlament hatte sich eine unübersehbar große Menge von Demonstranten eingefunden. Sie bewarf das Gebäude mit Steinen – auch dies einmalig in unserer Geschichte.

Merkwürdig, daß ich mich zwar an die Intensität der Gefühle, aber nicht mehr an meine Gedanken zur Frage erinnern kann, ob man die Verhandlungen akzeptieren solle oder nicht. Ich gestehe auch, daß ich in dieser Hinsicht unsicher bin über die Einstellung der Menschen in meiner damaligen Umgebung. Was dachten die nach außen hin empörten Lehrer wirklich, zu welcher Meinung hatten sich meine Eltern durchgerungen?

Natürlich gab es neben jenen, die Steine gegen das Parlament schleuderten, auch Menschen, die ihren Widerstand gegen das Abkommen auf andere Art zum Ausdruck brachten. Viele Juden in Israel und anderswo halten sogar bis heute an dessen Ablehnung fest, indem sie sich dem persönlichen Entschädigungsangebot Deutschlands konsequent verweigern. Zu ihnen gehörte meine Mutter. Ich kann aber nicht sagen, daß diese Haltung durchweg die dominierende gewesen ist, in den ersten Tagen zumindest eskalierten die Gefühle derart, daß kaum jemand imstande war, sich eine eigene Meinung zu bilden. Hinter aller Empörung stand nur das Gefühl der Erniedrigung mit der Frage: Wie konnte es dazu kommen, daß wir mit den Deutschen sprechen? Und: Was hat dazu geführt, daß man uns Geld in Aussicht stellt, und in welcher Form würden wir dieses unreine Geld der Deutschen erhalten?

Der Begriff »Wiedergutmachung« war uns fremd. Im Hebräischen entsprach ihm ein eher mit »Entschädigung« gleichzusetzendes Wort. Bei voller Kenntnis dessen, was der deutsche Begriff besagt und bedeutet, hätte er in Israel womöglich wie Sprengstoff gewirkt. Wiedergutmachung – ließ sich der Holocaust denn wieder gutmachen, dazu noch mit Geld? Auch das Ersatzwort »Entschädigung« hätte sich als unpassend erwiesen, weil es an Wunden rührte und Erinnerungen an Dinge beschwor, die man besser ruhen ließ.

Viele Jahre später, nach der Aufnahme diplomatischer Beziehungen zwischen Deutschland und Israel, kam es zu einem Gespräch zwischen dem damaligen Bundespräsidenten Heinrich Lübke und dem Botschafter Israels in Bonn, Asher Ben Natan. Lübke beklagte sich über Angriffe gegen Deutschland in israelischen Zeitungen und fügte hinzu: ». . . nach allem, was wir an Israel zahlen.« Ben Natan antwortete, die Wiedergutmachungszahlungen seien längst beendet, im übrigen nichts anderes gewesen als die Rückgabe eines kleinen Teils der von den Deutschen geraubten Vermögen, die sich vordem in jüdischer Hand befanden. Lübke entgegnete, er meine die vielen Gelder, die alljährlich nach Israel flössen. Dabei handele es sich, sagte Ben Natan, um Zahlungen an Überlebende des Holocaust, geregelt nach dem Bundesentschädigungsgesetz. Und nur an dem Tag, an dem er, der Bundespräsident, diese Angelegenheit mit den Botschaftern der USA, Frankreichs oder anderer Länder bespreche, könne er es auch mit uns, den Israelis, tun.

So unversehens heftig die Emotionen waren, die mit der Diskussion um das Wiedergutmachungsabkommen ausbrachen, so unanfechtbare Vernunftgründe gab es, die für die Annahme der Vereinbarungen sprachen. Tatsache ist, daß Ben Gurion das Abkommen nicht nur akzeptiert hat, er hatte es auch gewünscht. Ursprünglich wollte er direkte Kontakte mit den Deutschen möglichst vermeiden. Sein Plan, über die Siegermächte Entschädigungen von Deutschland zu erhalten, scheiterte an der mangelnden Bereitschaft der Alliierten – die Russen, allein an der wirtschaftlichen Ausbeutung ihrer Besatzungszone interessiert, haben seine Vorstellungen zur Mittlerrolle nicht einmal beantwortet. Die Westmächte wiederum erkannten die Komplikationen eines Präzedenzfalls: Sie fürchteten, auch mit Ansprüchen anderer Länder konfrontiert zu werden. Darüber hinaus sahen sie die Gefahr, verantwortlich für Ansprüche an Staaten zu werden, die während des Kriegs Verbündete Deutschlands waren.

Überlegungen Adenauers, die er etwa zu gleicher Zeit anstellte, schlossen den Gedanken an eine Wiedergutmachung nicht aus, im Gegenteil. In einem Interview mit dem Journalisten Rolf Vogel erklärte er, die Verbrechen an den Juden müßten gesühnt, die Opfer entschädigt werden, wenn Deutschland wieder Ansehen unter den Völkern der Erde gewinnen wolle: »Die Macht der Juden, auch heute noch, insbesondere in Amerika, sollte man nicht unterschätzen.« Von da an sah Ben Gurion keine Alternative mehr zur direkten Kontaktaufnahme mit den Deutschen.

Dabei waren es zunächst nicht einmal moralische Gründe, aus denen Ben Gurion eine umfassende Entschädigung anstrebte. Er teilte nicht unbedingt die Auffassung jenes Knesset-Abgeordneten, der das Abkommen unterstützte und in Anknüpfung an ein bekanntes Bibelwort (»...sowohl gemordet als auch geerbt«) die Frage stellte, ob man den Mördern denn auch noch das geraubte Eigentum überlassen solle. Ben Gurion hatte vielmehr die damalige Situation seines Staats, die Lage Israels nach dem Unabhängigkeitskrieg 1948/49, im Auge, mit der eines anderen kaum zu vergleichen. Es war ein kleiner Staat, der trotz seines Siegs noch immer eingekesselt und belagert war, der im langen Krieg, im ersten Jahr seiner Existenz, schwere Verluste an Menschen und materiellen Gütern hatte hinnehmen müssen, den die Nachbarstaaten wirtschaftlich, politisch und – nicht ohne Einfluß auf andere Länder – diplomatisch boykottierten, der keine Vorräte, kaum Industrie und eine nur schwach entwickelte Landwirtschaft besaß. Ein Staat ohne wirtschaftlichen Anreiz für ausländische Investoren und doch auf fremde Hilfe angewiesen. Die später so enge Freundschaft mit den Vereinigten Staaten befand sich erst in den Anfängen.

Auch die USA hatten gegen Israel ein Waffenembargo verhängt. Waffen, die auf regulären Wegen niemand liefern wollte, mußten auf dem Schwarzen Markt beschafft und in harten Devisen bezahlt werden. Als erster Staat zeigte sich die Sowjetunion zur Hilfe bereit, verlangte aber für Lieferungen aus einem ihrer Vasallenstaaten, der Tschechoslowakei, gleichfalls Devisen. An denen jedoch fehlte es – ein Mangel, der zu Lasten der ehemaligen Kolonialmacht England ging. Die autonome Gemeinschaft der Juden unter britischem Mandat in Palästina hatte vernünftig gewirtschaftet und bedeutende Ersparnisse sammeln können. Die aber befanden sich in London, nach Erlangung unserer Unabhängigkeit wurde dieses Konto eingefroren. Von der Aufnahme in das

Commonwealth, dem die unabhängig gewordenen ehemaligen britischen Kolonien beigetreten waren, schloß man uns mit der Begründung aus, Israel sei keine Kolonie, sondern Mandatsgebiet – eine Auffassung, die dazu führte, daß man uns auch aus der Sterlingzone ausschloß.

Das einzige, das wir im Übermaß erhielten, waren Flüchtlinge, Massen über Massen, Überlebende aus den Konzentrationslagern, Vertriebene aus arabischen Ländern, die alle nichts weiter besaßen als ihr nacktes Leben. In anderthalb Jahren wuchs unsere Bevölkerung auf das Doppelte. Die Flüchtlinge mußten versorgt, das Land verteidigt werden. Doch womit? Wenn es eine Möglichkeit gäbe, von irgendwoher, und sei es vom Teufel persönlich, unter den gegebenen Umständen wirtschaftliche Hilfe zu erhalten, Förderungsmittel und Investitionen – er, das war Ben Gurion klar, würde sie akzeptieren.

Deutschlands Pflicht sei es, sagte er, nicht Wiedergutmachung zu leisten, auch keine schlichte Entschädigung. Vielmehr ginge es darum, den Überlebenden der Konzentrationslager einen Neuanfang zu ermöglichen. Die Fortdauer und Stabilität des Staates Israel erschienen ihm wichtiger als die Rücksichtnahme auf Empfindlichkeiten, die aus der Vergangenheit herrührten. All dies hat er uns zu erklären versucht, nicht immer mit Erfolg. Die Vernunft hatte es schwer, sich zu behaupten. Lieber hungern, als von den Deutschen etwas annehmen, war die Meinung vieler.

Auf wenig Verständnis auch stieß vorerst ein Argument Ben Gurions, mit dem er uns ein gewisses Maß an Entgegenkommen abverlangte. Wir seien verpflichtet, sagte er, möglichst diejenigen in Deutschland zu ermutigen, die sich um den Aufbau einer demokratischen Gesellschaft bemühten, willens, die Wurzeln des Nazi-Übels auszureißen und ein anderes Deutschland zu erschaffen. Adenauer sei ein solcher Mann. Wenn Ben Gurion zunächst von der Ermutigung als einer Verhaltensform sprach, die sich auf Anstrengungen in bezug auf ein in der Zukunft liegendes Ziel richtete, eben auf jenes »andere« Deutschland, dann klangen spätere Äußerungen so, als gebe es dieses Deutschland bereits.

Vor schwierigem Terrain

Auch in Deutschland tat man sich mit der Wiedergutmachung schwer. Meinungsumfragen im Jahr 1952 ergaben, daß lediglich vierzehn Prozent der Deutschen dem Grundsatz zustimmten, die überlebenden Juden in irgendeiner Form zu entschädigen. Das entsprach natürlich genau der Kritik, der sich die Deutschen damals ausgesetzt sahen – offenbar hatten sie sich auch nach dem Krieg nicht von der Nazi-Ideologie befreit. Für Konrad Adenauer wiederum stellte das Ergebnis insofern ein Hindernis dar, als er wenn schon nicht die Bevölkerung, so doch den Bundestag dazu bringen mußte, sein Vorhaben der Kontaktaufnahme mit Israel zu billigen. Ohne Unterstützung der SPD-Opposition würde es sich ohnehin nicht durchführen lassen.

Fünf Monate nachdem die israelischen Bevollmächtigten dem deutschen Bundeskanzler in dem erwähnten Pariser Gespräch die Bedingungen ihrer Regierung für die Aufnahme von Verhandlungen übermittelt hatten – an erster Stelle stand das offizielle Bekenntnis Deutschlands zu seinen Verbrechen in den Jahren zwischen 1933 und 1945 –, hielt Konrad Adenauer eine Rede vor dem Bundestag. »Die Bundesregierung und mit ihr die große Mehrheit des deutschen Volkes sind sich des unermeßlichen Leidens bewußt, das in der Zeit des Nationalsozialismus über die Juden in Deutschland und in den besetzten Gebieten gebracht wurde«, erklärte er an jenem 27. September 1951. »Das deutsche Volk hat in seiner überwiegenden Mehrheit die an den Juden begangenen Verbrechen verabscheut und hat sich an ihnen nicht beteiligt. Es hat in der Zeit des Nationalsozialismus im deutschen Volk viele gegeben, die aus religiösen Gründen, aus Gewissensnot, aus Scham über die Schändung des deutschen Namens ihren jüdischen Mitbürgern Hilfsbereitschaft gezeigt haben. Im Namen des deutschen Volkes sind unsagbare Verbrechen begangen worden, die zur moralischen und materiellen Wiedergutmachung verpflichten.«

Die israelische Regierung nahm offiziell daraus nur einen Teil wahr. Ihre Stellungnahme lautete: »Die deutsche Bundesregierung gesteht ohne Einschränkung und ohne Vorbehalt, daß im Namen des deutschen Volkes Verbrechen, die der menschliche Verstand nicht begreifen könne, verübt worden sind und daß aus dieser Tatsache eine Verantwortung für moralische und materielle Entschädigung für das Individuum wie auch für die Gemeinschaft besteht.«

In der israelischen Öffentlichkeit freilich stellte sich das nicht ganz so einfach dar. Natürlich hielt niemand jene Passage in Adenauers Rede für glaubwürdig, in der er versicherte, die große Mehrheit der Deutschen habe die Nazi-Verbrechen verabscheut. Was uns mehr störte, war, daß die Verbrechen angeblich »im Namen des deutschen Volkes« verübt worden sein sollten. Wer, fragte man sich, waren die Täter, die diese Vollmacht mißbrauchten? Etwa Söldner?

Die bedenkliche, wenn nicht fragwürdige Formel vom »Namen des deutschen Volkes« erschwerte zwangsläufig Ben Gurions Bemühungen, uns davon zu überzeugen, daß es ein »anderes« Deutschland gebe. Die ganze Problematik, die sich darin verbarg, wurde selbst dann noch einmal deutlich, als die Verhandlungen zum Wiedergutmachungsabkommen abgeschlossen waren und der Vertrag am 10. September 1952 in

Luxemburg von Adenauer und dem damaligen israelischen Außenminister Moshe Sharett unterzeichnet werden sollte. Vorher tauschte man sich, wie bei solchen Ereignissen üblich, über den Inhalt der Ansprachen aus, die gehalten werden sollten. Sharett hatte seine Rede (»Amalgam und Gegensätze«) mit der regierenden Arbeiterpartei Israels abgestimmt. Er wollte betonen, daß der Holocaust ein Verbrechen ohne Vergeben sei, wollte allerdings auch die positive Seite der Wiedergutmachung ansprechen, deren Zustandekommen auf der Anerkennung der moralischen Verantwortung und nicht auf Zwang beruhe. Sharett zeigte Adenauer den Text, der ihn, nachdem er ihn gelesen hatte, verärgert mit den Worten zurückgab: »Ich bin bereit, so etwas anzuhören, Deutschland nicht.« Er schlug vor, das Abkommen ohne Ansprachen zu unterzeichnen. So kam es zu einer entsprechend kurzen und schlichten Zeremonie.

Charismatische Persönlichkeiten, von der Geschichte dazu ausersehen, Entwicklungen von einiger Tragweite einzuleiten, zeichnen sich unter anderem durch den Mut aus, gegen verbreitete Grundströmungen ihrer Zeit zu handeln. Adenauer und Ben Gurion gehörten zu ihnen. Beide haben das Wiedergutmachungsabkommen sowohl in ihrer Regierung und in ihrem Parlament wie auch in der breiteren Öffentlichkeit ihrer Länder durchgesetzt. In Deutschland akzeptierte es die Mehrheit derer, die es ursprünglich abgelehnt hatten, am Ende wohl mit einiger Gleichgültigkeit – es gab andere, dringlichere Probleme. Die Israelis reagierten, wie gesagt, mit Schmerz und Bitterkeit, schließlich mit Resignation.

Insgesamt leistete die Bundesrepublik dem Staat Israel von 1952 bis 1965 Wiedergutmachung in Höhe von 1,3 Milliarden Dollar, umgerechnet damals 3,4 Milliarden Mark. Zusätzlich erhielten Juden in Israel und anderswo Renten und persönliche Entschädigungen, so auch für erlittene gesundheitliche Einbußen. Die Gesamtsumme aller Entschädigungsleistungen, einschließlich der Wiedergutmachung, liegt in der Zeit von 1952 bis 1996 bei etwa 97 Milliarden Mark. Das ist, für sich genommen, ein stattlicher Betrag. Seine Höhe relativiert sich indessen durch die Länge des Zahlungszeitraums. Und als geradezu verschwindend gering erscheint die Summe gegenüber dem Bruttosozialprodukt der Bundesrepublik, das jährlich etwa dreitausend Milliarden Mark beträgt.

Im Interesse der damals neu entstehenden deutschen Wirtschaft bestand Adenauer darauf, die Wiedergutmachung nicht mit Geld, sondern mit der Lieferung von Industriegütern zu leisten. Sie begann mit Bahnwaggons und Lokomotiven, auch mit dem Bau von Schiffen. Der damalige Leiter der Kieler Werft, Paul Nietzke, erinnerte sich in einem Fernsehinterview, das anläßlich des dreißigsten Jahrestags der Aufnahme von diplomatischen Beziehungen zwischen Deutschland und Israel ausgestrahlt wurde, an die damalige Besserung der Auftragslage. Bis dahin sei die Werft hauptsächlich mit Reparaturen »über Wasser gehalten« worden. »Dann kamen die Verhandlungen mit den Israelis 1953/54; sie führten zum Bau der ersten Schiffe, die 1953 bis 1957 abgeliefert worden sind, und das war eigentlich für die Schiffsbauer damals in Deutschland ein recht guter Erfolg . . .«

Im Rahmen der Wiedergutmachung sind auf deutschen Werften insgesamt dreißig Schiffe hergestellt und an Israel geliefert worden. Sie bildeten den Auftakt zu späteren regulären Lieferungen, wie Israel überhaupt seit dem Auslaufen des Wiedergutmachungsabkommens regelmäßig Industrieprodukte in Deutschland bestellt hat, deren Herstellung zuvor unter Leistungen gefallen war, die das Abkommen vorsah. Bis heute importiert Israel aus Deutschland mehr als doppelt soviel, als es nach Deutschland exportiert. Israel brauchte Investitionen. Sie waren nötig zum Aufbau der Wirtschaft mit einer leistungskräftigen Industrie und einer gut funktionierenden Infrastruktur. Die Lieferungen aus Deutschland kamen dafür wie gerufen.

Die Überführung von Maschinen, technischem Gerät oder ähnlichem ging natürlich nicht ohne menschliche Kontakte auf beiden Seiten vor sich. Deutsche Techniker mußten nach Israel, israelische Experten nach Deutschland reisen, die einen, um etwa ihre Kollegen in der Bedienung gelieferter Maschinen zu instruieren, die anderen, um bestimmte Herstellungstechniken oder einfach die deutsche Infrastruktur kennenzulernen. In jedem Fall waren längere Aufenthalte, hier wie dort, unvermeidlich, damit aber auch Erlebnisse, in denen sich gleichsam die Summe aller Erfahrungen offenbarte, die Deutsche und Juden bis dahin miteinander gemacht hatten.

Beispielhaft dafür sind die Auskünfte, die ein israelischer Eisenbahningenieur nach seiner Rückkehr aus Deutschland einem Rundfunkreporter gab. Ich erinnere mich deutlich an das Gespräch: Der Mann, ein deutschsprachiger Jude und verheiratet mit einer ehemaligen Berlinerin, war wegen seiner Sprachkenntnisse nach Deutschland geschickt worden, um sich hier mit der Bedienung von Lokomotiven vertraut zu machen, die an Israel geliefert werden sollten. Korrekt, wie sie ihm begegnet waren, sah er keinen Anlaß, sich über die Deutschen zu beklagen. Nur mit den Angehörigen der Familie, bei der er wohnte, hatte er in den drei Monaten, über das allernötigste hinaus, kaum ein Wort gewechselt.

Dem Zuhörer mußte sich am Ende der Eindruck vermitteln, beide, der Ingenieur und seine Gastgeber, hatten es nicht anders gewollt.

Und wie erlebten, vor diesem Zeithintergrund, Deutsche die Israelis in deren Land? Zufällig war der alte Herr, den ich nach meiner Amtsübernahme in Deutschland kennenlernte, ebenfalls Bahningenieur. Seine Schwierigkeiten begannen schon, bevor er nach Israel reiste: Nicht wenige aus seinem Bekanntenkreis hielten das Vorhaben für verrückt, ja lebensgefährlich. Anders als der israelische Kollege in Deutschland hatte er dann, als er im Land war, eine ganze Reihe privater Begegnungen. In fast allen Gesprächen aber sah er sich unvermeidlich mit Fragen nach dem Holocaust konfrontiert – wie hatte es dazu kommen, wie hatte ein zivilisiertes Volk derartiges anrichten können? Und immer wieder: »Was haben Sie während des Kriegs gemacht? Was dachten und taten Ihre Eltern?«

Nur allmählich, als sie häufiger wurden, brachen solche unmittelbaren menschlichen Kontakte das Eis, das sich in der Nachkriegszeit zwischen Deutschen und Israelis aufgetürmt hatte. Den vielleicht nachhaltigsten Beitrag dazu leistete die Aktion Sühnezeichen. Ich erinnere mich noch deutlich an das peinliche Gefühl, das ich bei der Nachricht vom Eintreffen der ersten Freiwilligen dieses vorwiegend vom Gedanken der Buße und praktischer christlicher Nächstenhilfe bestimmten Programms empfand. Einerseits war man geneigt, die jungen Leute als »Gerechte« im biblischen Sinn anzunehmen, als jene wenigen also, nach denen Abraham in Sodom suchte, um das der Stadt angedrohte göttliche Strafgericht abzuwenden. Abraham suchte vergeblich. Er trieb nicht einmal zehn wirklich Schuldlose auf. Er hätte sie, dachten wir, auch während der Kriegsjahre in Deutschland nicht entdeckt, nun aber sollte es sie dort plötzlich geben?

Wie sollte man mit diesen Menschen umgehen? Handelte es sich bei ihnen um seltene Ausnahmen, oder waren sie als exemplarisch anzusehen für eine breitere Strömung innerhalb ihres Volkes? Am liebsten hätten wir solche Fragen gar nicht erst aufkommen lassen. Die wenigen, die mit den ersten Sühnezeichen-Freiwilligen zusammentrafen, konnten ihre Emotionen nicht immer beherrschen. Es kam vor, daß sie diesen Deutschen die Untaten der Nazis vorhielten und sie beschimpften, obwohl sie wußten, daß sie nicht nur unschuldig, sondern auch bereit zu Versöhnungsopfern waren, mochten diese auch noch so gering und vielleicht mehr symbolisch gemeint sein. Da sie aber sonst keine Gelegenheit hatten, Deutsche das ganze Maß ihrer Verbitterung spüren zu lassen, und die Sühnezeichen-Leute vermutlich die einzigen Vertreter ihres Landes sein würden, denen sie je begegneten, dienten diese ungerechterweise als eine Art Klagemauer. Mich bestärkte das alles nur in meiner Haltung, den Umgang mit Deutschen, den »bösen« wie den vermeintlich »gerechten«, nach Möglichkeit zu meiden. Die Auseinandersetzung mit der Vergangenheit schien mir zu kompliziert, zu unerträglich. Mit dieser Auffassung stand ich nicht allein.

Dennoch, die ersten direkten Begegnungen zwischen Deutschen und Israelis nach dem Krieg, vor allem jene außerhalb der offiziellen Kontaktwege, blieben nicht wirkungslos, im Gegenteil. Absprachen zwischen Unterhändlern, diplomatische Abkommen und Vertragsabschlüsse, von beamteten Experten umgesetzt, mochten förderlich sein für die Karrieren der Beteiligten und nützlich für Handels- oder sonstige Beziehungen der betreffenden Länder – auf Stimmungen und landläufig verbreitete Meinungen nehmen sie gewöhnlich keinen Einfluß. Verändernd wirken allein der alltägliche persönliche Umgang einzelner miteinander und die Erkenntnis, die jeder für sich aus solchen Begegnungen gewinnt. Sie schaffen neue Realitäten, sind letztlich stärker als jede Politik und Propaganda.

Diesen Aspekt ließ selbst Heinrich Himmler nicht in der berüchtigten Rede aus, die er am 4. Oktober 1943 vor hohen SS-Führern in Posen hielt. Nachdem er sich über die »Tugenden« des Idealbilds eines SS-Mannes geäußert hatte (»ehrlich, anständig, freundschaftlich, kameradschaftlich . . . zu unserem eigenen Blut«), sprach er über »Menschentiere« – gemeint waren die osteuropäischen Völker und deren künftige Sklavenrolle. »Ich will«, fuhr Himmler fort, »auch ein ganz schwieriges Kapitel hier vor Ihnen ausbreiten. Ich meine die Judenevakuierung, die Ausrottung des jüdischen Volkes. Es gehört zu den Dingen, die man leicht ausspricht, das jüdische Volk wird ausgerottet. Das sagt Ihnen jeder Parteigenosse, ganz klar, steht in unserem Programm drin, machen wir, pah, Kleinigkeit . . . Und dann kommen sie alle, alle die braven, artigen jungen Deutschen, jeder hat seinen anständigen Juden, alle anderen sind Schweine, ihre sind prima Juden. So kann es nicht weitergehen . . .«

Himmler räumte damit, sicherlich ungewollt, die Existenz enger privater Kontakte zwischen deutschen Juden und Nichtjuden ein, zu einer Zeit, als die Deportationen längst im Gange und die Nazi-Ideologen besonders bemüht waren, im deutschen Volk den Haß auf alles Jüdische zu schüren. Wenn sogar zu Fanatikern des Nationalsozialismus erzogene junge Menschen imstande waren, einen Juden, den sie persönlich näher kannten, anders zu betrachten, als Erziehung und Propaganda es ihnen vorschrieben, dann war das ein Beweis für die relative Stärke persönlicher Kontakte gegenüber der Wirkung der Propaganda.

Als ich durch einen Film von Himmlers Rede erfuhr, machte ich die Gegenrechnung auf. Eine halbe Million Juden, verteilt auf eine Bevölkerung von damals achtzig Millionen – dieses Verhältnis gab der Mehrheit der Deutschen im Dritten Reich keine Chance, Juden bewußt als Juden wahrzunehmen, geschweige denn in engeren Kontakt zu ihnen zu treten. Der Versuch, die Deutschen davon zu überzeugen, Juden seien Ungeziefer, mußte bei der Mehrheit größeren Erfolg haben als bei den wenigen, die Juden zu ihrem Freundes- und Bekanntenkreis zählten, Juden, mit denen sie ehrlich, ohne unangenehme Dinge zu verschweigen, reden konnten.

Aus den ersten direkten Kontakten zwischen Deutschen und Israelis im Rahmen der Wiedergutmachung haben sich nicht selten menschliche Beziehungen entwickelt. Man lernte sich kennen, sprach miteinander über den persönlichen Alltag und entdeckte Gemeinsamkeiten – der Anfang eines langen und steinigen Wegs mit mehreren Ebenen, auf denen es immer wieder Enttäuschungen und Rückschläge gab, dessen Richtung aber im Laufe der Zeit unumkehrbar geworden ist.

Vorbehalte und Widerstände, auch Zeichen entschiedener Ablehnung einzelner Schritte auf diesem Weg gab es auf beiden Seiten. Meist waren sie um so stärker, je höher die Ebene der wechselseitigen Bemühungen war. 1958 begegnete der damalige Geschäftsführer des Weizman-Instituts, des Instituts für naturwissenschaftliche Forschungen in der Stadt Rehovot, Wissenschaftlern der Max-Planck-Gesellschaft auf einer Tagung des CERN (Conseil Européen pour la Recherche Nucléaire). Intensive Gespräche mit ihnen führten zur Einladung der Deutschen nach Israel, dort aber stieß die Initiative in anderen Forschungszentren nicht nur auf Unverständnis, sie verstärkte noch die grundsätzliche Ablehnung jeglicher Kontakte mit deutschen Wissenschaftlern und Deutschen überhaupt. Der Streit darüber hat noch jahrelang intern weitergewirkt und die Zusammenarbeit einzelner Forschungsstätten in Israel überschattet.

Professor Amos de Shalit, der sich 1958, als er die Einladung aussprach, allein vom Gedanken an eine womöglich ertragreiche wissenschaftliche Zusammenarbeit hatte leiten lassen, behielt am Ende recht. Als Attaché im Auswärtigen Amt erhielt ich eines Tages den Auftrag, einen ausländischen Gast zu begleiten, unter anderem auch zum Weizman-Institut. Abends fand zu Ehren des Besuchers ein Essen beim Präsidenten statt, an dem auch de Shalit teilnahm. Ich saß zufällig neben ihm und nutzte die Gelegenheit, ihn zu fragen: »Was bewog Sie, sich mit dem Versuch, deutsche Wissenschaftler einzuladen, gegen ganz Israel, vor allem gegen Ihre hiesigen Kollegen zu stellen?«

De Shalit antwortete geduldig. Meine Frage, meinte er, berühre im Grunde eine andere, tiefere, nämlich die, weshalb er überhaupt Naturwissenschaftler geworden sei. »Ursprünglich war dies weder mein Ziel noch der Wunsch meiner Eltern.« Während der Studienjahre habe er dann eine überraschende Entdeckung gemacht: »Wir sind doch alle von Meinungen geprägt, die man uns übermittelt und die wir im Laufe des Lebens mit einer ununterbrochenen Gestaltung unserer Meinung ergänzen. Nach so viel Erziehung, Forschung, eigenem Denken sind wir meist von unserer Meinung überzeugt.« Viele seien dafür zu kämpfen, manche auch zu sterben bereit. Auch auf dem Gebiet der Naturwissenschaften und der Mathematik sei es so, nur: »Die Mathematik kann uns den absoluten und endgültigen Beweis liefern, daß wir trotz unserer ureigensten Überzeugung im Unrecht sind. Vor den Naturwissenschaften und der Mathematik gibt es keine Diskussion. Die Wahrnehmung der Grenzen des Menschen hat mich zum einen zur Bescheidenheit gezwungen und mich zum anderen zu einem Bewunderer der Naturwissenschaften gemacht, denen ich nun gefolgt bin. Als ich vor den Kollegen aus Deutschland stand, dachte ich an diese Lektion.« Wer in der Debatte in Israel bezüglich der Zusammenarbeit mit deutschen Wissenschaftlern letztlich recht habe, könne er angesichts seiner »Lektion« und deren Schlußfolgerungen nicht sagen, schloß de Shalit. »Aber ich weiß, daß die Naturwissenschaften recht haben, und deshalb will ich in diesem Bereich auch mit Deutschen kooperieren.«

Es dauerte geraume Zeit, bis die Ergebnisse der Zusammenarbeit von Wissenschaftlern des Weizman-Instituts mit Kollegen der Humboldt-Stiftung andere wissenschaftliche Institutionen in Israel vom Sinn und Nutzen dieser Kooperation überzeugt hatten. Es stellten sich Beziehungen her, wie man sie sich zur Zeit des Professors de Shalit kaum hatte vorstellen können und wollen. Deutschland entwickelte sich mehr und mehr zum wichtigsten Partner Israels auf dem Gebiet der zivilen Forschung, nicht zuletzt, weil die Wissenschaftler beider Länder die anfängliche Befangenheit überwunden und, jeder für sich, die konkreten Vorteile der Zusammenarbeit erkannt haben. Das gilt auch für diejenigen Ämter und Organisationen, die ihnen die Forschungen finanzieren.

Bundeskanzler Helmut Kohl hat mehr als einmal betont, Deutschland solle außerhalb der Europäischen Union wissenschaftlich vor allem mit drei Staaten eng kooperieren: mit den USA, mit Japan und mit Israel. Er habe stärkstes Vertrauen in die israelische Wissenschaft und Technologie, die Zusammenarbeit mit Israel auf diesen Gebieten könne für Deutschland nur von allergrößtem Nutzen sein. In den letzten Jahren hat sich diese Partnerschaft innerhalb der EU erweitert: Dank deutscher Bemühungen, aufgrund der erfolgreichen deutsch-israelischen Zusammenarbeit, unterzeichnete die EU 1995 mit Israel als erstem nichteuropäischen Staat ein Abkommen, das Israel voll in die Forschungsarbeit der Union integriert.

Der Anlaß, in den fünfziger Jahren mit Deutschland auf einem weiteren Gebiet – diesmal völlig geheim – zusammenzuarbeiten, ergab sich aus den Erfordernissen der Landesverteidigung. Israels Verlangen nach äußerer Stärke wuchs damals parallel zu dem Druck, dem es sich seitens der arabischen Nachbarn ausgesetzt sah. Erschwerend wirkte nicht nur, daß sich die meisten Länder strikt an das Waffenembargo hielten, 1953/54 kam es auch zu einer Wende in der sowjetischen Nahost-Politik, die das militärische Gleichgewicht zwischen uns und unseren Belagerern ernstlich gefährdete.

Dabei hatte bis 1950 nichts auf eine grundlegende Änderung im Verhältnis der Sowjetunion zu Israel hingewiesen. Unsere Bestrebungen, das Ende des britischen Mandats über Palästina herbeizuführen und Unabhängigkeit in wenigstens einem Teil des Landes zu gewinnen, waren von Moskau seit 1947 voll und ganz unterstützt worden. Die Sowjetunion gehörte mit zu den ersten Staaten, die unsere Unabhängigkeit anerkannten und diplomatische Beziehungen zu Israel aufnahmen. Länder des Ostblocks, namentlich die Tschechoslowakei, waren die einzigen, die uns – mit Genehmigung, wenn nicht auf Anweisung der Sowjets – mit Waffen belieferten.

Bevor die UdSSR sich 1950 allmählich von Israel zu distanzieren begann, galten wir dort offenbar als wichtiger Faktor im künftigen Kampf um die Vertreibung der westlichen Kolonialmächte aus dem Nahen Osten. Die arabischen Länder, meist von England unterstützt und ausgerüstet, waren entweder britisches, amerikanisches oder französisches Interessengebiet. Berechtigte da nicht die Tatsache, daß die Juden in Palästina überwiegend Sozialisten waren und nach dem Untergrundkrieg gegen die Kolonialmacht England auch gegen deren Verbündete, die Araber, gekämpft hatten, zu der Hoffnung, Israel könne eines Tages für die Durchsetzung sowjetischer Machtinteressen in diesem Teil der Erde eine Art Stützpunkt bilden?

Es verging nur kurze Zeit, bis die Sowjetunion von dieser Einschätzung abließ. Man begriff, daß Israel damals zwar von einer sozialistischen Partei regiert wurde, ideologisch, kulturell und emotional jedoch eng mit den parlamentarischen Demokratien des Westens verbunden war. Stalins latenter Antisemitismus verwandelte sich von da an in eine akut gewalttätige und mörderische antijüdische Politik im gesamten Ostblock. Nur notdürftig getarnt, wurde sie nach außen hin als »antizionistisch« ausgegeben. War das Gespenst des Kommunismus, mit dem mein Großvater mich erschreckt hatte, womöglich doch nicht so imaginär, wie es mir seinerzeit erschienen war?

Die Erkenntnis, daß Israel sich schwer in die Pläne zur Ausweitung ihrer Machtsphäre im Nahen Osten einbinden lassen würde, hat bald dazu geführt, daß die Sowjetunion nach potentiellen Verbündeten in den arabischen Ländern Ausschau hielt. Als richtiger Mann dafür sollte sich der ägyptische Nationalist Gamal Abd el-Nasser erweisen, der 1952 durch einen Staatsstreich an die Macht gekommen war. Moskau hat unterentwickelten Ländern, einschließlich denen des Nahen Ostens, zwar nie wesentliche Wirtschafts- und Entwicklungshilfe leisten können, um so schneller und wirksamer aber reagierte es auf entsprechende Ersuchen mit Waffenlieferungen. Das zeigte sich bei der Aufrüstung der ägyptischen Armee und später auch anderer Streitkräfte im Nahen Osten: Die Waffentechnik, die unseren Nachbarländern dank sowjetischer »Hilfe« zur Verfügung stand, war von modernster, hochentwickelter Art und ließ unsere eigenen Systeme höchst mangelhaft und veraltet erscheinen.

In dieser prekären Situation wurde der Ankauf neuer Waffen für Israel zur Lebensfrage. Das erste Land, in dem wir uns um konkrete Unterstützung bemühten, war Frankreich. Die besonders rege und vielfältige Zusammenarbeit, die sich daraus entwickelte, hielt bis 1967 an, unentbehrlich vor allem für unsere Luftwaffe, Marine und Artillerie, wichtig aber auch für die allgemeine Modernisierung unserer Militärindustrie. Frankreich vermochte jedoch nicht das gesamte Bedarfsspektrum abzudecken, das sich am jederzeit möglichen Verteidigungsfall und an der Übermacht der Nachbarländer orientierte. Deutschland besaß Waffen, beispielsweise Panzer amerikanischer Herkunft. Panzer waren auch die Stärke der Sowjetunion, nicht so sehr die Frankreichs, so daß man die Lücke in diesem Bereich vielleicht durch deutsche Lieferungen hätte schließen können. Doch die Deutschen verfügten nicht nur über Panzer.

Nach ersten Kontakten erhielten wir aus Deutschland militärisches Gerät, das unsere Verteidigungskraft stärkte, aber kein eigentliches Rüstungsmaterial darstellte. Dazu gehörten Fahrzeuge wie amerikanische »half trucks«, die bereits im Sommer 1955 eintrafen. Später wurden die Lieferungen umfangreicher. Bis 1964 umfaßten sie Noratlas-Transport- und Dornier-Flugzeuge, Fouga-Magister-Düsenmaschinen zu Ausbildungszwecken, Hubschrauber und Lastwagen, Ambulanzfahrzeuge, Flugabwehrgeschütze und ferngesteuerte Panzerabwehrwaffen. Im Juni 1964, bei einem Treffen mit dem amerikanischen Präsidenten Johnson und seinem Verteidigungsminister McNamara, wurde Bundeskanzler Erhard gebeten, M-48-Panzer, statt sie an die Vereinigten Staaten zurückzugeben, nach Israel zu liefern. Erhard stimmte zu, nachdem sich Shimon Peres einverstanden erklärt hatte, die Panzer nicht direkt, sondern erst nach ihrer technischen Überholung in Italien zu übernehmen.

Doch es kam auch zu Lieferungen in die Gegenrichtung. So erhielt das Verteidigungsministerium in Bonn zur Begutachtung eine Uzi-Maschinenpistole, ein israelisches Fabrikat, das sich 1956 im Suez-Feldzug bewährt hatte. Das Ministerium orderte einen größeren Posten, da die Waffe nach Preis, Qualität und Eignung für besondere Einsätze ähnlichen Erzeugnissen aus anderen Ländern, die sich an der Ausschreibung beteiligt hatten, deutlich überlegen war. Auch Munition, hauptsächlich für Mörser, wurde in Israel bestellt.

Natürlich kam das erste Treffen zwischen Deutschen und Israelis im Dezember 1957, bei dem gemeinsame militär- und verteidigungspolitische Fragen im Vordergrund standen, nicht ohne Wissen Konrad Adenauers zustande. Den israelischen Bevollmächtigten – Shimon Peres, Asher Ben Natan und General Chaim Laskov – saßen auf deutscher Seite Mitarbeiter des Verteidigungsministeriums gegenüber, an ihrer Spitze Minister Franz Josef Strauß. Mit den Israelis war auch Oberst Avigdor Tal gekommen. Da es noch keine diplomatischen Beziehungen, mithin auch keinen israelischen Militärattaché in der Bundesrepublik gab, füllte Oberst Tal diese Rolle inoffiziell unter einem Decktitel in der Wiedergutmachungs-Delegation des Staates Israel in Köln aus. Sie kostete ihn, der in Prag aufgewachsen war, einige Überwindung. Nur allzubald nämlich stellte sich heraus, daß seine Verhandlungspartner, höhere Offiziere der Bundeswehr, in Hitlers Wehrmacht gedient hatten. Daß es Tal dennoch gelungen ist, eine tragfähige Grundlage für die künftige Zusammenarbeit der Streitkräfte beider Länder zu schaffen, hat sich im Verlauf der folgenden Jahre immer wieder bestätigt. Heute amtiert sein Sohn, General Ilan Tal, an der israelischen Botschaft in Bonn erfolgreich als Militärattaché.

Unser Interesse am Kauf deutscher U-Boote wuchs, je rascher der Wiederaufbau der Werften in der Bundesrepublik voranging. Vorerst jedoch blieb es bei der Lieferung von Waffen amerikanischen Fabrikats. Im Gegenzug folgten Bestellungen leichter Waffen für die Infanterie der Bundeswehr, ohne daß die Öffentlichkeit von dem Treffen erfuhr, das Ende 1957 diese Geschäfte erst möglich gemacht hatte. Weder der Regierung Israels noch den an den Verhandlungen beteiligten deutschen Stellen konnte daran gelegen sein, daß Einzelheiten der Pläne über die Zusammenarbeit publik wurden. Die Deutschen sorgten sich um die Reaktion der arabischen Staaten, um die Auswirkungen auf deren Verhalten gegenüber der Hallstein-Doktrin in bezug auf die Anerkennung der DDR. Und die Regierung in Jerusalem fürchtete vor allem den Zorn der eigenen Bevölkerung.

Es war ohnehin schon schwierig genug, die im Land immer noch spürbare Ablehnung des Wiedergutmachungsabkommens zu entkräften. Noch entschiedener würde sich das israelische Volk gegen die Kooperation mit deutschen Militärs wenden, falls, was sich auf Dauer nicht ausschließen ließ, Nachrichten darüber an die breitere Öffentlichkeit gelangten. Rechtfertigen konnte man das Vorhaben nur mit dem Hinweis auf die bedrohliche Lage, in die Israel seit den Waffenlieferungen der Sowjetunion an die arabischen Staaten geraten war. Kurz, man mußte die Kontakte mit Deutschland auf diesem heiklen Gebiet als unausweichliche Konsequenz aus einer Situation darstellen, in der es um das Überleben ganz Israels ging. In diesem Sinne ist dann auch später argumentiert worden.

Als nicht weniger problematisch stellten sich die Waffenkäufe dar, welche die Bundesrepublik in Israel tätigte. Natürlich konnte man erklären, daß der Auf- und Ausbau militärischer Rüstungsbetriebe genauso mit der Eixistenzfrage zusammenhing wie die Einfuhr ausländischer Waffen. Exporte von Waffen aus eigener Produktion ausgerechnet nach Deutschland aber, so stand zu befürchten, würden in Israel weithin auf Unverständnis stoßen, mehr noch, man würde sie schlechtweg als »Hilfe an die deutschen Soldaten« verurteilen. Auch hier also war höchste Vorsicht geboten. Trotzdem, als sich die militärische Zusammenarbeit zwischen Israel und Deutschland verstärkte, ließ es sich nicht vermeiden, daß Einzelheiten darüber mehr und mehr in die Öffentlichkeit sickerten, ungeachtet aller Vorschriften und Maßnahmen der israelischen Zensur.

Das Zensurgesetz ist wegen des Kriegszustands, in dem Israel sich noch immer befindet, auch heute noch, wenn auch erheblich gelockert, in Kraft. Es unterbindet die Veröffentlichung interner militärischer Pläne und Verteidigungsgeheimnisse in allen Medien. Zeitungen etwa, die über eine rein militärische Angelegenheit berichten wollen, sind gehalten, den Text des betreffenden Artikels vor dessen Erscheinen der Militärzensur zur Prüfung vorzulegen.

Ich selbst kam mit der Zensur erstmals nur indirekt und auf mehr private Weise in Berührung. Zu der Zeit, als Moshe

Dayan, der damalige Oberbefehlshaber der israelischen Streitkräfte, von Ben Gurion und Shimon Peres im Zusammenhang mit den Plänen zum Ankauf von U-Booten nach Deutschland geschickt werden sollte und Nachrichten darüber aus unentdeckten Quellen an die Öffentlichkeit drangen, war ich Soldat – genauer gesagt, ich erholte mich von einer Verwundung, die ich im Sinai-Krieg davongetragen hatte. Im Lazarett machte ich die Bekanntschaft einer jungen Soldatin, Miki (Michal) Shein. Sie besuchte eine erkrankte Kameradin und war, wie ich bald erfuhr, als Militärzensorin tätig. Aus unseren ersten Begegnungen entwickelte sich eine dauerhafte Zuneigung – die Zensorin wurde später meine Frau –, schon damals aber erhielt ich Einblicke in den Dienstalltag einer Militärbehörde, die sich neben der regulären Anwendung der Geheimhaltungsvorschriften gelegentlich auch mit Sonderfällen beschäftigen mußte.

Als derart ungewöhnliches, von jeder Norm abweichendes Beispiel ist mir das Prüfungsgesuch eines Journalisten in Erinnerung geblieben. Der Mann bat meine Freundin um die Veröffentlichungserlaubnis für einen Text, den er kurioserweise als Gedicht ausgab. Auffallend an diesem Versgebilde war, daß jede Zeile mit einem Wort begann, das die hebräische Bezeichnung für U-Boote, »Zolelot«, verfremdete, ohne die Bedeutung des Ursprungswortes zu verschleiern oder gar gänzlich aufzuheben. So stand am Anfang der ersten Zeile »Aolelot«, am Beginn der zweiten »Bolelot«, und so fort. Nur am Schluß fehlte das Wort, das nach diesem Schema mit Z hätte beginnen müssen. Der Hinweis darauf, daß die seltsame Zeilenabfolge auf U-Boote deute, jede Veröffentlichung darüber aber von der Zensur verboten sei, ließ den Verfasser ungerührt – er habe doch, beteuerte er, das Wort für U-Boote, Zolelot, absichtlich und ganz bewußt vermieden.

In diesem Fall blieb es bei dem Verbot. Generell aber ließen sich die Absichten der Regierung durch keine noch so strengen Zensurbestimmungen verheimlichen, und am Ende mußte man die Hoffnung auf eine baldige Realisierung der Pläne unter Beteiligung Deutschlands aufgeben. Moshe Dayan sagte die Reise ab, die U-Boote für Israel wurden anderweitig beschafft. Dafür konnte ich als Botschafter im April 1996 auf einer Werft in Emden an der Taufe des ersten der drei U-Boote teilnehmen, die Israel dort 1990 offiziell bestellt hat. Diesmal regte sich bei uns kein Widerstand, Kritik kam nur am Zeitpunkt der Schiffstaufe auf. Eine israelische Zeitung berichtete von jenem Ereignis unter der Überschrift »Ein U-Boot für die Wahlen« und äußerte den Verdacht, die Regierung habe die Zeremonie im Hinblick auf die Parlamentswahlen vorziehen lassen, um sich vor den Wählern mit der Fertigstellung des U-Boots brüsten zu können. Was einmal die Gemüter beunruhigt hat, wird heute nicht nur allgemein akzeptiert, es wird den Beteiligten in aller Öffentlichkeit auch als Verdienst angerechnet.

1965 ließ sich die deutsch-israelische Zusammenarbeit auf militärischem und rüstungstechnischem Gebiet nicht länger verheimlichen. Die damaligen Enthüllungen wirkten im Nahen Osten wie ein Schock. Wie befürchtet, lösten sie in Israel wie in Deutschland erhebliche Verstimmungen aus, die zu einer Krise der wechselseitigen Beziehungen führten. Schon vorher war das Verhältnis Belastungen ausgesetzt, die sich vor allem an zwei Ereignissen festmachen lassen: am Eichmann-Prozeß in Jerusalem und an der vom israelischen Geheimdienst aufgedeckten Beteiligung deutscher Wissenschaftler an der Herstellung von Raketen in arabischen Ländern.

Am Anfang stand der Fall Eichmann. Den Namen des SS-

Obersturmbannführers, der 1960 in Argentinien enttarnt und von dort nach Israel entführt worden war, kannten bis zu seiner Festnahme nur wenige. Selbst in Israel war er, von Ausnahmen abgesehen, lediglich den in die Pläne zu Eichmanns Ergreifung eingeweihten Kreisen vertraut. Erst als man hier, in Deutschland und der gesamten Welt vom Ausmaß der Verbrechen erfuhr, die der Hauptverantwortliche für die praktische Durchführung der »Endlösung« begangen hatte, erst als feststand, daß man mit Eichmann den Leiter einer beispiellosen, perfekt funktionierenden Ausrottungsmaschinerie gefaßt hatte, wurde der Name zu einer Art Symbol, das für alle Untaten des NS-Staates stand und als solches bis heute fortwirkt.

Israel ging es, als der Prozeß am 11. April 1961 in Jerusalem eröffnet wurde, nicht um Rache. Der Grund, weshalb man den fünfzehn Jahre von der Bildfläche Verschwundenen so lange und so intensiv gesucht hatte, bis er endlich vor Gericht stand, lag nicht einfach darin, daß man ihn um jeden Preis bestrafen wollte, obwohl natürlich ein Verbrechen dieser Größenordnung einer angemessenen Bestrafung zuzuführen war. Ben Gurion verfolgte ein anderes, wichtigeres Ziel, das mit dem Willen des israelischen Volkes in vollem Einklang stand. Er wollte mit dem Verfahren am Beispiel des Angeklagten der gesamten Weltöffentlichkeit die Geschichte des Holocaust vor Augen führen, sie so wahrhaftig, sorgfältig, umfassend und eindringlich wie möglich über den millionenfachen Mord aufklären, den die Nazis an den Juden verübt hatten.

Für uns bedeutete der Prozeß eine äußerst schmerzhafte Auseinandersetzung mit diesem Trauma, ja er kam einer gigantischen Unterbrechung jedweder Art von Verdrängung gleich. Was Deutschland anging, so war hier zwar Ende der fünfziger Jahre in Ludwigsburg die Zentrale Stelle der Landesjustizverwaltungen zur Verfolgung nationalsozialistischer Gewaltverbrechen eingerichtet worden, eine Behörde, deren Ermittlungsarbeit wertvolle Hilfe bei der Vorbereitung von Strafverfahren leistete. Den Durchschnittsdeutschen aber berührten solche Aktivitäten wenig, kaum jemand sah sich dadurch herausgefordert, sich mit den Greueln der NS-Zeit und ihrer Aufdeckung zu beschäftigen. Man konnte sich damals sogar fragen, ob es in Deutschland überhaupt ein generelles Interesse an den Geschehnissen der Jahre vor 1945 gab – die Neigung, sie möglichst zu verdrängen, schien hier, zumindest zu jenem Zeitpunkt, stärker verbreitet zu sein als in Israel. Wie also, lautete die zweite Frage, würde die deutsche Öffentlichkeit den Eichmann-Prozeß aufnehmen? Würde man für glaubwürdig halten, was dort zur Sprache kam?

Daß die Regierung der Bundesrepublik und viele Vertreter des öffentlichen Lebens sich angesichts des Prozesses gegen Eichmann um das Ansehen ihres Landes in Israel und aller Welt sorgten, war verständlich. Man befürchtete ein sich über längere Zeit erstreckendes Zurschaustellen deutscher Verbrechen aus der NS-Zeit, eine demonstrative Abfolge von Vorhaltungen, die leicht in pauschale Verunglimpfungen umschlagen, womöglich gar den Charakter einer Hetzkampagne annehmen konnte.

In Wirklichkeit stellte sich der Prozeß als etwas ganz anderes dar. Noch vor der Urteilsverkündung wurde er überall, auch in Deutschland, als ein ernsthaft und professionell geführtes, sachliches Verfahren anerkannt. Niemand unterstellte dem Gericht politische Motive oder emotionale Ressentiments. Dies wie auch der Grad der Aufmerksamkeit, den er in der deutschen Öffentlichkeit fand, unterschied das Tribunal gegen Eichmann von den Nürnberger Prozessen.

Unmittelbar nach Kriegsende hatte die Bevölkerung existenziellere Bedürfnisse, als regelmäßig ein Verfahren zu verfolgen, dem man als »Siegerprozeß« von vornherein nur wenig Vertrauen entgegenbrachte. Tatsächlich haben, wenn nicht alles täuscht, die Nürnberger Kriegsverbrecherprozesse trotz ihrer historischen Tragweite im Bewußtsein der Deutschen keine sonderlich tiefen Spuren hinterlassen.

Anders dagegen verhielt es sich mit dem Verfahren gegen Adolf Eichmann. Das Interesse daran übertraf unsere Erwartungen, und auch die Sorgen der Bundesregierung stellten sich bald als unbegründet heraus. Ben Gurion selbst hatte sich dafür eingesetzt, daß die Ankläger sich ganz auf die Nazis und ihre Verbrechen beschränkten, ohne das deutsche Volk sozusagen mit auf die Anklagebank zu setzen. Wieder und immer wieder betonte er die Notwendigkeit, zwischen Nazi-Deutschland und der Bundesrepublik zu unterscheiden. In dieser Hinsicht war er erfolgreich: Keiner der zahlreichen deutschen Journalisten und niemand aus dem Kreis derer, die als offizielle Prozeßbeobachter nach Jerusalem gekommen waren und sich dort oft monatelang aufhielten, klagte über irgendwelche Belästigungen seitens der einheimischen Bevölkerung. Allgemein war man sogar überrascht über das Bemühen der Israelis, Entgegenkommen zu zeigen und Kontakte zu knüpfen.

Daß es 1961 dennoch nicht wenige Israelis gab, denen an solchen Kontakten absolut nicht gelegen war, hätte damals niemand bestritten. Keinem jedoch wäre es eingefallen, die angereisten Deutschen unhöflich, taktlos oder gar beleidigend zu behandeln. Im Vordergrund stand eher das Interesse zu erfahren, wie die Deutschen auf den Prozeß reagierten. Das bezog sich mehr noch auf die Wirkung des Verfahrens in Deutschland selbst. Darüber berichteten die israelischen Zeitungen überwiegend positiv, so daß insgesamt der Eindruck entstand, der Prozeß könne eine Art Rückbesinnung bewirken und die Gleichgültigkeit der Deutschen gegenüber ihrer jüngeren Vergangenheit aufbrechen. Die Art ihres Umgangs damit hat überhaupt stets eine ungemein wichtige Rolle im Verhalten der Israelis gegenüber Deutschland gespielt.

Knapp zwei Monate vor der Entführung Eichmanns, sie wurde am 23. Mai 1960 bekanntgegeben, kam es zu einem folgenreichen, für uns historischen Ereignis. Auf dem langen Weg der Annäherung beider Länder trafen ihre damals wichtigsten Repräsentanten zum ersten Mal zusammen, die Gründer der modernen Staaten der Juden und der Deutschen der Nachkriegszeit, David Ben Gurion und Konrad Adenauer. Es waren zwei Männer, die nicht nur in hohem Ansehen standen, sondern die auch – jeder für sich – über ein in Demokratien sonst nicht häufiges Maß an Macht verfügten. Was sie verband, war der Wille, Mittel und Wege zu einer gemeinsamen Verständigung zu suchen und somit den Abgrund zu überwinden, der beide Völker trennte. Da für die Begegnung weder ein Ort in Israel noch in Deutschland in Betracht kam, einigte man sich auf ein Treffen in New York. Im dortigen Hotel Waldorf Astoria bezogen die Staatsmänner am 14. März 1960 Quartier.

Zum Inhalt ihrer Gespräche, der im Laufe der Jahre bekanntgeworden ist, gehören auch jene Punkte, die sich auf die weitere Zusammenarbeit bei der Entwicklung moderner Waffen bezogen. Tatsächlich ist damals über Rüstungsfragen nicht nur gesprochen worden. In der Folgezeit jedenfalls kam es zu einer wesentlich engeren militärtechnischen Kooperation zwischen Israel und der Bundesrepublik als in allen Jahren zuvor. Noch wichtiger aber war der mit dem Treffen erzielte psychologische Durchbruch, wichtig zumindest für das israelische Volk und dessen Verhältnis zum deutschen. Sicherlich trug dazu auch die gegenseitige persönliche Sympathie bei, die Ben Gurion und Adenauer verband und alles andere war als ein Randphänomen mit rein privatem Charakter. Sie setzte sich mit wachsendem Verständnis und Vertrauen bis zu Adenauers Tod fort und spiegelt sich in der Korrespondenz, die beide miteinander führten.

Adenauer und Ben Gurion waren nicht nur fast zur selben Zeit Regierungsoberhäupter, sie schieden auch etwa gleichzeitig aus dem aktiven politischen Leben. Ben Gurion wurde Regierungschef, als er 1948 die Unabhängigkeit des Staates Israel proklamierte, Adenauers Kanzlerschaft begann ein Jahr später mit der Gründung der Bundesrepublik. Ben Gurion trat im Juni 1963 zurück, Adenauer im Oktober des gleichen Jahres. In ihrem Ruhestand trafen die beiden Staatsmänner noch einmal zusammen, 1966, als der Alt-Kanzler seinen Freund in Israel besuchte. Ben Gurion empfing den Gast in seinem kleinen, bescheidenen Holzhaus im Kibbuz Sde Boker in der Negevwüste, in den er sich zurückgezogen hatte.

Die Ironie der Geschichte wollte es, daß Ben Gurions Rücktritt auch mit Deutschland zusammenhing. Eines der auslösenden Momente, mit dem Namen der Bundesrepublik verknüpft, machte schlagartig deutlich, wie hochempfindlich und heikel das Verhältnis zwischen Deutschland und Israel trotz aller Sachlichkeit der Beziehungen seit 1952 im Grunde war, störanfällig vor allem dann, wenn Israels Sicherheit auf dem Spiel stand. Seit dem Abschluß des Wiedergutmachungsabkommens war es zu keiner so ernsthaften Krise gekommen.

Anfang der sechziger Jahre erhielt der israelische Geheimdienst erste Hinweise auf deutsche Wissenschaftler, die sich in arabischen Ländern, besonders in Ägypten, mit der Entwicklung und Herstellung von Raketen beschäftigten. Informationen darüber gelangten bald auch an eine breitere Öffentlichkeit. In Ägypten wurden am 23. Juli 1962, dem Nationalfeiertag, bei einer Militärparade Raketen vorgeführt, die angeblich unter Mitwirkung deutscher Forscher und Techniker entstanden und offensichtlich dazu bestimmt waren, Israel zu treffen. Man sprach von Flugkörpern, deren mit Gas und chemischen Kampfstoffen ausgerüstete Sprengköpfe im Falle eines Einsatzes von verheerender Wirkung wären.

Die Empörung in Israel war unbeschreiblich, durch das Land ging ein einziger Aufschrei. Die Jahre der zögernden Zusammenarbeit, die sich allmählich zwischen Deutschen und Israelis entwickelt hatte, schienen plötzlich zu Ende. Die Überwindung dessen, was sich möglicherweise für den weiteren Ausbau der Beziehungen als Hürde hätte erweisen können, die Folgen des Eichmann-Prozesses, trat in den Hintergrund. Wer mochte nun noch von einem »anderen« Deutschland sprechen? Wer wollte noch einen Unterschied machen zwischen dem untergegangenen Nazi-Deutschland und dem Deutschland von heute, das als ein »neues« darzustellen Ben Gurion sich so sehr bemüht hatte? Wieder waren Deutsche am Werk, vielleicht dieselben, die schon für Hitler das Gas Zyklon B, die V-2-Raketen, die gesamte Vernichtungsmaschinerie erfunden und konstruiert hatten, jetzt im Dienst derer, von denen eine permanent akute Bedrohung ausging.

Ich tat damals in Benin Dienst, dem ehemaligen Dahomey. Das westafrikanische Land war Israel äußerst freundlich gesonnen, offenbar auch deshalb, weil die arabischen Staaten von ihm kaum Notiz nahmen – in Dahomey gab es keine einzige arabische diplomatische Vertretung. Aus einer Revolution, die während meiner Amtszeit stattfand, ging als neuer Machthaber Präsident Sourou Migan Apithy hervor. Erstaunlich war, wie rasch er, kaum im Amt, zum offiziellen Besuch nach Kairo eingeladen wurde. Nach der Rückkehr empfing mich Apithy, der wie die Spitzenpolitiker seines Landes bis dahin in dem Ruf stand, ein Freund Israels zu sein. Jetzt erzählte er nicht nur begeistert von seinen Reiseeindrücken, sondern erging sich auch in dunklen Andeutungen über die Zukunft Israels. Man habe ihm von deutschen Wissenschaftlern berichtet, die in Ägypten arbeiteten, er habe auch hochmoderne Waffen gesehen, an deren Bau sie mitgewirkt hatten, alles in allem glaube er, Israel habe keine Chance mehr. Von da an wurde Apithys Verhältnis zu Israel merklich kühler, zuletzt glich es etwa der Distanz zu einem Sterbenden, den man aufgegeben hat.

Natürlich fehlte es auf unserer Seite nicht an Überlegungen, wie man am wirksamsten gegen die deutschen Raketentechniker in Ägypten vorgehen könne. Der Geheimdienst Mossad plante Attentate und führte sie teilweise auch aus. Golda Meir, die Außenministerin, sah die Verantwortung allein bei der deutschen Bundesregierung und war bereit, die Beziehungen zu ihr wesentlich einzuschränken. Nur Ben Gurion blieb fest: Nach wie vor zog er einen Trennungsstrich zwischen dem neuen Deutschland, der Bundesrepublik, und einzelnen verantwortungslosen Gesinnungstätern, die augenscheinlich bereit waren, Israel und den Juden überhaupt zu schaden, wo sie nur konnten.

Der Rücktritt des Geheimdienstchefs, Isser Harel, war das erste sichtbare Resultat der Auseinandersetzungen. Der Druck der Öffentlichkeit war indessen stärker, als Ben Gurion erwartet hatte. Er, der »Alte«, wie er in Israel genannt wurde – genau wie Adenauer in Deutschland –, stand ohnehin am Ende seiner Karriere und besaß nicht mehr genügend Kraft, um die innenpolitischen Konflikte durchzustehen, die zwar nicht ausschließlich, aber zu einem wesentlichen Teil auf die Tätigkeit deutscher Militärmechaniker in den arabischen Nachbarländern zurückgingen. Die unbewältigte Krise war gewiß nicht der einzige Rücktrittsgrund, doch hat sie diesen Schritt zweifellos beschleunigt.

Mit Hilfe der Bundesregierung beruhigte sich die Lage alsbald. Man fand einen Weg, die deutschen Wissenschaftler, die für soviel Unruhe gesorgt hatten, zurück nach Deutschland zu holen. Im übrigen zeigte sich, daß Ägyptens Waffentechnologie bei weitem nicht den Stand erreicht hatte, den man ursprünglich befürchtet hatte. In dem Krieg jedenfalls, der wenige Jahre später im Nahen Osten ausbrach, spielte sie keine entscheidende Rolle.

Schwerer wogen die Belastungen der deutsch-israelischen Beziehungen. Wenn es Leute gab, die, aufgrund der bis dahin bescheidenen und vorsichtig betriebenen Zusammenarbeit zwischen Deutschen und Israelis, nach dem Treffen Ben Gurions mit Adenauer und durch den Verlauf des Eichmann-Prozesses den Eindruck gewonnen hatten, das beidseitige Verhältnis sei auf dem Weg zur Institutionalisierung, dann kamen sie angesichts der neuen Situation nicht umhin, ihre Enttäuschung zu bekennen. Wer garantierte dafür, daß nicht auch künftig ähnliche Schwierigkeiten auftreten würden? Der Neuanfang der Beziehungen stand dann auch eher im Zeichen der Verdrängung als der Versöhnung. Wie im Grunde berechtigt die Bedenken und Zweifel waren, zeigte der sogenannte Auschwitz-Prozeß in Frankfurt, der im Dezember 1963 eröffnet wurde.

Das Verfahren gab in ausführlicher Eindringlichkeit und Breite den Blick frei auf das größte Vernichtungslager, das die Nazis vorwiegend zur Ausrottung der Juden gebaut hatten. Da es ausschließlich Deutsche waren, welche die Ermittlungsarbeit geleitet und den Prozeß vorbereitet hatten, Deutsche auch, die am Ende über Schuld und Unschuld befanden und die Urteile verkündeten, bestand für Deutsche zunächst kein Grund, an der Objektivität der hier angewandten Rechtsgrundsätze zu zweifeln. Wahrheiten, ob in der Erinnerung verblaßt, ob unaufgearbeitet gelassen oder einfach verdrängt und vergessen, gerieten mit der ganzen Unfaßbarkeit ihrer grausamen Details so herausfordernd neu ans Tageslicht, daß man sich ihnen schwerlich entziehen konnte. Trotzdem konnte das Verfahren, über das täglich alle Medien berichteten, in Deutschland nicht die gleiche Aufmerksamkeit finden wie der Eichmann-Prozeß, auch wenn es in gewisser Weise dessen Fortsetzung oder Ergänzung bildete.

Das Interesse Israels am Prozeßgeschehen in Frankfurt war naturgemäß groß. Dabei erwartete man aber nicht so sehr die Aufdeckung neuer, bis dahin unbekannter Tatsachen, beobachtet wurden vielmehr der Ablauf des Verfahrens und dessen Wirkung in der deutschen Öffentlichkeit. Aufmerksam registriert wurde vor allem die Art und Weise, in der das Gericht mit den geladenen Zeugen umging – aus israelischer Sicht, zumindest am Anfang, ein eher düsteres, deprimierendes Szenarium, das nach den Presseberichten Empörung hervorrief. Die Eindrücke vermischten sich. Die Art der Prozeßführung wurde allgemein als kalt und gefühllos empfunden, und die Behandlung der Anklagepunkte ließ fast den Schluß zu, hier gehe es um ein marginales Vergehen, etwa den Diebstahl in einem Supermarkt. Einzelne Zeugen, Menschen also, die Auschwitz überlebt hatten, brüskierte man, indem man ihre Aussagen als wenig glaubhaft hinstellte und die Opfer damit auf eine annähernd gleiche Stufe rückte wie die Angeklagten. Überhaupt schien es, als könnten weder die Richter noch die Zuhörer so recht an das wahre Ausmaß der Nazi-Verbrechen glauben.

Inge Deutschkron arbeitete damals als Korrespondentin für die israelische Tageszeitung »Maariv«. In ihrem Buch »Mein Leben nach dem Überleben« zitiert sie aus einem Artikel, den sie seinerzeit aus Frankfurt für ihr Blatt schrieb. Es geht um eine Zeugenvernehmung: »»Was wurde aus Ihrer Frau und den Kindern?‹ fragte der Gerichtsvorsitzende, Landgerichtsdirektor Hans Hofmeyer, am 31. Juli 1964, dem 72. Verhandlungstag, den Zeugen David Schmidt, der als Zeuge der Anklage gegen Oswald Kaduk im ersten Frankfurter Auschwitz-Prozeß geladen war. ›Was aus ihnen wurde?‹ David Schmidt, ein einfacher Mann, guckte verständnislos in die Runde. ›Sie wurden umgebracht‹, sagte er zögernd, so als ob er den Eindruck hätte, man wolle ihn hier auf den Arm nehmen. ›Woher wissen Sie das?‹ fragte der Vorsitzende. ›Aber sie sind doch nicht mehr da!‹ rief Schmidt verzweifelt aus, der nicht begriff, daß seine Aussage wertlos war, wenn er nicht lückenlos nachweisen konnte, daß Kaduk seine Angehörigen eigenhändig ermordet oder sie in die Gaskammer geführt hatte.«

Je länger sie dem Prozeß beiwohnte, schreibt Inge Deutschkron, desto deutlicher sei ihr die Untauglichkeit der deutschen Strafprozeßordnung bei der Behandlung solcher Verbrechen geworden. »Sie sieht vor, daß dem Angeklagten die Schuld nachzuweisen ist. Die Todeslager aber waren so konstruiert, daß Gefangene nur durch Zufall überlebten. Die Zahl der Zeugen war entsprechend gering, viel zu gering, um den Regeln des deutschen Strafrechts zu genügen . . . Nur ein

Strafrecht, nach dem jene, die in Massenvernichtungslagern dienten, ihre Unschuld nachzuweisen hatten, hätte die Schuldigen einer gerechten Strafe zuführen können.«

Mehr als befremdlich wirkten auch gewisse Begleitumstände des Auschwitz-Verfahrens. Von zwanzig Angeklagten waren zunächst elf nicht in Haft. »Sie kamen jeden Morgen aus ihren jeweiligen Hotels zum Prozeß. Es ließ sich kaum vermeiden, daß Zeugen – also Opfer – und Angeklagte beim Frühstück im Hotel oder beim Mittagessen in der Gerichtskantine einander begegneten. Eine zusätzliche Pein für jedes der Opfer dieser Verbrechen. Das interessierte aber deutsche Justizbehörden nicht. Sie hielten sich strikt an die Gepflogenheiten ihrer Prozeßordnung« (Deutschkron).

Wahrscheinlich hat das Gericht in Frankfurt tatsächlich wenig Rücksicht und Feingefühl bewiesen. Das änderte sich jedoch, je länger die Richter, Zuhörer und Medienvertreter mit unwiderlegbaren Einzelheiten der in Auschwitz praktizierten Menschenvernichtung konfrontiert wurden. Es änderte sich vor allem nach der Reise, die Richter und Anwälte zum ehemaligen Konzentrationslager in Polen unternahmen. Selbst die Skeptischsten unter ihnen räumten nach der Rückkehr ein, wie wichtig die Lagerbesichtigung nicht nur für den weiteren Prozeßablauf, sondern auch für sie selbst gewesen sei. Ein Jahr furchtbarster Anklagen hatte nicht gereicht, menschlicher Vorstellungskraft das wahre Bild der gigantischsten Mordstätte aller Zeiten zu vermitteln. Die Stimmung im Gerichtssaal schlug allmählich um, die anfangs betont kühle Atmosphäre verwandelte sich in Betroffenheit und nur mühsam zurückgehaltenes Entsetzen. Mit diesen Gefühlen hatten die israelischen Beobachter schon den Beginn des Prozesses verfolgt. Je bedrückender sich dessen Materie auswirkte, desto zuversichtlicher wurden sie.

Zweifellos haben beide Verfahren, das gegen Adolf Eichmann in Jerusalem und der Auschwitz-Prozeß in Frankfurt, zunächst in Israel und bald dann auch in Deutschland Denkanstöße zu der Frage geliefert, wie man künftig miteinander umzugehen habe. Der Gedanke an die Aufnahme diplomatischer Beziehungen stand dabei unausgesprochen im Hintergrund. In den fünfziger Jahren bestand Klarheit darüber, daß Israel keine derartigen Beziehungen wünschte und die Bundesrepublik sie auch nicht erwartete. Andererseits verlangte die Zusammenarbeit, die sich auf mehreren Gebieten zur beidseitigen Zufriedenheit entwickelt hatte, die Einrichtung geregelter, ordentlicher Kanäle, die sich an internationalen Normen orientierten. Es war Ben Gurion, der keinen Zweifel daran ließ, wir müßten uns an die Vorstellung gewöhnen, irgendwann mit den Deutschen in normale diplomatische Beziehungen zu treten. Abgesehen von der kritischen Zeit, in der die Tätigkeit deutscher Waffentechniker in Ägypten zu einer extremen Belastung des Verhältnisses zwischen der Bundesrepublik und Israel führte, durfte man auch annehmen, die Stimmung im israelischen Volk Deutschland gegenüber habe sich derart beruhigt, daß es die offizielle Aufnahme solcher Beziehungen mit einiger Gelassenheit hinnehmen werde.

So kam es, daß die Vertretung Israels in Köln, die sich mit der Umsetzung des Wiedergutmachungsabkommens befaßte, Anfang der sechziger Jahre mit vorsichtigen Sondierungen beauftragt wurde. Man wollte, ohne Aufmerksamkeit zu erregen, herausfinden, ob die Deutschen zur Aufnahme regulärer Beziehungen bereit seien. Das Ergebnis war so eindeutig wie überraschend – die Regierung in Bonn reagierte negativ.

Von Berufsdiplomaten, zumal solchen im außenpolitischen Dienst, war im allgemeinen zu erwarten, daß sie Vorbehalte oder Einwände gegen die Aufnahme von Beziehungen zu Israel unmißverständlich formulierten. Wir waren das von anderen Ländern gewöhnt, wo es in der Regel stets das jeweilige Auswärtige Amt war, dessen Interesse mehr den arabischen Ländern als Israel galt, aus durchaus verständlichen Gründen. Israel war klein und verhältnismäßig arm, arabische Staaten aber gab es viele, zum Teil so mit Reichtümern gesegnet, daß sie westliche Unternehmer in Scharen anlockten. Israel war ein isoliertes, weitgehend boykottiertes Land, während sich der Einfluß der Araber bis in alle wichtigen internationalen Gremien erstreckte. Jedes beliebige Außenministerium erhielt Informationen von seinen Botschaften im Nahen Osten, in Nordafrika oder Asien, aus islamischen Ländern also oder solchen, die mit den Arabern verbündet waren. Dagegen nahm sich der Nachrichtenfluß aus Israel nicht nur kümmerlich aus, er war meist auch tendenziell gefärbt, wenn nicht gar israelfeindlich. Asher Ben Natan, Staatssekretär im Verteidigungsministerium und später der erste israelische Botschafter in Bonn, meinte einmal während unserer gemeinsamen Zusammenarbeit in Paris: »Wenn das israelische Außenministerium nicht so in unsere Angelegenheiten involviert wäre, ich glaube, es würde sich auch anti-israelisch verhalten . . .«

Es waren nicht nur die oft einseitige, allzu stark die arabische Sicht herausstellende Art der Information und ihr Einfluß auf das Auswärtige Amt, die sich auf unsere Kontakte zu Bonn erschwerend auswirkten. Es gab vielmehr auch gewisse personelle Hindernisse. Yohanan Meroz, für kurze Zeit Angehöriger unserer Kölner Vertretung und beauftragt, bei den Deutschen die Bereitschaft zur Aufnahme normaler Beziehungen zu prüfen, deutet die Probleme in seinem Buch »In schwieriger Mission« an. Den späteren dritten Botschafter Israels in Bonn verwunderte, daß der »Leiter des Nahost-Ressorts der ältliche, eigenartige, aus dem Ruhestand zurückgerufene Generalkonsul Voigt (war), der neben einiger Kenntnis der Region und der arabischen Sprache den Vorzug hatte, letzter Konsul des Dritten Reiches in Jerusalem gewesen zu sein; daß ihn diese Erfahrung zur Kontaktpflege mit israelischen Gesprächspartnern nicht besonders qualifizierte, ist wohl selbstverständlich. Weniger verständlich war, daß das Auswärtige Amt ausgerechnet für diesen Posten, der ein besonderes Maß von Unbescholtenheit erforderte, keinen anderen als einen ausgedienten Diplomaten Ribbentrops gefunden hatte.«

Es waren indessen mehr Spitzenpolitiker als untergeordnete Beamte, die sich bei unseren Sondierungen zurückhaltend zeigten. Denn noch war die Hallstein-Doktrin in Kraft. Um der Zweistaatentheorie entgegenzuwirken, bemühte sich die Bundesregierung, die Anerkennung der DDR durch andere Staaten zu verhindern, jedem Land, das zur DDR offizielle Beziehungen aufnahm, wurden diplomatische Konsequenzen angedroht. Ein besonderes Augenmerk galt in dieser Hinsicht natürlich der arabischen Welt. Man tat alles, um den großen Staatenblock von der Aufnahme regulärer Beziehungen zur DDR abzuhalten, und nahm dafür den Druck in Kauf, den die Araber mit ihrer Politik scheinbaren Wohlverhaltens auf die Bundesrepublik ausübten. Selbst Adenauer, der sonst keinen Hehl aus seiner Überzeugung machte, die Kluft zwischen Deutschen und Israelis und dem jüdischen Volk insgesamt müsse durch gegenseitige Annäherung überwunden werden, verhielt sich zögernd und gab schließlich dem ablehnenden Taktieren seiner Diplomaten nach.

Alles dies war mir damals noch unbekannt. Der gewöhnliche israelische Bürger konnte nicht ahnen, daß seine Regierung die Aufnahme diplomatischer Beziehungen mit Deutschland anstrebte. Hätte er zu jener Zeit schon erfahren, daß sich die Deutschen verweigerten, seine Empörung darüber wäre vermutlich noch größer gewesen als die der Regierung seines Landes, die plötzlich und nicht wenig verblüfft erkennen mußte, daß der Entschluß, zu dem sie sich unter großen Schmerzen durchgerungen hatte, von deutscher Seite nicht honoriert wurde. Im Gegenteil, schon der erste Erkundungsversuch, der die eigene Bereitschaft zur Einleitung offizieller Beziehungen signalisieren sollte, war schlicht zurückgewiesen worden.

Trotzdem hat sich die Zusammenarbeit auch ohne Formalisierung der Beziehungen in den folgenden Jahren erfreulich entwickelt, wenn auch nicht auf allen Gebieten gleich. Irgendwann einmal mußte sie sich auch auf die Wirtschaft beider Länder ausdehnen. Noch hatte die Mehrheit der Israelis Einwände gegen jede Art von Einfuhren aus Deutschland und die Beschaffung deutscher Waren. Noch war fast jeder stolz darauf, keinen Gegenstand zu besitzen, der aus Deutschland stammte und dort hergestellt war – eine Einstellung, die jedoch allmählich zur Fiktion wurde. Mit den Lieferungen, die im Rahmen des Wiedergutmachungsabkommens eintrafen, gelangten mit der Zeit eher mehr Produkte aus Deutschland nach Israel als aus jedem anderen Land. Zwar handelte es sich nicht um Dinge für den Haushalts- und alltäglichen Gebrauch, sondern um Schiffe, Lokomotiven oder Werkzeugmaschinen, deren genaue Herkunft nur Fachleute kannten. Es war aber abzusehen, wann die wachsende Zusammenarbeit zwischen israelischen und deutschen Unternehmen, zwischen Technikern und Ingenieuren beider Länder sich konkret auch auf den

Alltagskonsum des Normalbürgers in Israel auswirken würde.

Das erste große deutsche Unternehmen, das auf wirtschaftlicher Basis seine Fabrikate nach Israel zu schicken wagte, war die Volkswagen AG. Offensichtlich ging es dem Konzern nicht darum, besondere Gewinne zu erzielen. Seiner Führung war klar, daß der israelische Markt, ohnehin sehr begrenzt, große Schwierigkeiten bereiten würde. Im Vordergrund stand, ähnlich wie für Adenauer, als er sich für die Idee der Wiedergutmachung einsetzte, der Gedanke an die Förderung des deutschen Ansehens, hier speziell in bezug auf den Anspruch eines großen bekannten Wirtschaftsunternehmens. Für den angestrebten Durchbruch auf den Weltmärkten schien eine angemessene Akzeptanz in der Weltöffentlichkeit notwendig, die sich durch normale Kontakte und Beziehungen zu den Israelis erreichen ließ.

Von den Problemen, denen sich der Konzern in Israel gegenübersah, auf die er aber vorbereitet war, stand der generelle Widerstand gegen deutsche Hersteller und ihre Waren an erster Stelle. Darüber hinaus war der Name »Volkswagen« in Israel besonders berüchtigt. Es war bekannt, daß Hitler persönlich den Namen 1935 erfunden und das erste VW-Produkt 1938 mit viel Pomp eingeweiht hatte. Die Stadt Wolfsburg war von den Nazis geplant und errichtet worden, nicht etwa, um dort sofort Autos herzustellen, sondern um sie zu einem Zentrum der Rüstungsproduktion werden zu lassen. Wie Sklaven, unter mehr als unmenschlichen Bedingungen, waren dort während des Krieges Tausende von Zwangsarbeitern in diese Produktion eingespannt.

Trotzdem sind es gerade die VW-Konzernchefs gewesen, die nach dem Krieg ihre Fühler nach Israel ausstreckten. Sie fanden hier einen Agenten, der bereit war, sich für den Vertrieb von Volkswagen einzusetzen. Ungeachtet der zu erwartenden Widerstände begann er vorsichtig, Behördenmitarbeiter als Kunden zu gewinnen. Offiziere, Polizisten und höhere Beamte, die berechtigt waren, auch privat einen Dienstwagen zu fahren, wurden, wenn sie auf die preisgünstigen Angebote eingingen, mit Volkswagen beliefert. Später, um auch andere Kunden zu gewinnen, startete er in den Medien eine VW-Werbekampagne – die Öffentlichkeit sollte sich allmählich an die Existenz eines solchen Wagens gewöhnen, der ja durchaus seine Vorzüge hatte. Leicht hatte es der Vertreiber nicht. Die ersten, die sich in einem VW auf israelische Straßen wagten, wurden nicht selten beschimpft oder fanden ihr Fahrzeug beschmiert und mit in den Lack eingekratzten Hakenkreuzen vor.

Unvergeßlich ist mir bis heute ein Aufruhr, der fast einem öffentlichen Skandal gleichkam. Da es noch kein Fernsehen gab, ließ Werbung sich nur in Zeitschriften oder über den staatlichen Rundfunk verbreiten. Es existierten nur wenige Sender, so daß fast die gesamte Bevölkerung die gleichen Radionachrichten verfolgte. Wer ihr Land kennt, der weiß, wie hochpolitisiert die Israelis sind und mit welch geradezu leidenschaftlichem Interesse sie an den öffentlichen Nachrichtensendungen hängen, auch heute noch. Früher allerdings, als man allein auf das Radio angewiesen war, wurden, um den Etat des jeweiligen Senders aufzubessern, die teuersten Werbespots ausgerechnet während der Nachrichten verlesen, und zwar direkt von handbeschriebenen Zetteln, die man den Sprechern und Sprecherinnen während der Sendung zuschob.

Ich war Ohrenzeuge, als eines Tages die Nachrichtensendung mit dem größten Höreranteil plötzlich unterbrochen wurde. Es war eine Sekunde still, dann hörte man ein nervöses Flüstern, danach trat wieder Stille ein, bis schließlich, ohne daß die Sendung beendet worden war, ein ganz anderes Programm begann. Mein erster Eindruck war, daß, wie in einem mit Spannung geladenen Land gleich dem unseren häufig, etwas Schlimmes geschehen sein mußte. Terroranschläge, der Ausbruch eines Kriegs, Tragödien wurden uns damals nicht immer sofort mitgeteilt. Ich schaltete das Radio nicht aus und wartete beklommen auf die Fortsetzung. Die aber kam nicht. Erst am nächsten Tag war in den Zeitungen zu lesen, was geschehen war.

Eine bekannte Nachrichtensprecherin, Yael Ben-Yehuda, erhielt während der Sendung einen Werbetext, den sie zwischen den Meldungen vorlesen sollte. Sie sah ihn sich an, erschrak und ließ das Blatt fallen – es war eine Werbung für Volkswagen. Als die Sprecherin auch nach dem Hinweis auf ihre redaktionellen Pflichten sich beharrlich weigerte, den Spot vorzutragen, wurde sie fristlos entlassen. Der Vorfall löste unter der Bevölkerung allgemeine Entrüstung aus. Selbst Leute, die deutsche Waren nicht strikt ablehnten, mochten nicht begreifen, daß man eine Sprecherin entließ, nur weil sie sich geweigert hatte, für ein Produkt aus Deutschland Reklame zu machen. Immerhin haben die Proteste und Sympathiebekundungen für Frau Ben-Yehuda, die inzwischen zum Star geworden war, zu ihrer Wiedereinstellung geführt.

Später erzählte mir Yael Ben-Yehuda, die heute noch für den staatlichen Rundfunk arbeitet, die persönliche Seite ihrer Geschichte. Yael ist wie ich in Israel geboren, ebenso ihre Familie. Vom Verstand her, sagte sie, sei ihr damals durchaus klargewesen, daß man in den sechziger Jahren deutsche Importe nicht einfach mehr ablehnen konnte. Auch habe sie verstehen können, daß Importeure Werbung für ihre Waren brauchten, genauso wie die Sender die Einnahmen für ihren

Etat. Auch hätte sie es natürlich vorgezogen, wenn einer ihrer Kollegen den Text verlesen hätte. Zugleich jedoch habe sie gewußt, daß sie allein und niemand sonst diese peinliche und schmerzhafte Tortur auf sich nehmen müsse. Was sie vor dem Werbespruch stocken ließ, war der Tropfen, der das Faß zum Überlaufen brachte, denn der Text lautete: »Volkswagen – ein Auto ohne Probleme.« »Für mich«, sagte Yael, »war gerade Volkswagen mit Problemen belastet.«

Im Mai 1996, zweieinhalb Jahre nach dem Amtsantritt in Bonn, flog ich als Gast des VW-Vorstandsvorsitzenden Ferdinand Piëch nach Israel. In der Sondermaschine saßen weitere Vorstandsmitglieder, auch der VW-Aufsichtsrat und Ministerpräsident von Niedersachsen Gerhard Schröder und sein Wirtschaftsminister Peter Fischer. Anlaß der Reise war die Unterzeichnung eines Vertrags zwischen der Volkswagen AG und einem israelischen Chemie-Unternehmen, den »Salzmeer-Werken« am Toten Meer. Das Abkommen dient der gemeinsamen Herstellung von Magnesium für die Autoproduktion. Nach Empfängen bei Staatspräsident Weizman und Premierminister Peres flog die deutsche Delegation nach Tel Aviv weiter, dem Sitz der »Champion Motors«-Gesellschaft, die Autos von VW importiert. Den Besuch krönte ein riesiger Empfang, an dem alles teilnahm, was Rang und Namen in der israelischen Wirtschaft, in den Medien und im öffentlichen Leben hat.

In einem Interview, das an jenem Abend vom Hauptfernsehkanal in den Nachrichten ausgestrahlt wurde, sagte ich, die Volkswagen-Involvierung in der israelischen Wirtschaft sei »eine Pionierleistung und der Einsatz in der Magnesium-Erzeugung die erste bedeutende deutsche industrielle Investition in Israel«. Ich ginge davon aus, daß dies der beispielhafte Beginn der Investitionen anderer deutscher

Unternehmen in Israel sei, an denen bisher absoluter Mangel herrschte, trotz des seit Jahren bestehenden umfangreichen Handelsverkehrs zwischen beiden Ländern. In diesem Sinne wurde dann auch der Vertrag am nächsten Tag von allen Medien begrüßt.

Anfang der sechziger Jahre hätte niemand an ein solches Ereignis zu denken gewagt. Allein das Volkswagenwerk, wenn auch vorerst nur als Exporteur, verstand seine damaligen Visionen offenbar zielstrebig umzusetzen und wirkte damit in der Tat beispielgebend auf andere deutsche Firmen.

Die zögernde Annäherung auf diesem Gebiet und in anderen Bereichen konnte indessen nicht darüber hinwegtäuschen, daß es noch immer keine offiziellen Beziehungen zwischen Israel und Deutschland gab. Deutschland war immer noch, auch wenn es die meisten gar nicht mehr so genau wußten, »Feindesland«. Noch immer waren unsere Pässe in aller Welt gültig – mit Ausnahme Deutschlands. War es nicht längst an der Zeit, das Verhältnis zu normalisieren und in dem einen Land Interessenvertretungen des anderen einzurichten, offizielle Niederlassungen mit dem Status einer Botschaft?

Es war tatsächlich höchste Zeit. Zu den ersten ideellen Wegbereitern dieses Schritts gehörte in Deutschland der Verleger Axel Springer. Gegenläufigen Zeitströmungen zum Trotz setzte er sich tatkräftig für eine Politik ein, welche die Erblast des Dritten Reiches konsequent in moralische Verpflichtungen und praktische Hilfe zugunsten Israels umsetzte. »Israel ist nicht irgendein Staat«, schrieb Axel Springer 1973, acht Jahre nachdem es endlich zur Aufnahme diplomatischer Beziehungen gekommen war.

Steine und Rosen

Die Enthüllung des Geheimnisses deutscher Waffenlieferungen an Israel erfolgte schrittweise. Schon im Sommer 1963, am 15. Juni, wies der SPD-Abgeordnete Hans Merten auf die Anwesenheit israelischer Soldaten in der Bundesrepublik hin. Ein Jahr darauf, im Oktober 1964, war in deutschen Zeitungen erstmals von Transporten mit Waffen landeseigener Produktion an die Adresse Israels die Rede. Die Meldungen wurden sofort vom damaligen Regierungssprecher Karl-Günther von Hase dementiert, doch schon wenige Tage später, am 22. Oktober, empörte sich das halboffizielle ägyptische Blatt »Al Gamhuriya« über den gleichen Sachverhalt. Als Bundestagspräsident Eugen Gerstenmaier am 23. November jenes Jahres mit Präsident Nasser zusammentraf und dieser ihm Dokumente vorlegte, welche die Militärhilfe bestätigten, erklärte Gerstenmaier guten Gewissens, noch nie von deutschen Waffenlieferungen an Israel gehört zu haben. Die Wahrheit eröffnete ihm nach der Rückkehr erst Bundeskanzler Ludwig Erhard in Bonn. Wenige Monate später, Anfang 1965, waren die Lieferungen allgemeines Gesprächs- und Diskussionsthema, nicht nur in Israel und Deutschland.

Die Aufregung war sofort in beiden Ländern groß. Politisch aber gewann die Nachricht von den israelischen Rüstungskäufen erst an Bedeutung, nachdem sie von den arabischen Nachbarstaaten Israels zum eigenen Vorteil so lange als Druckmittel gegen die Bundesrepublik benutzt wurde, bis die Regierung die Einstellung der Waffenlieferungen an Israel beschloß.

Die Reaktion dort war entsprechend. Wieder einmal, wie zur Zeit der Krise um die deutschen Raketentechniker in Ägypten, machte sich öffentliche Empörung in Protesten Luft, wiederum schien, wie es sich so plötzlich und brisant nur im Verhältnis zu Deutschland offenbaren konnte, die künftige Sicherheit Israels elementar gefährdet. Diesmal mischten sich in den allgemeinen Aufschrei auch Stimmen von Juden außerhalb des Stammlandes, heftige Reaktionen kamen vor allem aus den Vereinigten Staaten. Der Eindruck, die Deutschen seien – trotz ihrer Vergangenheit – bereit, den Juden Verteidigungsmittel vorzuenthalten, zu deren Lieferung sie sich verpflichtet hatten und die Israel aufgrund des Kräfteverhältnisses im Nahen Osten dringend benötigte, ließ sich nicht mehr aus der Welt schaffen.

Die Protestwelle gefährdete nicht nur Deutschlands moralisches Ansehen, erstmals seit dem Abschluß des Wiedergutmachungsabkommens standen auch wirtschaftliche Interessen auf dem Spiel. So riefen amerikanische Juden zum Boykott deutscher Waren und weltweit operierender Unternehmen wie der Lufthansa auf. Die Bundesregierung befand sich, nicht nur was die Schadensbegrenzung anging, in einer Sackgasse.

Denn Gefahr drohte auch von seiten derer, die sich bis dahin als erbitterte Gegner der deutsch-israelischen Zusammenarbeit gezeigt hatten. Sie gab es im In- wie im Ausland. Einerseits hatte man das große wirtschaftliche Potential der arabischen Staaten im Blick, andererseits war einer der Grundsteine der deutschen Außenpolitik, die Hallstein-Doktrin, im Begriff, seine Tragfähigkeit zu verlieren. Eine Durchsetzung der Waffenlieferungen an Israel, nachdem sie einmal bekanntgeworden waren, würde arabische Staaten zur Anerkennung der DDR veranlassen, vielleicht nicht alle, aber einige.

Es war klar, daß, wenn es beim Abbruch der Lieferungen an Israel blieb, die Bundesregierung mit einem Kompensationsangebot aufwarten müsse, einer Leistung, die den Schaden in etwa wettmachte. Schon am 29. Januar 1965 offerierte die Bundesregierung eine Ausgleichsentschädigung, die anzunehmen Israel zu diesem Zeitpunkt aber keineswegs bereit war. Als einzige und nach allem, was geschehen war, wohl auch allein folgerichtige Konsequenz bot sich die Aufnahme diplomatischer Beziehungen an. Nur mußte, nachdem die israelische Diplomatie in den voraufgegangenen Jahren ihre Bereitschaft mittelbar signalisiert hatte, die Initiative dazu von deutscher Seite kommen. In den ersten Monaten des Jahres 1965 verdichteten sich entsprechende Gerüchte.

In Israel war die neue Krise sofort eines der wichtigsten öffentlichen Themen. Eine Kundgebung in Jerusalem, die ich im Frühjahr 1965 besuchte, war eigentlich Verteidigungs- und Sicherheitsproblemen gewidmet, im Mittelpunkt aber standen die Beziehungen zwischen Israel und Deutschland. Hauptredner war Shimon Peres. Er, fast seit der Gründung des israelischen Verteidigungsministeriums dessen eigentlicher Leiter – nominell war dies nach Ben Gurion auch dessen Nachfolger Levi Eschkol –, äußerte Bitterkeit über die Unterbrechung der Waffenlieferungen und lehnte jede Alternative und jede Art von Kompensation ab. Als er trotzdem darauf zu sprechen kam, ob man diplomatische Beziehungen in Betracht ziehen sollte, erklärte er, er ziehe – und werde das immer tun – »den Motorzylinder eines Panzers dem Zylinder des Diplomaten vor«.

Peres ließ, obwohl sie nicht zu seinem Ressort gehörten, internationale Beziehungen nie außer acht. Er war es, der als Staatssekretär im Verteidigungsministerium schon in den frühen fünfziger Jahren die Sonderkontakte zu Frankreich aufgenommen hatte. Dank der Rückenstärkung, die ihm Ben Gurion gewährte, konnte er sich manche Eigenmächtigkeit leisten, auch wenn sie ihm Ärger in der Regierung eintrug. So überraschte es kaum, daß er sich besonders intensiv auch mit dem Verhältnis zu Deutschland befaßte und damit die Grenzen seiner Zuständigkeit überschritt. Seine Reise nach Rott am Inn, wo er sich im Dezember 1957 mit Franz Josef Strauß traf, ist dafür nur ein Beispiel. Um so schwerer wog, daß er 1965 die Aufnahme diplomatischer Beziehungen zu Deutschland in aller Öffentlichkeit entschieden ablehnte – Ausdruck des Zorns, den er damals wie viele seiner Landsleute empfand.

Mit der Erweiterung seines Aufgabenhorizonts trat bei Peres das ressortübergreifende Denken noch stärker in Erscheinung. 1987, als ich Botschafter in Brüssel und zuständig war sowohl für die bilateralen Beziehungen zu Belgien und Luxemburg wie auch für die multilateralen zur Europäischen Gemeinschaft, der heutigen EU, sollte ich im Auftrag unseres damaligen Verteidigungsministers Jitzhak Rabin Kontakte zur Nato herstellen. Es ging nicht etwa um eine Mitgliedschaft, sondern um Möglichkeiten einer koordinierenden Zusammenarbeit. Über deutsche Gesprächspartner, den Nato-Botschafter Niels Hansen und General Wolfgang Altenburg, lernte ich 1988 den damaligen Nato-Generalsekretär Manfred Wörner kennen und sah einen Ansatzpunkt zu einem regelmäßigen Meinungsaustausch mit der Verteidigungsorganisation, der von unserer Seite nun auf höherer Ebene vorbereitet werden mußte. Die geeignete Gelegenheit dazu meinte ich im Besuch unseres Außenministers Peres bei der EG-Kommission zu sehen. Der aber lehnte das Treffen mit Wörner, das ich ihm nachdrücklich empfahl, rundum ab. Begründung: Wenn es um internationale Beziehungen Israels gehe, die sich auf Verteidigungsfragen beschränkten, wolle er sie nicht antasten. »Mich interessieren politische und diplomatische Beziehungen.«

Ganz ähnlich reagierte Peres 1994, als er zu Gesprächen mit dem Bundeskanzler und mit Außenminister Kinkel nach Bonn kam. Ich holte ihn vom Flughafen ab und bat ihn auf dem Weg zum Hotel um Auskünfte über Verhandlungen, die kurz vorher über unsere U-Boot-Aufträge in Deutschland stattgefunden hatten. Peres wollte nicht einmal davon hören und winkte ab: »Rüstungsangelegenheiten und überhaupt militärische Fragen sind nicht mein Bereich, ich kümmere mich um politische und wirtschaftliche Dinge.«

Vor dreißig Jahren, angesichts umfangreicher Lieferungen hochentwickelter Waffen aus der Sowjetunion an unsere Nachbarstaaten, verteilte Peres die Akzente anders. Bei allem Nachdruck, mit dem er deutlich machte, für wie unverzichtbar er die Einfuhr deutscher Rüstungsgüter hielt, war er Realpolitiker genug, um wie andere Vertreter der israelischen Regierung zu erkennen, daß es nicht genügte, auf der Erfüllung abgeschlossener Verträge zu bestehen. Es war eine prekäre Situation, auch für die Deutschen. Während ein Großteil der Israelis dem Gedanken an die Aufnahme diplomatischer Beziehungen zur Bundesrepublik ablehnend gegenüberstand, einmal weil die Zeit dafür noch nicht reif schien, zum anderen, weil man einen solchen Akt als Beschwichtigungsgeste zugunsten Deutschlands und als allzu großes Entgegenkommen empfand, gab es ranghohe Politiker in Bonn, die der Hallstein-Doktrin absolute Priorität einräumten. Zu ihnen gehörte als der wohl einflußreichste der damalige Außenminister Gerhard Schröder.

Vollends unlösbar schien die Lage, als die arabischen Staaten gleich in zwei Fällen mit der Anerkennung der DDR drohten, bei der Aufnahme offizieller Beziehungen zu Israel ebenso wie bei der Fortsetzung der deutschen Waffenlieferungen. Die Bundesregierung suchte nach einem Kompromiß. Das Angebot von »teildiplomatischen« Beziehungen mit der Erlaubnis zur Einrichtung einer diplomatischen Vertretung, einer Mission, die sich nicht den Status einer Botschaft geben durfte, wurde von Israel abgelehnt.

Bevor Hilfe aus völlig unerwarteter Richtung kam, flog Rainer Barzel, damals Vorsitzender der CDU/CSU-Fraktion, in die USA. Die Reise war des längeren geplant, erhielt jedoch insofern eine besondere Note, als Barzel die Bitte Bundeskanzler Erhards mit auf den Weg bekam, alles zu tun, um die auch in Amerika noch immer spürbaren Verstimmungen über den neuesten Stand der deutsch-israelischen Beziehungen beizulegen. Barzel kam indessen mit eher gegenteiligen Eindrücken zurück: Um die Krise nicht noch weiter zu verschärfen, ließ er seinen Kanzler wissen, dürfe die Bundesrepublik nicht länger zögern, Israel volle diplomatische Beziehungen anzubieten. Erhard rang sich trotzdem zu keiner eindeutigen Entscheidung durch.

Er vermochte es zunächst selbst dann nicht, als Gamal Abd el-Nasser den Vorsitzenden des DDR-Staatsrats Walter Ulbricht nach Kairo einlud. Die dort gemeinsam abgegebene Erklärung kam einer massiven Kampfansage an Israel gleich, das als »Vorposten des Weltimperialismus« im Nahen Osten bezeichnet wurde. Wenn nun aber schon Ägypten mit der DDR auf höchster Ebene verhandelte, welchen Sinn machte es dann noch, aus Furcht, andere arabische Staaten könnten diesem Beispiel folgen, Israel die Aufnahme normaler diplomatischer Beziehungen zu verweigern?

Was die DDR angeht, so hat sie uns damals nur wenig beschäftigt. Einige – wenn auch nur innenpolitische – Bedeutung erlangte lediglich Ulbrichts Kairoer Erklärung, mit der er sich von der traditionellen Politik des Ostblocks entfernte. Sie war feindselig, bestritt aber nicht unsere Existenzberechtigung. Der aggressive Ton, den Ulbricht angeschlagen hatte, sorgte selbst in der kleinen kommunistischen Partei unseres Landes, »Maki«, für Unruhe. Erstmals wurde hier ein kommunistisch regierter Staat kritisiert, mehr noch, Moshe Sneh, der Vorsitzende des »Maki«-Zentralkomitees, griff in einem Leitartikel des Parteiorgans »Kol Haam« (Stimme des Volkes) Walter Ulbricht persönlich an. Der Streit, den der ungewöhnliche Schritt auslöste, entzweite die israelischen Kommunisten und führte zur Spaltung ihrer Partei, die jahrelang fortbestand: Statt einer gab es nunmehr, dank Ulbrichts Attacken, in Israel zwei kommunistische Parteien.

Der Entschluß Ludwig Erhards, einen Schlichter nach Jerusalem zu entsenden, um die Spannungen möglichst zu dämpfen und nach einer Kompromißlösung zu suchen, trug für Stunden mehr zur Verwirrung der Situation als zur Klärung bei. Erhards Wahl war auf Kurt Birrenbach gefallen, Vorstandsvorsitzender der Thyssen AG. Obwohl kein Politiker im eigentlichen Sinne, war Birrenbach von der Bundesregierung schon früher mit besonders komplizierten Missionen betraut worden. Diesmal aber, Anfang Mai 1965, sah er sich ohne eigenes Zutun von den Ereignissen überrollt und genaugenommen seines eigentlichen Auftrags enthoben. Noch während Birrenbach im Flugzeug auf dem Weg nach Israel war, hatte Bundeskanzler Erhard in Abänderung seiner ursprünglichen Vorstellung, der Aufnahme konsularischer

Beziehungen, seinen ohne Abstimmung mit dem Auswärtigen Amt getroffenen Beschluß verkündet, Israel volle diplomatische Beziehungen anzutragen.

Mein damaliger Vorgesetzter Zeev Scheck, Leiter der Europa-Abteilung im Außenministerium, gehörte zu der Delegation, die Birrenbach auf dem Flughafen offiziell begrüßte. Er schilderte, wie groß die Verblüffung auf beiden Seiten war, als Birrenbach nach der Landung den israelischen Gesprächspartnern den Rahmen und Hauptpunkt seiner Mission erläuterte. Die Israelis hatten bereits Kenntnis von Erhards Meinungswechsel. Sie verstanden deshalb den Boten des deutschen Kanzlers nicht, während Birrenbach nicht glauben konnte, was ihm die Gastgeber unterbreiteten. Am nächsten Tag jedoch schien alles perfekt: Birrenbach wurde von Ministerpräsident Eshkol empfangen und überreichte ihm das mittlerweile aus Bonn eingetroffene Ersuchen um die Aufnahme diplomatischer Beziehungen.

Die Nachricht verbreitete sich durch ganz Israel wie ein Lauffeuer. Wieder einmal gingen die Emotionen hoch, zur nicht geringen Überraschung der Regierung. Man hatte zwar keine begeisterte Zustimmung erwartet, ging aber doch von der Annahme aus, daß es zu keinem auch nur annähernd so heftigen Widerstand der Gefühle kommen werde, wie er 1952 anläßlich des Wiedergutmachungsabkommens ausgebrochen war. Immerhin hatten sich die Beziehungen zwischen Israel und der Bundesrepublik seither sachlich zufriedenstellend entwickelt. Auch schien sich nach dem Abbruch der deutschen Waffenlieferungen die Stimmung im Lande wieder beruhigt zu haben.

Von dieser Einschätzung nicht erfaßt war allerdings die grundsätzliche, auch bei objektiv geringen Anlässen reagierende traumatische Empfindlichkeit der Israelis gegenüber politischen Entscheidungen Deutschlands, die sie selbst betreffen. Dabei steht, verständlicherweise, das individuelle wie das kollektive Sicherheitsbedürfnis im Vordergrund. Unsere Krisen mit England, den USA und später auch mit Frankreich waren teilweise heftiger als jene mit Nachkriegsdeutschland, ohne im Volk auch nur entfernt so explosiv zu wirken, wie es etwa bei der Nachricht über das Mitwirken deutscher Wissenschaftler am Rüstungsprogramm der Ägypter der Fall war. An Deutschlands Sonderrolle im politischen Bewußtsein der Israelis hat sich übrigens bis heute wenig geändert.

Die Knesset wurde 1965, als sie die Frage der Aufnahme diplomatischer Beziehungen diskutierte, von keinen Demonstranten bestürmt. Trotzdem verlief die Debatte fast ebenso heftig wie jene von 1952, als die Billigung der ersten Verhandlungen auf der Tagesordnung stand. Der Schritt zur erstrebten »Normalität«, der, ob man wollte oder nicht, an Aussöhnung denken ließ, bereitete größere Schmerzen als angenommen. Danach freilich, als das Abstimmungsergebnis vorlag, breitete sich eine eigenartige Gelassenheit aus, eine Mischung aus Akzeptanz und Resignation. Was konnte man schon tun? Zunächst blieb ohnehin alles beim alten.

Erst als der Austausch von diplomatischen Missionen und Botschaftern konkrete Gestalt annahm, als feststand, wer der erste Botschafter der Bundesrepublik in Israel sein werde, und als es dann tatsächlich zur Zeremonie der Übergabe seines Beglaubigungsschreibens beim Staatspräsidenten kam – erst da brach sich der alte Zorn gegen die Deutschen Bahn, mit einer Vehemenz, die sich erneut in Steinwürfen entlud.

Rolf Pauls, der auf den Botschafterposten in Jerusalem berufen wurde, schien nach Meinung der israelischen Öffentlichkeit für seine Aufgabe wenig geeignet. Statt dieses ehemaligen Majors der Wehrmacht, der im Krieg einen Arm für den »Führer« verloren und als stellvertretender Militärattaché unter Franz von Papen an der Botschaft des Dritten Reiches in der Türkei gedient hatte, wünschte man sich eher einen ehemaligen Widerstandskämpfer. Oder – an Stelle des Ritterkreuzträgers – einen Universitätsprofessor, besser noch einen Akademiker, der sich als Widerständler betätigt, im Untergrund gegen Hitler gearbeitet hatte. Was veranlaßte überhaupt die israelische Regierung, ausgerechnet Rolf Pauls die Akkreditierung zu erteilen?

Möglich, daß man in Jerusalem diesen Akt schon im Vorfeld verhindert hätte, wäre zugleich nicht auch mit dem Anwärter auf den Posten des israelischen Botschafters in Bonn die Eignungsfrage verknüpft gewesen: Asher Ben Natan, bis dahin Staatssekretär des Verteidigungsministeriums, war an führender Stelle Mitarbeiter des israelischen Geheimdienstes und von Anfang an in die militärische Zusammenarbeit mit Deutschland involviert gewesen. Diejenigen, die sich gegen ihn und überhaupt gegen diplomatische Beziehungen zu Israel aussprachen, befürchteten vor allem die Reaktion der arabischen Welt – dort würde Ben Natan als Garant einer womöglich noch intensiveren Kooperation mit Deutschland auf dem Gebiet der Rüstungstechnik angesehen werden.

Schließlich einigten sich beide Regierungen, den Kandidaten der jeweils anderen anzuerkennen. Der Aufnahme geregelter, offizieller Beziehungen stand nichts mehr im Wege.

Nur Rolf Pauls war um die Umstände seines Amtsantritts in Jerusalem nicht zu beneiden. Auf dem Weg zur Residenz des Präsidenten, dem er das Beglaubigungsschreiben überbrachte, behinderte eine riesige Menschenmenge seinen Wagen. Es flogen Steine und leere Flaschen. In der Wochenschau – Fernsehen gab es noch nicht – sah man einen bleichen Präsidenten, der mit zitternden Händen das Schriftstück entgegennahm, ohne daß während oder nach der Zeremonie auch nur ein Wort gewechselt wurde. Schon vorher war es zu einem Eklat mit dem Stellvertreter des Protokollchefs gekommen: Er hatte sich schlicht geweigert, zum Flughafen zu fahren, um, wie üblich, den Botschafter bei dessen Ankunft zu empfangen. Auch der Akkreditierung in der Residenz blieb er demonstrativ fern.

Fast dreißig Jahre lagen zwischen diesen Ereignissen und meiner Akkreditierung in Bonn. Als ich Bundespräsident Richard von Weizsäcker das Beglaubigungsschreiben überreicht hatte, gab ich einen kleinen Empfang, zu dem natürlich auch die ehemaligen deutschen Botschafter in Israel geladen waren. Rolf Pauls, beinahe an die achtzig, begegnete ich bei dieser Gelegenheit zum ersten Mal – ein anrührendes, für mich bewegendes Treffen, wußte ich doch um die Verdienste dieses Mannes in und um Israel, wo er mit Steinen empfangen und mit Rosen verabschiedet worden war.

Wir sahen uns danach öfter, besonders in der ersten Jahreshälfte 1995 auf Veranstaltungen anläßlich des dreißigsten Jahrestags der Aufnahme diplomatischer Beziehungen zwischen unseren Ländern. Endlich wagte ich ihm die Frage zu stellen, die mir schon als Kinobesucher 1965 durch den Kopf gegangen war: Wie lange hatte er damals auf den durch Demonstranten arg zerbeulten Dienstwagen verzichten müssen, jenes Gefährt, mit dem er sich nur mühsam einen Weg durch die aufgebrachte Menge gebahnt hatte? Ach, winkte Pauls ab, das sei nicht weiter schlimm gewesen: »Das Auto gehörte nicht mir, es war der Wagen Ihres Präsidenten.«

Rolf Pauls' Mission, eine unbestritten rühmliche Wegstrecke in der Geschichte der deutsch-israelischen Beziehungen, war hauptsächlich deshalb so erfolgreich, weil er seine

Aufgabe ebenso sensibel wie realitätsbewußt anging. Wie Asher Ben Natan, seinem Kollegen in Deutschland, war ihm klar, daß die Herstellung offizieller Kontakte auf Botschafterebene lediglich einen Ansatzpunkt zur Lösung der Probleme bildete, die nach wie vor und unübersehbar einer wirklichen Normalisierung des Verhältnisses im Weg standen. Die Einrichtung von Botschaften garantierte noch keine dauerhaft guten Kontakte.

Daß sich beide, Pauls wie Ben Natan, nicht ausschließlich auf das meist reibungslose Funktionieren des »Apparats« an Diplomaten und politischen Beamten verließen, in den sie selbst eingebunden waren, zeichnet ihr Wirken zum wechselseitigen Vorteil ihrer Länder aus. Sie suchten Verbindungen zu Menschen, nicht so sehr zu Institutionen. Jenseits der alltäglichen Amtsgeschäfte und aller protokollarischen Pflichten förderten sie den Jugendaustausch und das Zustandekommen von Städtepartnerschaften. Sie halfen bei der Anbahnung wissenschaftlicher und kultureller Kontakte und trieben, was allerdings ohnehin zu ihren Aufgaben gehörte, die Entwicklung der wirtschaftlichen Beziehungen zwischen Israel und der Bundesrepublik weiter voran. Nicht zufällig ist – nach den USA – die Bundesrepublik im Laufe der Jahre zu unserem wichtigsten Partner geworden.

Auf welchem Gebiet man auch heute Bilanz ziehen will – sie sieht fast überall erfreulich aus. Willy Brandt war der erste deutsche Bundeskanzler, der zu einem Staatsbesuch nach Israel kam, läßt man Adenauers Privatreise außer Betracht, die er 1966, nach seinem Rücktritt, unternahm. Als erster Bundespräsident wurde Richard von Weizsäcker in Jerusalem empfangen, gefolgt von Roman Herzog, der bereits im ersten Amtsjahr Israel als erstem nichteuropäischen Land einen Besuch abstattete, ohne sich dafür rechtfertigen zu müssen, ihn nicht mit einer allgemeinen Nahost-Reise zu verbinden. Staatsgast in Jerusalem, bisher sogar zweimal, war auch Bundeskanzler Helmut Kohl. Die Liste der Gegenbesucher in Bonn umfaßt Namen gleich ranghoher israelischer Politiker wie Chaim Herzog und Ezer Weizman als Staatspräsidenten und die Ministerpräsidenten Rabin, Peres und Netanjahu.

Was die wirtschaftlichen Beziehungen angeht, so ist Deutschland für Israel zwar der wichtigste europäische Handelspartner, Israel importiert jedoch mehr als zweimal soviel Waren aus Deutschland, als es dorthin ausführt: Einem Volumen im Wert von vier Milliarden stehen an deutschen Einfuhren nur 1,8 Milliarden Mark gegenüber. Die Gründe für die mangelnde Investitionsbereitschaft auf deutscher Seite sind überwiegend politischer Art. Sie haben etwa mit der Furcht vor arabischem Boykott zu tun oder mit der allgemeinen, überregionalen politischen Instabilität im Nahen Osten. Hinzu kommt das jahrelang betont zurückhaltende, fast eingeschüchterte Verhältnis vieler deutscher Unternehmer gegenüber Israel. Glücklicherweise ist diese Tendenz in den letzten Jahren rückläufig. Konzerne wie Volkswagen, Siemens oder Daimler-Benz haben bereits mit Investitionen begonnen oder bereiten solche vor. Noch nie zuvor sind so viele deutsche Geschäftsleute als potentielle Investoren nach Israel gereist wie in jüngster Zeit.

Anlaß zu besonders großen Hoffnungen gibt die Zusammenarbeit auf kulturellem Gebiet. 1979 und 1986 haben zwei Niederlassungen des Goethe-Instituts ihre Tätigkeit in Israel aufgenommen. Der Austausch von Theatergruppen und Orchestern, die Veranstaltung von Gastausstellungen mit Werken der bildenden Kunst, die Durchführung von Lesungen deutscher Schriftsteller in Israel und israelischer Autoren in

Deutschland – alles dies ist mittlerweile fast ebenso zur Routine geworden wie die Organisation deutscher »Israel-Wochen« oder die Zusammenarbeit von Buchverlagen in beiden Ländern. Selbst der Presseball in Berlin war 1995 Israel gewidmet. Israelische und deutsche Schriftsteller kommen regelmäßig zusammen, um sich über ihre neuesten Arbeiten auszutauschen.

Die Gremien, die sich mit dem sogenannten Jugendaustausch befassen, sind inzwischen so zahlreich, daß nicht einmal die israelische Botschaft in Bonn sie alle kennt. In den letzten Jahren waren es jeweils etwa fünftausendfünfhundert junge Deutsche, Mitglieder von rund zweihundert Jugendorganisationen, die nach Israel fuhren, und mehr als zweitausend Jugendliche aus Israel kamen jährlich nach Deutschland. Die Zahl derer, die sich seit der Wende aus den neuen Bundesländern auf den Weg nach Israel machen, um das Land kennenzulernen und dort möglichst Kontakte zu Gleichaltrigen zu finden, wächst von Jahr zu Jahr.

Und die Städtepartnerschaften? Hier macht sich schon des längeren das räumliche Größenverhältnis zwischen dem kleinen Israel und dem um die neuen Länder gewachsenen Deutschland bemerkbar. Das heißt, die Partnerschaft, die israelische Städte mit deutschen Kommunen eingingen, ist in vielen Fällen eine mehrfache – mit zwangsläufig steigender Tendenz. Neben der ideellen Verbundenheit der einen Partnerstadt mit der anderen entwickelten sich häufig direkte menschliche Kontakte, nicht selten auch bleibende Freundschaften, durch Besuchsreisen gefördert und vertieft. Die erste Partnerschaft entstand übrigens zwischen Andernach und der von den Abkommen marokkanischer Juden bewohnten israelischen Wüstenstadt Dimona. Ihre Vorväter, von den Spaniern vertrieben, hatten jahrhundertelang an dem Bann gegen Spanien festgehalten, das neue Dimona aber richtete den Blick in die Zukunft.

Unter Beteiligung von etwa zweitausend deutschen und fast ebenso vielen israelischen Wissenschaftlern werden gegenwärtig Hunderte von Forschungsprojekten durchgeführt, mit einem alljährlichen Kostenaufwand von rund fünfzig Millionen Mark. Sie befassen sich in der Hauptsache mit Medizin, Biotechnik, Umwelttechnologie, Physik und Chemie, mit der Entwicklung neuer Techniken zur Wasserversorgung, mit Ozeanographie, Solarenergie und Lasertechnik, aber auch mit Geschichte, Literatur, Wirtschaft und Politikwissenschaft. Seit dem Sommer 1995 gibt es, von Shimon Peres und Außenminister Klaus Kinkel konstituiert, den »Deutsch-Israelischen Kooperationsrat für Hoch- und Umwelttechnologie«. Auf vielen Forschungsgebieten, erklärte Kinkel damals, sei Israel heute führend in der Welt. »Von der israelischen Tradition, daß Universitäten ihre Forschungsergebnisse in eigenen Firmen umsetzen, können wir uns manches abschauen ... Das gegenseitige Interesse und die noch ungenutzten Möglichkeiten in eine Vielzahl von konkreten Projekten umzusetzen, ist die größte Herausforderung für den Deutsch-Israelischen Kooperationsrat.«

An die Gründung solcher Gremien war, auch bei allergrößtem Optimismus, vor dreißig Jahren nicht zu denken. Das damalige Klima in Israel ließ nicht einmal deutsche Kulturveranstaltungen zu, ohne daß es zu Demonstrationen und Protesten, mitunter auch zu Gewalttätigkeiten kam. Massive Störungen begleiteten die erste »Woche der deutschen Kultur«, eine von der deutschen Botschaft in Israel initiierte Veranstaltungsreihe. Deutsche Künstler wurden bei den Auftritten beschimpft. Günter Grass, damals der einzige jüngere deutsche Schriftsteller, dessen Bücher ich teilweise kannte und bewunderte, mußte seine Lesung aus dem »Tagebuch einer Schnecke« in der Hebräischen Universität in Jerusalem abbrechen, weil es im Publikum zu lautstarken Ausschreitungen kam. Voller Zorn verließ er den Saal. Seine spätere Weigerung, an der Jerusalemer Uraufführung des »Blechtrommel«-Films teilzunehmen, ging auf diese Vorfälle zurück.

Es kam vor, daß nicht nur der eine oder andere deutsche Künstler, sondern auch der Botschafter der Bundesrepublik zum Gegenstand kollektiver Mißfallenskundgebungen oder, schlimmer, das Ziel mehr oder minder heftiger Aggressionen wurde. Yohanan Meroz schildert in seinem erwähnten Erinnerungsbuch »In schwieriger Mission«, wie Schauspieler des Berliner Schiller-Theaters während einer Aufführung in Jerusalem auf offener Bühne mit Tomaten beworfen wurden. In dem dabei ausbrechenden Tumult hatte er, damals Leiter der Europa-Abteilung im Auswärtigen Amt, alle Mühe, den Botschafter mit Hilfe der Polizei unbeschadet zu seinem Auto zu bringen.

Viele Israelis hatten keine grundsätzlichen Einwände gegen politische Beziehungen zur Bundesrepublik, da sie ihrem Staat nutzten. Sie akzeptierten auch die wirtschaftliche und militärische Zusammenarbeit, reagierten aber um so empfindlicher, wenn sie aus den Gastauftritten deutscher Künstler den Eindruck gewannen, nunmehr solle auch deutsche Kultur »importiert« werden. Deutsche Musik? Selbst sie war verdächtig, beladen mit Erinnerungen an die KZ-Orchester, deren Spiel ihre Mithäftlinge auf dem Weg in die Gaskammern begleitete, auf Befehl und zum Ergötzen ihrer Peiniger.

Einladungen aus Deutschland, die an israelische Künstler oder Künstlergruppen ergingen, wurden oft nur widerwillig angenommen, zumindest aber mit einem Gefühl, in dem sich Neugier, Skepsis und Ablehnung zu etwa gleichen Teilen mischten. Nicht selten passierte es, daß aus Gruppen im letzten Moment jemand ausfiel, weil – wieder einmal – die Schatten der Vergangenheit Oberhand gewannen.

Dennoch sind es gerade die direkten, die persönlichen Begegnungen zwischen Deutschen und Israelis gewesen, die jene Schatten zwar nicht gänzlich verbannen, ihnen aber die blickversperrende Übermacht nehmen konnten. Als Beispiel dafür könnte ich die Veränderungen anführen, die ich nach 1980 in der Einstellung meiner Mutter wahrnahm. Sie, die nach dem bitteren Schicksal ihrer Familie nie mehr etwas von Deutschland wissen wollte, erhielt vom damaligen Oberbürgermeister eine Einladung zum Besuch von Frankfurt am Main. Es handelte sich, in Fortsetzung einer 1969 von Klaus Schütz in Berlin begründeten Tradition, um eine jener Gesten, mit denen man Emigranten und Holocaust-Überlebende zum Wiedersehen mit ihrer Heimat animieren wollte. Die Art, in der meine Mutter auf die Einladung reagierte, war nicht untypisch für ihre Generation: Zunächst lehnte sie empört, fast mit Entsetzen ab, um dann am Ende, auf Zureden meines Vaters und mit ihm gemeinsam, doch zu reisen. Mein Vater hat allerdings versprechen müssen, den Aufenthalt in Deutschland, wenn sie darauf bestand, sofort abzubrechen und Europa zu verlassen. Es war eine Fahrt mit allen Risiken, problematisch schon durch die Länge des Zeitraums, der meine Mutter von ihrer Kindheit und Jugend in Frankfurt trennte.

Sie schrieb uns weder von dort, noch telefonierte sie mit mir oder meinen Geschwistern. Wie wir später erfuhren, hat sie am Anfang entsetzlich gelitten, so daß sie im Zweifel war, ob sie vorzeitig abreisen sollte oder nicht. Was sie letztlich zum Bleiben bewog, waren die Menschen, die sich anboten,

Kontakte mit ihr zu knüpfen. Von da an, seit dieser ersten Reise, fuhr sie, solange es ihre Gesundheit erlaubte, alljährlich nach Deutschland. Mit Heimat oder deren Wiederentdeckung hatte das alles nur am Rande zu tun. Frankfurt, das sie 1980 erstmals wiedersah, hatte so gut wie nichts gemein mit der Stadt, die sie vor vielen Jahrzehnten verlassen hatte. Aber sie hatte Menschen getroffen, leibhaftige Deutsche, die, ohne daß sie es bemerkte, dazu beitrugen, daß sich das Bild auflöste, das Schreckensbild, das sie von ihren ehemaligen Landsleuten so lange in sich bewahrt hatte. Lachen mußten wir, als sie sich in ihren Reiseberichten über das nach ihrer Meinung vernachlässigte Deutsch beklagt, das ihr überall aufgefallen war, über die vielen Fremdwörter und Amerikanismen der Deutschen, ganz zu schweigen von den Frankfurter Hochhäusern, die sie mehr an Amerika erinnerten als an Deutschland – fast hätte sie gesagt: an »mein« Deutschland.

Später, als ich Botschafter in Brüssel war, wo man über Kabel deutsche Fernsehprogramme empfangen konnte, schickte ich Aufzeichnungen daraus meiner Mutter nach Israel, auf deren ausdrückliche Bitten. Die Nachricht von meiner Berufung zum israelischen Botschafter in Deutschland nahm sie mit Freude und Stolz auf – vor 1980 hätte sie ihr einen Schock versetzt –, aber auch mit Reue wegen der von ihr, wie sie meinte, verabsäumten Einführung ihres Sohnes in ihre Muttersprache. Daß ihr Enkelsohn Daniel das erste israelische Diplomatenkind ist, das eine deutsche Schule besucht, hat sie leider nicht mehr erlebt.

Deutschland, immer wieder Deutschland – je weiter ich mich davon fernzuhalten suchte, desto näher rückte es. Seine Präsenz in Israel wuchs, es gab zunehmend mehr Leute, die Kontakte zur Bundesrepublik hatten und davon erzählten.

Obwohl sie mich nie in der einen oder anderen Richtung beeinflußte, auch nicht nach ihrer Rückkehr aus Frankfurt,
habe ich durch meine Mutter gleichwohl entscheidende
Wegweisungen erfahren. Allein die Veränderungen, die an
ihr seit der Reise spürbar geworden waren, zwangen zum
Nachdenken. Hatte Ben Gurion, immerhin schon in den
fünfziger Jahren, recht gehabt mit seiner oft wiederholten
Behauptung, es entstehe ein »anderes« Deutschland?

Im Oktober 1963, er war schon etliche Monate im Ruhestand, schrieb Ben Gurion anläßlich des Rücktritts von Konrad Adenauer für eine israelische Zeitung einen Beitrag, in
dem wiederum von der Existenz dieses anderen, neuen
Deutschland die Rede war. Ben Gurion begründete seine Ansicht mit dem bis dahin erreichten Grad der Verständigung
zwischen Israel und der Bundesrepublik, vor allem aber mit
zwei weiteren Fakten. Zum einen führte er die demokratische
Verfassung an, die das neue Deutschland sich gegeben hatte
und in deren Sinn es auch seine Jugend erzog, zum anderen
nannte er die Freundschaft zwischen Adenauer und Charles
de Gaulle, welche die Grundlage bilde für ein vereintes demokratisches Europa.

Ben Gurion war jahrelang ein überzeugter Anhänger de
Gaulles gewesen. Er stand mit ihm in ständiger persönlicher
Korrespondenz und schätzte ihn als größten Staatsmann seiner Zeit. Daß er daneben nun Adenauer als den zweiten großen Mann Europas pries und dessen Verhältnis zu de Gaulle
als beste Chance für eine Freundschaft zwischen Deutschland und Frankreich, wollte mir damals weder verständlich
noch recht glaubwürdig erscheinen. Visionen großer Menschen sind, so bemerkenswert sie sein mögen, oft nur Zu-
kunftsmusik. Überhaupt, mit Selbstäußerungen von Politikern verhält es sich mitunter problematisch. Besondere Vor-

sicht ist geboten, wenn Prominente jedweder Art vergangene Zeiten und die Rolle beschwören, die sie darin spielten. Die Annahme, daß Politiker als Zeitzeugen und als Chronisten dessen, was sie erlebten, die Wahrheit so ehrlich, das heißt ihrer Erinnerung gemäß zu Papier bringen, trifft leider nicht immer zu, abgesehen von einseitigen Rechtfertigungen ihrer Tätigkeit. Gerade zum Verhältnis zwischen Ben Gurion, Adenauer und de Gaulle habe ich eine merkwürdige Geschichte in Erinnerung.

1970, nach dem Tod de Gaulles, kam der inzwischen aus dem Amt geschiedene Ben Gurion zur offiziellen Trauerfeier nach Paris. Obwohl Israel durch seinen Staatspräsidenten Zalman Shazar vertreten, Ben Gurion also lediglich als Privatmann anwesend war, interessierten sich die Medien hauptsächlich für ihn. Zumindest hatte es den Anschein; denn im eigentlichen Mittelpunkt der Aufmerksamkeit stand an diesem Tag natürlich der verstorbene de Gaulle. Ben Gurion geriet nicht nur als weltbekannter Staatsmann ins Blickfeld, sondern hauptsächlich auch, weil man wußte, daß der General mit ihm wie auch mit Adenauer einen privaten, sehr persönlichen Briefwechsel geführt hatte. Die Korrespondenz mit Ben Gurion war auch nach 1967 fortgesetzt worden, dem Jahr, in dem es zu einer wesentlichen Verschlechterung, wenn nicht zum Zusammenbruch der Sonderbeziehungen zwischen Frankreich und Israel gekommen war, wegen des Boykotts von Waffenlieferungen, den de Gaulle damals über Israel verhängte.

Verständlich, daß die Journalisten jetzt Auskunft von Ben Gurion verlangten: Was enthielten die Briefe, die auch nach dem Ausbruch der Krise zwischen Jerusalem und Paris gewechselt worden waren? Als Sprecher der israelischen Botschaft in Frankreich unter Botschafter Ben Natan fiel es mir schwer, alle Bitten um Interviews zu erfüllen. In Anbetracht der Kürze der Zeit, die Ben Gurion in der französischen Hauptstadt verbrachte, suchte ich als Interviewer einen besonders bekannten und einflußreichen Journalisten aus, Yves Cuau von »Le Figaro«. Cuau hatte den Vorzug, nicht nur ein guter Kenner Israels, sondern auch mit den Verhältnissen in Deutschland bestens vertraut zu sein.

Das Gespräch fand in Ben Gurions Hotelsuite statt. Ben Gurion, Cuau und ich saßen an einem kleinen runden Tisch, während Ben Natan, der den alten Löwen aus langjähriger Zusammenarbeit kannte, in einer anderen Ecke der Couch Platz genommen hatte. Er hörte aufmerksam zu. Es ging bald nicht mehr nur um den Briefwechsel, Ben Gurion sprach über allgemeine Nahost-Probleme, auch über die Art, in der Adenauer damit umgegangen sei. Dabei erwähnte er ein Gespräch, das er, Ben Gurion, und de Gaulle 1967 während der Beisetzungsfeierlichkeiten nach Adenauers Tod geführt hatten. Im Trauergefolge hinter dem Sarg habe de Gaulle ihm erzählt, wie er auf die Nahost-Politik des deutschen Kanzlers Einfluß genommen und ihm empfohlen habe, sich seine, de Gaulles, »Politik der parallelen Linien« zum Vorbild zu nehmen. Sie liefe auf eine bilaterale Politik gegenüber Israel hinaus und zugleich auf eine bestmögliche Zusammenarbeit mit den Arabern auf allen Gebieten, ohne daß sich der eine Partner in die Beziehungen Frankreichs mit anderen einmischen könne. Adenauer, Anfang der sechziger Jahre in der Zwickmühle zwischen Hallstein-Doktrin und seinem Wunsch, mit Israel geregelte Beziehungen aufzunehmen, habe sich sehr beeindruckt gezeigt. De Gaulle habe bedauert, daß der Kanzler den Ratschlag nicht mehr voll befolgen konnte, 1963 wurde er zum Rücktritt gedrängt.

Nach dem Ende des Interviews brachte ich Yves Cuau

zum Hotelausgang. Auf dem Rückweg begegnete mir Ben Natan, neugierig darauf zu erfahren, was ich von der Geschichte der beiden alten Staatsmänner hinter Adenauers Sarg halte. Ich nannte sie höchst interessant und deutete meine Absicht an, mir Notizen für den Fall zu machen, daß Cuau nichts über die Begegnung veröffentliche. »Ja«, sagte Ben Natan, »interessant ist sie schon. Nur: Ben Gurion ging gar nicht hinter Adenauers Sarg her . . .« Ich erfuhr, daß Ben Gurion damals zwar nach Deutschland gekommen war, aus Rücksicht auf das Passahfest der Beisetzung seines verstorbenen Freundes jedoch fernbleiben mußte. Ben Natan versicherte, er könne sich sehr genau daran erinnern – 1967, im Todesjahr Adenauers, war er israelischer Botschafter in Bonn.

Vorfälle wie dieser stimmen nachdenklich. Sie erklären die Widersprüche und Legenden, die sich durch die Geschichtsschreibung ziehen und werfen ein zweifelhaftes Licht auf die Authentizität und Verläßlichkeit menschlicher Zeitzeugenschaft. Im vorliegenden Fall habe ich nie herausfinden können, ob das Gespräch zwischen de Gaulle und Ben Gurion von diesem frei erfunden war oder zu einem anderen Zeitpunkt und an einem ganz anderen Ort geführt worden ist.

Daß Ben Gurions Erinnerungsvermögen damals nicht mehr das beste war, hatte mit seinem Alter zu tun. Auch André Malraux scheint, als er am Ende seines Lebens »Les Antimemoires« schrieb, mancher Täuschung seines Gedächtnisses erlegen zu sein. Das ausführliche Gespräch etwa, das er angeblich mit Mao Tse-tung führte, hätte sich, Malraux zufolge, über drei bis vier Stunden erstrecken müssen, dauerte nach Zeugenaussagen aber nicht länger als fünfzehn Minuten, verkürzt noch durch die Einschaltung eines Dolmetschers. Entgegen der Darstellung von Malraux kam es kaum zur Erörterung von Sachfragen.

Mit der Gedächtnisfehlleistung eines noch relativ jungen Politikers hatte ich 1987 in Brüssel zu tun. Als dortiger Botschafter war ich zur Vertretung des damaligen israelischen Außenministers Shimon Peres verpflichtet. Peres sollte mit drei Staatspräsidenten – Sandro Pertini (Italien), Abdou Diouf (Senegal) und Mario Soares (Portugal) – die Ehrendoktorwürde der Université Libre de Bruxelles erhalten. Er nahm auch an der Zeremonie teil, reiste aber noch vor dem festlichen Abendessen ab, das in einem Schloß in der Nähe der belgischen Hauptstadt stattfand. Hier, als ich den ursprünglich für Peres bestimmten Platz eingenommen hatte, geschah es dann, daß der portugiesische Präsident Soares auf mich zukam. »Von irgendwoher kenne ich Sie«, sagte er. Ich erinnerte ihn an unsere Begegnung im April 1977 in Amsterdam. »Ja, natürlich«, freute er sich, »Sie waren mit Jitzhak Rabin da, als wir gemeinsam beschlossen, diplomatische Beziehungen zwischen Portugal und Israel aufzunehmen.« Es folgte eine lustige Erzählung.

Diese traf nur mit Einschränkungen zu. Als Sprecher des Auswärtigen Amts war ich seinerzeit mit dem Außenminister und Stellvertretenden Ministerpräsidenten Yigal Alon zu einem Treffen der Sozialistischen Internationale nach Amsterdam gereist. Ihr Vorsitzender war damals Willy Brandt. Für mich, der ich keiner Partei angehöre, war es das erste, seither auch einzige Mal, daß ich an einer solchen Versammlung teilnahm. Das Hotel, in dem sie stattfand, diente allen, darunter amtierenden und künftigen Staatsoberhäuptern, Regierungschefs und Ministern, zugleich auch als Unterkunft. Da nicht genügend Suiten zur Verfügung standen, übernachteten die meisten Teilnehmer in normalen Zimmern, hier auch führten sie, vielfach beengt, einen Großteil der Gespräche.

Yigal Alon war, unter anderen, mit dem damaligen portugiesischen Ministerpräsidenten Mario Soares verabredet. Soares war nach dem Ende der Salazar-Diktatur, die Israel nicht anerkannt hatte, an die Macht gekommen und als Sozialdemokrat der israelischen Arbeiterpartei freundschaftlich verbunden. Es schien Zeit zu sein für die Aufnahme. diplomatischer Beziehungen zwischen beiden Ländern. Doch kurz vor dem Abflug nach Amsterdam hatte uns von unserem Konsulat in Portugal ein Telegramm erreicht, in dem gerade diese Frage eine Rolle spielte. Sowohl in der Regierung Portugals wie auch in der Sozialdemokratischen Partei des Landes, hieß es, sei man nach längeren Diskussionen zur Auffassung gelangt, daß aufgrund des arabischen Drucks und in Anbetracht portugiesischer Interessen in der arabischen Welt die Aufnahme diplomatischer Beziehungen zu uns besser unterbliebe, zumindest vorläufig.

Das Treffen zwischen Yigal Alon und Soares fand an einem Vormittag in dessen Hotelzimmer statt. Auf portugiesischer Seite nahmen noch der Außenminister und der Generalsekretär der Sozialdemokratischen Partei teil, auf unserer Seite waren es Israel Gatt, der für auswärtige Angelegenheiten zuständige Mann der Arbeiterpartei, und ich. Die Portugiesen saßen auf den einzigen vorhandenen Stühlen, Alon und ich hatten die unbequeme Ehre, auf Soares' Bett Platz zu nehmen.

Ich dolmetschte, denn Alon sprach kein Französisch, die Sprache, die Soares bevorzugte. »Lieber Yigal«, begann er, »ich habe eine gute Nachricht für dich: Unsere Regierung hat beschlossen, diplomatische Beziehungen mit Israel aufzunehmen. Wir empfinden das als gerecht und selbstverständ-

lich. Nur haben wir einige vorübergehende Schwierigkeiten.«
Es folgte eine lange Aufzählung portugiesischer Interessen,
die durch die Aufnahme diplomatischer Beziehungen gefährdet werden könnten. »Deshalb müssen wir noch ein wenig warten, bis wir unseren Beschluß in die Tat umsetzen.«

Alons Antwort überraschte alle, auch mich. Er gab zunächst seiner Freude über das soeben Gehörte Ausdruck, es
wende das Blatt der Salazar-Zeit. »Ich verstehe auch gut, daß
ihr momentan Schwierigkeiten habt«, sagte er. »Ich habe sie
nicht und schlage deshalb vor, die Eröffnung eurer Botschaft
in Israel tatsächlich vorerst zu verschieben. Angesichts eurer
Entschlossenheit aber werde ich umgehend meine Botschaft
in Lissabon eröffnen. Das wird ganz einfach sein, weil wir
dort schon ein Konsulat haben, man muß es nur, als ersten
Schritt, in eine Botschaft umwandeln. Und dann warten wir,
bis bessere Zeiten kommen und ihr auch bei uns eine Botschaft einrichten könnt.«

Mario Soares war verblüfft. Er wußte nicht, wie er reagieren sollte, während sein Außenminister uns wütend ansah
und Soares durch Blickzeichen zu einer negativen Antwort
aufforderte. Doch bevor sie kommen konnte, sprach Alon
schon über Tagungsthemen der Sozialistischen Internationale und kam nur kurz noch einmal auf den ersten Ge-
sprächspunkt zurück. Man sollte, sagte er, über die Aufnahme diplomatischer Beziehungen zwischen Israel und
Portugal sofort die Medien informieren. Ich erhielt – auf hebräisch – eine entsprechende Anweisung, ging hinaus und
tat, was notwendig war. Die Portugiesen durften keine Zeit
und Gelegenheit zum Widerspruch haben.

Hinter Alons »Handstreich« steckte der Gedanke, daß diplomatische Beziehungen sich keineswegs immer in der Anwesenheit residierender Botschafter äußern müssen. Es

kommt häufiger vor, daß von zwei Ländern mit normalen diplomatischen Beziehungen das eine sich durch einen »nonresidenten« Botschafter vertreten läßt – oder auch beide.

Im Laufe jenes denkwürdigen Tages erhielt ich zwei weitere Anweisungen. Einmal galt es, Staatssekretär Shlomo Avineri in Jerusalem zu informieren. Er mußte möglichst innerhalb von vierundzwanzig Stunden das unseren Lissaboner Konsul betreffende Nominierungsverfahren durchsetzen. Sodann mußte ich den Konsul selbst, Ephraim Eldar, telefonisch von der Neuigkeit verständigen – ein Auftrag, den ich gern ausführte, denn Eldar gehörte zu meinen Freunden.

Wenn es zutrifft, daß falsche Sachbehauptungen, auch wenn sie auf harmlosen Irrtümern beruhen, an Wahrheitswert gewinnen, je länger und öfter man sie wiederholt, dann ist die Geschichte vom Auftakt der portugiesisch-israelischen Beziehungen, wie Mario Soares sie sieht, dafür ein erhellender Beweis. 1987 in Brüssel blieb er dabei, bei dem Amsterdamer Gespräch sieben Jahre zuvor habe ihm Rabin gegenübergesessen, nicht dessen Stellvertreter Alon. Und als ich 1992 den ersten portugiesischen Botschafter in Israel kennenlernte, bekam ich dieselbe Version erzählt: Er hatte sie etliche Tage zuvor von Mario Soares gehört.

Es war also, auch wenn die geschilderten persönlichen Erfahrungen noch vor mir lagen, Skepsis angebracht gegenüber den Aussagen von Politikern, gerade solchen höheren Ranges. Wenn sie sich schon in bezug auf einfache, nachprüfbare Fakten irrten, um wieviel kritischer mußte man da ihre Visionen, ihre Zukunftsentwürfe, all die kühnen Gedankengebilde prüfen, mit denen Männer wie Ben Gurion ihre Zeitgenossen oft mehr verwirrten als für ihre Ideen instrumentalisierten? Schon dem gewöhnlichen Menschen fällt es schwer, sich Situationen vorzustellen, die ihm nicht vertraut sind. Um so mehr gilt dies von der Zukunft. Um sie sich vorstellen zu können, geht man am besten von der Gegenwart aus.

Im November 1989 war ich zu einer Konferenz der »Freunde der Hebräischen Universität in Europa« eingeladen. Die Treffen fanden mit wechselndem Veranstaltungsort alle zwei Jahre statt, diesmal war die Wahl auf Antwerpen gefallen. Und da die Veranstalter traditionsgemäß vom Botschafter Israels im jeweiligen Land eine Ansprache erwarteten, zumindest aber ein Grußwort, bereitete ich – als Botschafter in Belgien auch zuständig für die Europäische Union – eine Rede zu einem rein europäischen, dazu höchst aktuellen Thema vor. Zwei Tage vorher nämlich war die Berliner Mauer gefallen. So war es eigentlich selbstverständlich, über die Zustandsbeschreibung Europas hinaus Betrachtungen über die künftige Rolle Deutschlands anzustellen. Als ich über die nach meiner Einschätzung bevorstehende Vereinigung der beiden deutschen Staaten sprach und die voraussichtlichen Auswirkungen auf die EU, entstand im Auditorium deutliche Unruhe. Ich wurde unterbrochen, ziemlich unhöflich sogar, so, als hätte ich schreckliche Dummheiten von mir gegeben. Nach einigen Sekunden mußte ich mir eingestehen, daß das Publikum, wenigstens zu diesem Zeitpunkt, mit der Voraussage einer Wiedervereinigung Deutschlands offensichtlich überfordert war.

Die Weitsicht der meisten Prognosen mißt sich an ihrem Gegenstand. Aber wer hätte schon 1990, noch vor Jelzins Machtantritt, die Auflösung des Sowjetimperiums und den Zerfall seiner einst so festgefügten Machtstrukturen zu prophezeien gewagt? Es kam schon einem Wunder gleich, als damals in Israel eine Tagung mit dem Thema »Diplomatische Beziehungen zwischen Israel und der Sowjetunion« veranstaltet wurde, noch dazu mit einer Gruppe von Gästen aus ebendiesem Land. Sie erschien nicht als offizielle Delegation, aber es war klar, daß die Zusammensetzung nach den üblichen Kriterien erfolgt und die Reise selbst von staatlicher Seite abgesegnet, womöglich sogar lanciert worden war. Seit 1967 endlich wieder – wie der erste Vogel im Frühling – ein positives Zeichen aus dem Riesenreich, dessen feindselige Politik gegenüber Israel nur die DDR noch um einiges überboten hatte.

Die Gäste verfolgten die Tagung mit Aufmerksamkeit, blieben selbst aber auffallend stumm. Das Programm umfaßte Vorträge verschiedener israelischer Hochschullehrer und Politiker, von denen jeder auf seine Art die sowjetische Politik analysierte. Als letzter trat Shlomo Avineri auf, früher Staatssekretär im Auswärtigen Amt, jetzt Politikprofessor an der Hebräischen Universität. Zum Tagungsthema, der Wiederaufnahme diplomatischer Beziehungen zwischen Israel und der Sowjetunion, erklärte Avineri den erstaunten Zuhörern, wolle er sich erst gar nicht äußern, das Thema sei unwichtig. Warum? »Weil nicht sicher ist, was die Zukunft bringen wird«, sagte er. »Ich gehe davon aus, daß der Staat Israel auch in zwei Jahren existiert – aber wird es dann auch noch die Sowjetunion geben?« Die Reaktion des Publikums im Saal erinnerte an jene, die ich ein Jahr vorher in Antwerpen registriert hatte. Avineri, als Wissenschaftler berühmt, wurde milde belächelt.

Das »andere«, das »neue« Deutschland – um sich dessen Existenz von Israel aus Mitte der sechziger Jahre vorstellen zu können, bedurfte es einiger Phantasie, es sei denn, man verfügte über positive Belege aus eigener Erfahrung. Realitätsfern, geradezu illusorisch aber schien die Idee vom vereinten

Europa, das, so Ben Gurion 1963 in einem Artikel, ein friedliches und demokratisches Deutschland gewährleisten sollte. Mich jedenfalls hat damals der eine Begriff so skeptisch gestimmt wie der andere, auch später. Nachrichten der internationalen Presse und Korrespondentenberichte israelischer Zeitungen in den achtziger Jahren handelten mit fast erschreckender Regelmäßigkeit von antisemitischen Tendenzen, von Fremdenfeindlichkeit und neonazistischen Ausschreitungen in der Bundesrepublik. Es waren Meldungen, von denen man nicht recht wußte, wie man sie einschätzen sollte. Kam den Tatsachen, die sie beschreiben, mehr Bedeutung zu als dem Verhalten öffentlicher Institutionen und deren Verlautbarungen?

Vorübergehend lenkte mich die Beschäftigung mit der dritten Welt von solchen Fragen ab. 1980 wurde ich zum Leiter der Afrika-Abteilung im Auswärtigen Amt in Jerusalem berufen, mit dem Sonderauftrag, mich für die Wiederbelebung der Kontakte mit den afrikanischen Ländern einzusetzen, von denen die meisten 1973 ihre diplomatischen Beziehungen zu uns abgebrochen hatten. Seit dem Friedensschluß mit Ägypten war ein Jahr vergangen, jetzt galt es, diese Wende im Nahen Osten, in der dritten Welt für einen Durchbruch Israels zu nutzen. Später, nach meiner Ernennung zum Stellvertretenden Staatssekretär, erweiterte sich das Ressort; außer Afrika gehörten nun auch Ozeanien und Asien dazu.

Gleichwohl rückte Europa immer stärker in mein Blickfeld. Ich verwandte zunehmend Zeit darauf, mich mit europäischen Fragen auseinanderzusetzen, las viel darüber und wurde nicht den Eindruck los, daß ich, ein Israeli, der an der Schwelle zu Europa lebte, mich allein schon deshalb mit dem Halbnachbarn befassen müsse, weil seine Länder aufgrund der Fortschritte auf dem Weg zu ihrer Einigung für den Wirtschaftsriesen Japan und die südwestasiatischen Staaten, die ich beruflich beobachtete, mehr und mehr interessant wurden. Für die dritte Welt war Europa dies ohnehin.

Damals war Europa für mich in etwa gleichbedeutend mit Brüssel. Die Institutionen der Europäischen Gemeinschaft begannen mich vor allem seit dem Antritt von Jacques Delors als Präsident der Kommission zu faszinieren: Der Schwung, der frische Wind, den er in die EG brachte, wirkten befreiend. Danach kam, wenn ich Schwerpunkte hätte benennen sollen, Frankreich, das ich allerdings schon recht gut kannte, und dann Deutschland, das ewige Rätsel. Dessen Rolle in der EG war mir als aufmerksamen Zeitungsleser in Zahlen und Fakten bekannt, ich war, wie die meisten Israelis, informiert über das Gewicht Deutschlands in der europäischen Wirtschaft. Doch über welchen Einfluß und welche Macht würde dieses Land in Zukunft verfügen, auch in bezug auf Israel? War diese Stärke überhaupt wünschenswert? Würde sich die Bundesrepublik voll und ganz in ein System wie die Europäische Gemeinschaft integrieren lassen, vorausgesetzt, sie wäre dazu bereit?

Zu allem kam es in den achtziger Jahren, wieder einmal, zu Verstimmungen zwischen Israel und Deutschland, die gelegentlich den Charakter einer ernsthaften Krise annahmen. Angekündigt hatten sie sich schon 1977 mit einer Wende in der israelischen Innenpolitik: Erstmals nach 1948, dem Gründungsjahr unseres Staats, verlor die Arbeiterpartei die Wahlen zur Knesset; Menachem Begin, der Anführer des nationalistischen Likud-Blocks, kam an die Macht. In der Bundesrepublik aber regierten die Sozialdemokraten – eine nicht eben günstige Konstellation für unmittelbare persönliche Beziehungen zwischen führenden Politikern beider Länder.

Erschwerend auf die Chance einer direkten Verständigung wirkte sich die Tatsache aus, daß die Spannungen zwischen Deutschland und Israel, wie überhaupt das Verhältnis des Westens zu unserem Land, mehr in die Probleme der allgemeinen Nahostkrise einbezogen und weniger isoliert behandelt wurden. Jahrzehntelang waren Deutsche und Israelis auf den Abgrund fixiert, der sie infolge der Vergangenheit trennte. Allmählich aber trat nun, ausgelöst durch den sogenannten Sechstagekrieg, die Nahostkrise in den Vordergrund. Dabei stellte sich auf seiten Deutschlands die Frage nach dem Verhältnis zu den arabischen Staaten, den Kriegsverlierern. Im Hintergrund des Verhältnisses beider Länder hatte diese Frage natürlich immer eine Rolle gespielt. Die Bundesrepublik nahm stets Rücksicht auf arabische Empfindlichkeiten und auf deutsche Interessen in der arabischen Welt. Hat sie es, ohne die Rücksichtnahme zu übertreiben, immer im richtigen Maß getan? Die Ansichten darüber gehen auseinander.

Die deutsche Studentenrevolte von 1968 brachte einen Radikalisierungsprozeß in Gang, der sich in zwei gegensätzliche Richtungen bewegte. Beide betrafen – unter anderem – auch Israel und lösten hier entsprechend widersprüchliche Reaktionen aus, die wiederum auf Deutschland zurückwirkten. Jenseits des sich seit jeher wiederholenden Generationenkonflikts verlangte eine durch den Vietnamkrieg sensibilisierte Jugend Auskunft von den Vätern und Müttern zur Frage ihrer Täter- und Mitwisserschaft im Terrorsystem des Dritten Reiches. Wieder ging es um Verantwortung, um Schuld und die Mechanismen ihrer Verdrängung. Wie kam es, daß viele Verbrechen der NS-Zeit noch immer unaufgeklärt, die Täter auf freiem Fuß oder, wenn es tatsächlich zur Anklage kam, von einer allzu nachsichtigen Justiz mit Freisprüchen beziehungsweise lächerlich geringen Strafen bedacht worden waren? Welche Gründe gab es, daß man in den Schulen Themen zur Nazi-Vergangenheit nur ungern behandelte, sie sogar weitgehend ignorierte?

Daß es die Jugend war, die solche und ähnliche Fragen mit Nachdruck an die ältere Generation stellte, registrierte man in Israel mit Überraschung und einer gewissen Genugtuung. Wenn auch die Wirkung des Eichmann-Prozesses wie auch der Auschwitz-Verfahren auf die deutsche Öffentlichkeit nicht zu unterschätzen war, auch nicht von seiten Israels, so verstärkte sich hier doch der Eindruck von einer allmählichen Rückkehr zur alten Gleichgültigkeit, jetzt sah es so aus, als könne die Studentenbewegung mit ihren Demonstrationen die Deutschen endgültig wachrütteln.

Die Revolte aber, gerade weil sie ein Aufstand der Jugend war, barg auch die Gefahr rigoroser Gleichmacherei. Die Neigung, die Welt nur in gut und schlecht, in gerecht und ungerecht einzuteilen und auf Nuancierungen zu verzichten, ließ die Suche nach einer humanitären Gesellschaft in Oberflächlichkeit und Übertreibungen münden, die auch vor Israel nicht haltmachten. Im schlichten Schwarzweißschema, das dem Weltbild der Jugendlichen zugrunde lag, sahen sich die Sieger des Sechstagekriegs unversehens als »Böse« abgestempelt – wie vorher die Amerikaner –, während die Araber und Palästinenser, ja sogar die Sowjetunion auf der Seite der Guten und Gerechten erschienen. Es war nicht nur bloßes Mitleid mit den Unterlegenen, das zu dieser merkwürdigen Sichtverschiebung führte.

Ben Natan, erster Botschafter Israels in Bonn, bekam den Stimmungswandel rasch zu spüren. Als wichtigster Repräsentant seines Landes erhielt er häufig Einladungen zu Vorträgen über Israel mit anschließenden Diskussionen, auch und besonders von Universitäten. Ab 1968 verliefen solche Veranstaltungen auffallend lebhaft, ja mitunter so stürmisch und turbulent, daß die Organisatoren sie abbrechen und Ben Natans Leibwächter sich ernstlich um dessen Sicherheit sorgen mußten. Wenn es um die Interessen Israels ging, ließ der Botschafter, dem Schauspieler Curd Jürgens zum Verwechseln ähnlich, sich weder von Auseinandersetzungen mit linksorientierten Studenten noch von anderen Kritikern der israelischen Politik beirren. Er scheute nicht die Öffentlichkeit, im Gegenteil. Furchtlos und geduldig im Zuhören setzte er seine Besuche von Universitäten fort, immer wieder bemüht, das tendenziöse Denken der jungen Leute bei der Wurzel zu packen und die nach dem Sechstagekrieg im Nahen Osten entstandene Lage zu erklären.

Am Anfang, an der Schwelle des Kriegs, war in Deutschland die Besorgnis um Israel allgemein groß. Aufmerksam wurde jede unserer militärischen Aktionen verfolgt, und am Ende bejubelte man unseren Sieg, wenn auch aus unterschiedlichen, zum Teil widersprüchlichen Motiven. Da gab es Menschen, die uns ganz einfach deshalb ideell unterstützten, weil sie Sympathie und Freundschaft für Israel empfanden. Andere verurteilten die arabische Aggression, weil sie sich überfallartig gegen ein kleines Land richtete. Wieder andere ergriffen als überzeugte Pazifisten, also aus grundsätzlichen Erwägungen, gegen diejenigen Partei, die den Krieg angezettelt hatten. Bei noch wieder anderen rief die damalige palästinensische Terminologie mit der Drohung, man werde die Juden »ins Meer treiben«, Erinnerungen an eine fürchterliche Vergangenheit wach. Und natürlich gab es auch solche, deren Bewunderung allein auf militärischen Interessen beruhte und denen es aus irgendwelchen unersichtlich dunklen Gründen Genugtuung bereitete, den

Kampfgeist der Juden mit dem der deutschen Wehrmacht zu vergleichen.

Eine Geschichte, die damals bei uns kursierte, beleuchtet ironisch den psychologischen und zeithistorischen Hintergrund dieses unpassenden Vergleichs. Nicht zufällig spielt sie in Wien, denn Österreich galt in bezug auf die Judenverfolgungen als der schlimmere Teil des Dritten Reiches: Am 6. Juni 1967 stürzt aufgeregt ein Beamter mitten in eine Sitzung der österreichischen Regierung mit der Nachricht, im Nahen Osten sei Krieg ausgebrochen. Schrecken und Entsetzen malen sich auf den Gesichtern, der Beamte erhält den Auftrag, täglich über den Fortgang der Ereignisse zu berichten. »Die Israelis sind erfolgreich«, verkündet er am nächsten Tag, »sie haben schon die gesamte Luftwaffe ihrer Nachbarstaaten lahmgelegt.« Jubel bricht aus, der sich von Tag zu Tag, von Nachricht zu Nachricht steigert. Zunächst: »Die Israelis stoßen vor in Richtung Suezkanal!« Dann: »Die ägyptische Armee ist geschlagen, die Israelis stehen am Kanal!« Am nächsten Tag: »Der Ostteil Jerusalems ist erobert!« Wieder einen Tag später: »Der westliche Teil Jordaniens ist in israelischer Hand!« Schließlich, bei der Nachricht, die Israelis hätten die syrische Armee zurückgeschlagen und die Golanhöhen genommen, kennt die Begeisterung der Minister keine Grenzen mehr, man läßt Champagner kommen, um die Siege zu feiern. Da erscheint der Bote abermals, mit düster verhangenem Blick und kummervoller Miene. Was denn um Himmels willen los sei, wird er gefragt: »Haben die Israelis doch noch verloren?« – »Nein, nein«, beruhigt er die Frager, »sie stürmen weiter vor. Aber haben Sie eigentlich gewußt, daß das alles Juden sind?«

Die Vorbehalte gegen Israel blieben auf studentische Kreise nicht beschränkt. Auch politische Parteien, besonders die linken, wurden vom Umschwung der Stimmung beeinflußt. Die Grünen waren am Anfang ihrer Entstehungsgeschichte Israel gegenüber alles andere als freundlich gesinnt. Der Druck auf Israel, eine, wie die Kritiker verlangten, gemäßigte Politik zu fahren, wuchs mehr und mehr, er verstärkte sich noch, als 1977 die Konservativen an die Macht gelangt waren. Mit der SPD-Regierung war es schon zur Zeit der Kanzlerschaft von Willy Brandt zu Differenzen gekommen. Sie entwickelten sich zu einer echten Krise, nachdem Helmut Schmidt die Nachfolge Brandts angetreten hatte. Das Mißtrauen zwischen ihm und Premierminister Begin gipfelte in gegenseitigen Anwürfen und Beleidigungen.

Nun waren Schwierigkeiten auf internationaler Ebene für uns keine Seltenheit, man konnte sie als fast alltäglich bezeichnen. Eine besonders heikle Qualität – anders als 1956 die Krise mit den USA oder jene mit Frankreich elf Jahre später – gewannen nur immer wieder Meinungsverschiedenheiten mit Deutschland. Sie rührten an alte Wunden.

1980 gab die Europäische Gemeinschaft auf ihrem Gipfeltreffen in Venedig eine berühmt gewordene Erklärung ab. Sie kritisierte unsere Politik im Nahen Osten und forderte Israel auf, künftig einen den arabischen Forderungen entsprechenden Weg zu beschreiten. Bei der Beschlußfassung, die der einstimmig gebilligten Erklärung zugrunde lag, war die Bundesrepublik in gleichem Maße vertreten wie die übrigen EG-Staaten, für die Israelis aber verteilten sich die Gewichte anders: Wieder machte sich jene Sonderempfindlichkeit gegenüber den Deutschen geltend, für die es keinen Parallelfall in den Beziehungen zu anderen Ländern gab.

Daß sich das Verhältnis fortwährend neu bewähren mußte, gehört zu seinen Besonderheiten. So schienen uns die Probleme, die im Zusammenhang mit der Frage der Verjährung von Nazi-Verbrechen auftauchten, ungleich wichtiger als die Meinungsverschiedenheiten hinsichtlich der israelischen Politik in den besetzten Gebieten. Noch in den achtziger Jahren standen wir vor Ereignissen und Entwicklungen, die wir nicht richtig zu interpretieren wußten und die uns gelegentlich perplex machten. 1985 und 1986 waren in dieser Hinsicht Schlüsseljahre.

Anläßlich des vierzigsten Jahrestags des Endes des Zweiten Weltkriegs, 1985, zögerte Bundespräsident Richard von Weizsäcker nicht, das Jahr 1945 das »Jahr der Befreiung« zu nennen. Alle, ob schuldig oder nicht, ob alt oder jung, müßten die Vergangenheit annehmen und für sie haftbar gemacht werden. Versöhnung ohne Erinnerung könne es nicht geben: »Das Geheimnis der Erlösung heißt Erinnerung.« Die Jungen seien nicht verantwortlich für das Geschehen von damals, wohl aber für das, was heute geschehe.

Ähnlich äußerte sich schon vorher Bundeskanzler Helmut Kohl in einer Ansprache, die er am 21. April desselben Jahres im ehemaligen Konzentrationslager Bergen-Belsen hielt. Er gedachte der KZ-Häftlinge, die vierzig Jahre zuvor aus den Lagern befreit worden waren. Auch hier stand die Aufforderung an alle Deutschen, ihre Geschichte so anzunehmen, wie sie wirklich war, im Vordergrund, ohne diesen Schritt sei keine Versöhnung mit den Hinterbliebenen und Nachkommen der Opfer möglich. »Für die Untaten der NS-Gewaltherrschaft trägt Deutschland die Verantwortung vor der Geschichte. Diese Verantwortung äußert sich auch in nie verjährender Scham.« Der Versuchung, »daß etwas verfälscht oder verharmlost wird«, setzte Kohl das Gebot entgegen, aus der Vergangenheit zu lernen: »Gerade die Kenntnis der schuldhaften Verstrickung, der Gewissenlosigkeit, auch der Feigheit und des Versagens kann uns in den Stand setzen, die

Anfänge des Verderbens zu erkennen und ihnen zu widerstehen. Denn Totalitarismus, wie er sich in Deutschland nach dem 30. Januar 1933 durchsetzen konnte, das ist keine unwiederholbare Entgleisung, kein Unfall der Geschichte.«

In dieser Zeit aber gab es auch den Eklat auf dem Friedhof in Bitburg. Der Besuch, den Bundeskanzler Kohl an der Seite des US-Präsidenten Ronald Reagan dem Soldatenfriedhof der Kreisstadt in der Eifel abstattete, sollte eigentlich, über Gräber hinweg, als Zeichen der Aussöhnung ehemaliger Kriegsgegner verstanden werden. Die wohlgemeinte Geste sorgte jedoch in der Öffentlichkeit für erhebliche Irritationen, als bekannt wurde, daß in Bitburg nicht nur Gefallene der Wehrmacht, sondern auch Angehörige der Waffen-SS bestattet waren. Es dauerte Jahre, bis die Verstimmung überwunden war, die der Auftritt der beiden Staatsmänner vor den Bitburger Soldatengräbern auslöste. Auch wer sich von besten Absichten leiten läßt, ist nie sicher, ob er damit nicht das Gegenteil dessen bewirkt, was er erreichen wollte.

Bis heute aber nicht restlos überwunden sind die Auswirkungen eines Phänomens, das uns total überraschte. Es kam aus ganz anderer Richtung: der Historikerstreit. Auslöser war ein Artikel von Ernst Nolte in der »Frankfurter Allgemeinen Zeitung« vom 6. Juni 1986 (»Vergangenheit, die nicht vergehen will«), in dem der Autor als Aufgabe an die Zunft der Historiker formuliert, »ein objektiveres Bild des Dritten Reiches und seines Führers zu zeichnen«. Nolte tat dies auch gleich, indem er feststellte, daß »mit alleiniger Ausnahme des technischen Vorganges der Vergasung« alle übrigen Verbrechen der Nazis wie Massendeportationen und -erschießungen, Folter und menschliche Erniedrigungen, die Einrichtung von Todeslagern und die Ausrottung ganzer ethnischer Gruppen, selbst die öffentliche Forderung nach Vernichtung

139

von Millionen schuldloser Menschen bereits von anderer Seite begangen worden waren, lange bevor die Nazis an die Macht kamen.

Noltes These lautete: »Die Morde der Nationalsozialisten reihen sich in eine Kette anderer Verbrechen in die Geschichte ein. Sie sind beileibe nicht das erste Glied dieser Kette, sondern sind vermutlich eine Reaktion auf die stalinistischen Verbrechen.« Die Vernichtung der Juden geschah aus der Furcht davor, durch sie vernichtet zu werden; Hitler sei eigentlich erst von anderen Schreckensherrschern zu einem Verteidigungskrieg gedrängt worden. Der Tenor dieses Revisionismus: Das deutsche Volk, gut oder böse, unterscheidet sich nicht von anderen Völkern.

Ernst Noltes Gedanken sind heftig kritisiert und zurückgewiesen worden. So von Jürgen Kocka, der zu dem Schluß kommt: »Es bleibt ein quantitativer Unterschied zwischen der bürokratisierten, leidenschaftslosen, perfektionierten Systematik des Massenmordes im durchindustrialisierten und vergleichsweise hochorganisierten Reiche Hitlers und der brutalen Mischung von Bürgerkriegsexzessen, Massenliquidationen, Sklavenarbeit und Verhungernlassen im rückständigen Reiche Stalins.« Wenn man schon Vergleiche anstellen wolle, bemerkt Kocka anschließend, dann müßten sie sich auf Gesellschaften der westlichen Welt beziehen, etwa auf Frankreich oder England. Ebenso abwegig wäre es, Vergleiche zum Regime eines Pol Pot oder dem Uganda zur Zeit Idi Amins zu ziehen.

Hinzuzufügen wäre, daß es noch andere, grundlegende Unterschiede zwischen dem Kommunismus und dem Nationalsozialismus gibt. Das beginnt schon an der Wurzel: Die alte kommunistische Utopie verfolgt das Ziel, alle Menschen gleichberechtigt zu machen und sie mit den gleichen Vorteilen zu beglücken. Der Nationalsozialismus mit seinem Ausleseprinzip dagegen war von Anfang an darauf gerichtet, nur einen Teil, im Grunde eine Minderheit, auf Kosten aller anderen in den Genuß von Vorteilen kommen zu lassen. In der Praxis verwirklichte er genau das, was seine Ideologen verkündet hatten, während die Ideologie des Kommunismus das Gegenteil dessen erreichte, was sie eigentlich wollte. Der Kommunismus tat sich selber Schaden an, die Nazis häuften ihn über andere.

Der verbrecherische Charakter des Kommunismus Stalinscher Prägung wird heute ebensowenig bestritten wie die Unvermeidbarkeit inhumaner Akte bei Kriegshandlungen – Krieg ist stets ein Geschäft, das mit Recht und Humanität nicht viel gemeinsam hat, auch dann nicht, wenn ein Volk sich lediglich zu verteidigen sucht. Hitlers Krieg aber, allein von ihm und ohne äußere Provokation vom Zaun gebrochen, war von vornherein als Vernichtungskrieg geplant.

Spätestens seit März 1995, als in Hamburg die Ausstellung »Vernichtungskrieg, Verbrechen der Wehrmacht 1941 bis 1944« eröffnet wurde, ist bekannt, daß an den systematisch organisierten Verbrechen Deutschlands im Zweiten Weltkrieg, begangen an Gefangenen wie an Zivilisten, nicht nur die SS-Einsatzgruppen, der Sicherheitsdienst (SD) und die Waffen-SS beteiligt waren. Die Ausstellung, die ausschließlich auf Akten deutscher Militärarchive und Gerichte sowie auf Feldpostbriefen und Fotos deutscher Wehrmachtsoldaten basiert, macht nachdrücklich klar, daß auch die Wehrmacht derartige Verbrechen verübte. Ein erschreckendes Beispiel sind die unter militärischen Gesichtspunkten völlig sinnlosen Grausamkeiten an der Zivilbevölkerung, welche die 6. Armee auf Befehl des fanatischen Generalfeldmarschalls von Reichenau beging.

Für uns, da sie uns am meisten betrafen, waren natürlich das Programm und die Paxis der Judenvernichtung die Hauptmerkmale des Nationalsozialismus. Gab es in der Menschheitsgeschichte je ein ähnliches Verbrechen wie den Holocaust? Revisionisten würden wahrscheinlich eine solche Frage bejahen. Stalin ließ Millionen Unschuldiger willkürlich ermorden. Die Türken verübten im Ersten Weltkrieg Völkermord an den Armeniern. Im Mittelalter war die Inquisition für ihre Grausamkeit bekannt, und noch früher, am Anfang des 13. Jahrhunderts, hinterließen die Feldzüge des Mongolenherrschers Dschingis-Khan blutige Spuren. Alle diese schrecklichen Verbrechen aber sind mit denen der Nazis nicht zu vergleichen. Dort waren es rücksichtslos verfolgte Ziele gewesen, Eroberungspläne, Machtansprüche und Rachegelüste, die unzählige Opfer gefordert hatten, manchmal auch – wie im Falle Dschingis-Khans – blinde Zerstörungswut, die sich in der Hitze der Schlacht zu primitivem Blutrausch steigerte. Nirgendwann in der Geschichte aber war es zu Verbrechen größeren Ausmaßes gekommen, für die sich als Ursachen nichtmaterielle Interessen finden ließen. Kein Volk hat jemals ein anderes vernichten wollen, ohne dessen Feind und ohne von ihm in irgendeiner Weise bedroht zu sein. Morde geschahen um der Vorteile willen, die sich der Verbrecher daraus versprach.

Um die Wende vom 12. zum 13. Jahrhundert gab es Dschingis-Khan. Er wollte Länder erobern, tötete, was sich ihm entgegenstellte, gedachte die Unterworfenen aber keineswegs auszurotten; sie sollten einmal »normale« Untertanen sein. Es gab die Inquisition, die Nichtgläubige verfolgte und alle abtrünnigen Christen, die Ketzer, um die einen in die Staatsreligion, die anderen auf den Scheiterhaufen zu führen, sofern sie nicht ihrer Untreue zur Kirche abschworen. Und das während des Ersten Weltkriegs von den Türken begangene Gemetzel an den Armeniern, so unvorstellbar grauenvoll es war, ließ immerhin denjenigen eine Chance, die als loyale Staatsbürger in die türkische Armee aufgenommen werden wollten.

Hätten Juden in der deutschen Wehrmacht dienen können? Wie ihre Mitbürger betrachteten sie das Land, in dem sie lebten, als ihr Vaterland. An ihrem Patriotismus gab es keinen Zweifel, im Ersten Weltkrieg hatten sie sich mit einem unverhältnismäßig hohen Anteil an Gefallenen, als tapfere Frontsoldaten bewährt. Die emotionale Bindung, der Glaube, sich mit Deutschland identifizieren zu müssen, war so stark, daß viele Juden sich in der Nazi-Zeit weigerten zu emigrieren. Später vertrauten sie darauf, das Regime würde nur von kurzer Dauer sein. Meine Mutter, die vor der Nazi-Zeit als junges Mädchen allein nach Palästina gekommen war und dort ihren künftigen Mann kennengelernt hatte, zerstritt sich mit ihrer Familie, als sie erklärte, sie käme nicht mehr nach Deutschland zurück – wie konnte ein deutsches Kind die angestammte Heimat verlassen und anderswo leben wollen?

Nein, auch nicht mit allergrößter Phantasie hätte sich jemand im Ernst vorzustellen vermocht, die Juden seien Feinde Deutschlands. Sie waren, soweit sie in Deutschland lebten, stolz auf ihr Land, und unter den Juden anderer Völker, vor allem der osteuropäischen, gab es zahllose Anhänger und Bewunderer der deutschen Sprache und Kultur. Juden haben als erste die deutsche Sprache in Polen, in Rußland und der Ukraine, im Baltikum, in den Balkanländern und im Gebiet der ehemaligen Tschechoslowakei eingeführt. Und wenn sie nicht deutsch miteinander sprachen, dann jiddisch. Der Herkunft und seinem Kern nach ist das Jiddische nichts anderes als spätmittelalterliches Deutsch, mit weitgehend unverändertem Wortschatz.

Nachrichtensendungen in dieser Sprache sind, zweimal täglich, noch heute auf einer bestimmten Welle des israelischen Rundfunks zu empfangen. Vorwiegend für Hörer aus osteuropäischen Ländern bestimmt, werden sie wegen der Nähe des Jiddischen zum Deutschen nicht selten auch von deutschsprachigen Israelis frequentiert, gelegentlich auch von deutschen Gästen, die sich dann mehr oder minder zufällig mit einem Stück Entwicklungsgeschichte ihrer Muttersprache überrascht sehen – so wie jene Gruppe deutscher Journalisten, die ich einmal in meinem Büro im Auswärtigen Amt in Jerusalem empfing. Sie kamen in ausgelassen fröhlicher Stimmung und lachten, bis ich den Grund ihrer Heiterkeit erfuhr: Sie hatten im Radio Nachrichten auf jiddisch gehört, darunter die Meldung, Golda Meir habe israelische Truppenteile am Suezkanal besucht. Die Ministerpräsidentin, hieß es, habe sich in einer der Stellungen aufgehalten, um mit den Soldaten zu »schmusen«. Ich hatte, mit der deutschen Sprache noch kaum vertraut, alle Mühe, den von dieser Nachricht offensichtlich stark beeindruckten Gästen zu erklären, daß »schmusen« das jiddische Wort ist für »sich unterhalten« oder »plaudern«.

Die ostjüdische Kultur in Polen mit dem Jiddischen als täglicher Umgangssprache blieb im Ersten Weltkrieg von den deutschen Militärs unangetastet, ebenso wie die jüdische Bevölkerung selbst. Man behandelte sie anständig und sah in ihr eine den eigenen Landsleuten nahestehende, durch gemeinsame Sprachwurzeln sogar verbundene Gemeinschaft, die das Leben der deutschen Besatzung in mancher Hinsicht erleichtern konnte. Viele polnische Juden waren denn auch, als die Deutschen 1939 in ihr Land einfielen, zunächst nicht weiter beunruhigt. »Man wußte ja, wofür die Deutschen standen«, sagte meine Schwiegermutter Regina Herschenberg, eine polnische Jüdin und eine der wenigen Auschwitz-Überlebenden, als sie mir von ihren damaligen Erfahrungen berichtete. Die Eltern hatten die Gerüchte, die über die Nazis in Umlauf waren, als Kriegspropaganda abgetan: »Wir kennen die Deutschen doch, wir haben sie schon im Ersten Weltkrieg erlebt. Von deren Seite kann uns nichts Schlimmes passieren.«

Theodor Herzl, Begründer des Zionismus und Prophet des Staates Israel, dessen Bild als einziges in der Knesset hängt, hatte sogar die Idee, Deutsch zur offiziellen Sprache des künftigen jüdischen Staates zu machen. Sie sei nicht nur die würdigste Sprache, sie stehe auch für die beliebteste Kultur, sei unter den Juden in aller Welt am meisten verbreitet, Deutsch wäre für das neue Israel aus ideologischen wie pragmatischen Gründen die einzig richtige neue Landessprache, man solle sich auf ihre Einführung vorbereiten. Der Gedanke hat sich nicht realisieren lassen, die Sprache der Bibel erwies sich für den Zusammenhalt der Juden als stärkeres Bindemittel. Dennoch deutet Herzls Idee, Deutsch zur gemeinsamen Sprache des jüdischen Volks zu machen, auf den Rang, den nicht allein die deutsche Sprache einmal im Bewußtsein der Juden eingenommen hat, in Europa wie auf dem amerikanischen Kontinent.

Was wäre, haben wir uns oft angesichts ihres grenzenlosen Patriotismus gefragt, aus den deutschen Juden geworden, wenn sie sich, statt Verfolgte zu sein, voll in den NS-Staat integriert hätten? Hätte sich dieser Staat, mit ausgeklammerter »Judenfrage«, trotzdem zu dem entwickelt, der er war? Hätte alles einen gleich schlimmen Verlauf genommen, nur daß für den Holocaust ein anderes Volk ausgesucht worden wäre?

Wären die Juden mit dem Übermaß ihres Patriotismus gute Nazis geworden und Mitläufer wie alle anderen in Deutschland?

Einen Teil der Antwort darauf gab Marcel Reich-Ranicki 1995 während einer Podiumsdiskussion im deutschen Fernsehen. Ihm, der in den dreißiger Jahren als Schüler in Berlin lebte, wurde als selbstverständlich unterstellt, daß er als Jude gefeit gewesen sei gegen die Verführung Hitlers, aber: »Wären Sie auch als Nichtjude gefeit gewesen?« Reich-Ranicki antwortete: »Ich glaube, daß dazu nicht einmal die Konzentrationslager, von denen ich damals nicht sehr viel wußte, nötig waren. Ich hätte ein Regime nicht unterstützt, das die Bücher von Heine aus den Bibliotheken zurückgezogen hat, das die Werke von Brecht verbrannte, das Thomas Mann ausgebürgert hat und das auch noch die Kritik als Institution beseitigt hat. Glauben Sie mir, das wäre nicht mein Regime, auch wenn ich ein Arier wäre.«

Es konnte im Grunde nicht in Deutschlands Interesse liegen, die Juden zu Feinden zu erklären. Es konnte kein Vorteil daraus erwachsen, Juden zu vernichten. Hatte jemals zuvor ein Volk soviel Mühe und Energie auf ein Ziel verwandt, das ihm keinerlei Gewinn bringen konnte? Doch nicht nur, daß ihm die Judenvernichtung keine Vorteile eintrug, Deutschland erlitt, was schwerer wog, nur Nachteile. Hierzu gehört der Verlust an Wissenschaftlern und Künstlern, an Intellektuellen jeder Art. Von den fünfundfünfzig Nobelpreisträgern, die es vor dem Zweiten Weltkrieg in Deutschland und Österreich gab, waren dreiundzwanzig jüdischer Abkunft, wobei der Anteil der Juden an der Gesamtbevölkerung weniger als ein Prozent betrug. Die letzten mit dem Nobelpreis Geehrten hatten die Auszeichnung erhalten, nachdem sie den Nazis entkommen waren.

Diese aber, die Ideologen und Funktionäre des Dritten Reichs, interessierte das nicht. Später versagte ihr Interesse auch da, wo es nach ihren eigenen Kriterien besonders gefordert war, nämlich in der Rüstungsstrategie, bei der Organisation des Nachschubs für die kämpfende Truppe und bei Rettungsaktionen zur Entlastung und Rückführung bedrängter Heereseinheiten. Dringend benötigte Transportmittel wurden mit Vorrang zur Judenvernichtung eingesetzt. »Zu den grausigsten Absurditäten des Rußland-Feldzuges zählt, daß Eichmanns endlose Deportationszüge ungehindert in die Vernichtungslager fuhren, während für den Nachschub der Wehrmacht die Güterwagen der Reichsbahn fehlten. Immer wieder sandte die im Osten kämpfende Truppe verzweifelte Notrufe an das Führerhauptquartier. Aber offenbar nahm Hitler eher die Niederlage in Kauf, als daß er, aus Mangel an Eisenbahnwaggons, auf den Massenmord an den Juden verzichtet hätte.«

Generalfeldmarschall Fedor von Bock, Chef der Heeresgruppe Mitte, aus dessen Kriegstagebuch das Zitat stammt, ist unverdächtig, ein Gegner Hitlers gewesen zu sein. Als sein Neffe Henning von Tresckow ihn beschwor, gegen die Untaten der SS einzuschreiten, wehrte er entschieden ab, und die Attentäter vom 20. Juli 1944 verurteilte er als Verbrecher. Aber er macht die Prioritäten der deutschen Kriegführung deutlich und liefert damit Argumente gegen die relativierenden Thesen der Revisionisten, wonach der organisierte Judenmord lediglich die beiläufige Antwort war auf anderswo begangene Verbrechen.

Daß es in Deutschland, ausgelöst durch den sogenannten Historikerstreit, in den achtziger Jahren zu einem vom Ausmaß der eigenen Schuld ablenkenden Revisionismus kommen konnte, mit Diskussionen, die bis heute anhalten, erschreckt fast mehr als die sich fortwährend wiederholenden Meldungen über Ausschreitungen der Neonazis. Die Raufbolde in den Straßen mit ihren Nazi-Emblemen und -Parolen machen zwar angst, doch solange die Intelligenz nicht hinter ihnen steht, können sie kaum auf Unterstützung aus breiteren Bevölkerungsschichten hoffen. Andernfalls würde ihr Gedankengut sich wie eine Seuche verbreiten.

Für die Zukunft aber liegt eindeutig Gefahr darin, daß der Revisionismus allmählich an Boden gewinnt. Denn bei denjenigen, die ihm das Wort reden, handelt es sich häufig um gebildete und zum Teil namhafte Personen. Ihren Überzeugungen und dem Einfluß, den sie in der Öffentlichkeit ausüben, wird man deshalb um so entschiedener entgegentreten müssen. Als ich 1995 für das Wochenmagazin der »Frankfurter Allgemeinen Zeitung« den »Fragebogen« ausfüllte und auf die Frage stieß »Was verabscheuen Sie am meisten?«, habe ich mit der Antwort nicht lange gezögert: »Revisionisten«.

Am Anfang der Mission

Die zwiespältigen Eindrücke, die ich im Laufe der achtziger Jahre von Deutschland gewann, haben – zusammen mit dem Wissen um die immer enger und intensiver werdende Zusammenarbeit zwischen Israel und Deutschland – dazu geführt, daß mir dieses Land zu einem zunehmend größeren Rätsel wurde. Die Neugier auf dessen Lösung wuchs mit der Erkenntnis, daß Deutschland ein unverzichtbarer Bestandteil der Europäischen Union geworden war, für die ich mich so interessierte.

Seit ich 1987 Botschafter in Brüssel war, verwandelte sich mein Interesse an Deutschland in eine pragmatische Haltung. Zum ersten Mal ergab sich Gelegenheit zu einer sachlichen Begegnung mit Deutschen innerhalb der verschiedenen Gremien der Europäischen Gemeinschaft und der Nato. In die Bundesrepublik fuhr ich zwar noch immer nicht, doch mein Verhältnis zu dem Land wurde ein anderes. So wäre es mir zum Beispiel nicht mehr eingefallen, deutsche Waren aus meinem Haus zu verbannen oder keine deutschen Kollegen einzuladen. Ein ganz entspanntes, normales Verhältnis also – doch was hinderte mich, ins Nachbarland zu reisen? Ich wußte es nicht, und es sollte noch Jahre dauern, bis ich eine Antwort darauf fand.

1989, im Jahr, als die Berliner Mauer fiel, hatte ich das Gefühl, daß sich meine Einstellung Deutschland gegenüber grundsätzlich gewandelt hatte. Die erwähnte Rede vor der

Versammlung der »Freunde der Hebräischen Universität«, in der ich emotionslos und sachlich von der bevorstehenden Wiedervereinigung sprach, machte mir selber deutlich, daß sie das Ergebnis einer langjährigen inneren Entwicklung war. Anderen schien die damalige Situation noch nicht so einfach; allein schon der Gedanke an die sich abzeichnende Möglichkeit einer Wiedervereinigung weckte Vorbehalte und Ängste, nicht nur in Europa.

Bekannt ist das Wort des französischen Außenministers Maurice Couve de Murville aus den sechziger Jahren: »Wir lieben Deutschland, wir lieben es sogar so sehr, daß wir uns freuen, daß es zwei davon gibt!« Scherzhaft gemeint, enthielt diese Äußerung den durchaus ernstzunehmenden Wunsch, die Teilung Deutschlands möge noch recht lange anhalten, eine Auffassung, deren Geist Ende der achtziger Jahre keineswegs aus dem europäischen Bewußtsein verschwunden war. Mit dem Blick auf eine mögliche Wiedervereinigung war in Leitartikeln sogar vom kommenden »Vierten Reich« die Rede. Ich selber konnte mit dem Begriff wenig anfangen, hielt die damit verbundenen Befürchtungen für unbegründet und war dank meiner politischen Erziehung, die mit Ben Gurion begonnen hatte, nicht geneigt zu glauben, daß aus Deutschland in einem vereinigten Europa ein neues Drittes oder ein Viertes Reich hervorgehen könne.

In Israel waren allerdings nicht alle dieser Ansicht. Jitzhak Shamir, der Regierungschef, wurde am 15. November 1989 von einem amerikanischen Fernsehsender live zur aktuellen Lage in Deutschland und zu seiner Einschätzung einer eventuellen Wiedervereinigung befragt. Shamir betonte die Sondereinstellung des jüdischen Volks zu einem derartigen Akt und äußerte Bedenken im Hinblick auf Entwicklungen, die dahin führen könnten. Mehr wollte er zunächst

nicht sagen, und er schloß mit der Annahme, die Wiedervereinigung käme wahrscheinlich nie. Im Zusammenhang mit
der Antwort auf eine andere Frage ergänzte er jedoch. »Wir
erinnern uns alle, was das deutsche Volk, was die Deutschen
uns angetan haben, als sie vereinigt und stark waren. Die
große Mehrheit des deutschen Volkes beschloß, Millionen
von Juden zu ermorden, und jeder bei uns könnte denken,
daß, hätten die Deutschen wieder eine Gelegenheit, der
stärkste Staat in Europa beziehungsweise der Welt zu sein, sie
es wieder versuchen würden. Ich weiß nicht, ob es so sein
wird, ob solch ein Verdacht begründet ist, auf jeden Fall aber
kann jeder unsere Angst verstehen.«

Von diesen Äußerungen zeigte sich der deutsche Bundeskanzler sichtlich betroffen. In einem längeren Schreiben vom
1. Dezember 1989 ließ Helmut Kohl den israelischen Ministerpräsidenten wissen, er halte Shamirs Urteil »für geeignet,
unsere sonst guten und spannungsfreien Beziehungen zu belasten. Wie Sie, Herr Premierminister, bin ich der Meinung,
daß die im deutschen Namen begangenen Untaten nicht verdrängt werden dürfen ... Andererseits aber bin ich der
Überzeugung, daß Sie als Regierungschef des uns befreunde-
ten Staates Israel mit Ihrem Urteil den heutigen Deutschen –
in beiden deutschen Staaten – nicht gerecht werden, ja ihnen
Gerechtigkeit verweigern.« Die Deutschen in der Bundesrepublik, schrieb Kohl, seien »über die Europäische Gemeinschaft und die Atlantische Allianz in die Wertegemeinschaft
des Westens eingebunden. Über vierzig Jahre hindurch haben sie unter Beweis gestellt, daß sie aus der Geschichte gelernt haben.«

Kohl bat Shamir, das Zusammengehörigkeitsgefühl der
Deutschen in West und Ost nicht als »Kennzeichen eines
neuen Nationalismus« zu deuten. Er schloß mit dem Aus-

druck des Willens zu einer gerechten und dauerhaften europäischen Friedensordnung, »in der auch das deutsche Volk in freier Selbstbestimmung seine Einheit wiederfindet. Niemand in Ost und West wird ein Votum aller Deutschen für die Einheit ihres Landes ignorieren oder als nicht berechtigt in Frage stellen können. Von einem demokratischen und nach rechtsstaatlichen Prinzipien regierten Deutschland wird für niemanden in Europa oder sonstwo eine Bedrohung ausgehen. Insofern, so finde ich, verbietet sich jede Parallele zum nationalsozialistischen Unrechtsregime.«

Shamir dankte in seinem Antwortbrief vom 10. Dezember Helmut Kohl für dessen »offene Ausdrucksweise«, er werde in gleicher Art antworten. Die dramatischen Ereignisse in Osteuropa würden hoffentlich »zu einer besseren und stabileren Welt führen«, wenngleich niemand sagen könne, »zu welchem Ergebnis die jetzige Woge der Begeisterung und der Emotionen letztlich führen wird – am wenigsten das jüdische Volk. Unsere geschichtliche Erfahrung mit Deutschland in den dreißiger und vierziger Jahren dieses Jahrhunderts hat sich unauslöschbar in unser Gedächtnis eingegraben. Wir können die Bilder der jubelnden Massen in den dreißiger Jahren und das, was sich daraus ergab, nicht vergessen. Wir bewahren in uns das Andenken an die Juden, die dann während des Holocausts in den vierziger Jahren ermordet wurden. Das jüdische Volk mußte infolge dieser Entwicklungen unbeschreibliches und unvorstellbares Leid ertragen.«

Eindringlich erinnerte Shamir daran, wie anders sich die Lage seines Volks und Israels darstellte, wären jene Millionen nicht umgebracht worden. »Als Ministerpräsident dieses Staates habe ich die Pflicht, unsere Zweifel und Ängste zum Ausdruck zu bringen. Unsere Ansichten in dieser Frage können jedoch nicht so ausgelegt werden, als beeinträchtigten sie die besonderen Beziehungen, die im Laufe der Jahre mit großer Sorgfalt zwischen uns und der Bundesrepublik entwikkelt worden sind.«

Die Vorbehalte in Israel gingen jedoch nicht nur auf die Erfahrungen der NS-Zeit zurück. Bedenken entstanden auch im Zusammenhang mit der Frage, mit wem die Bundesregierung sich da vereinigen wollte: War es eine zweite deutsche Demokratie, deren Kräfte mit denen der Bundesrepublik einfach nur zu bündeln waren? Die DDR war, kein Zweifel, eine Diktatur gewesen, ein Teil Deutschlands, der mit der kurzen Ausnahme der Weimarer Republik nie eine wirklich demokratische Atmosphäre gekannt und seiner Jugend keine demokratischen Werte vermittelt, sie vielmehr zu folgsamen Untertanen erzogen hatte. Ein Polizeistaat, der sich Israel gegenüber besonders feindselig verhielt, ein Land, das uns die Anerkennung verweigert hatte und nicht bereit gewesen war, sich wie die Bundesrepublik zu ihrem Teil der Verantwortung in bezug auf die Verbrechen der NS-Zeit zu bekennen. Ein Staat, der sich im gesamten Ostblock, der – mit Ausnahme Rumäniens – 1967 die Beziehungen zu uns abbrach, mit besonderer Gehässigkeit gegen Israel hervorgetan hatte.

Diese Sonderrolle der DDR im sowjetischen Herrschaftsbereich und dessen Verhältnis zu Israel hatte eine gewisse Tradition. Die Sowjetunion selbst hat 1947 immerhin in der Vollversammlung der Vereinten Nationen dem Ende des britischen Mandats in Palästina und der Zweiteilung des Landes zugestimmt, ebenso alle ihre Satelliten. 1948 war sie es gewesen, die als erster Staat – noch vor den Amerikanern und Franzosen – die Unabhängigkeit Israels anerkannte. Der Periode der Abkühlung der sowjetisch-israelischen Beziehungen bis zu deren totalem Abbruch 1967 folgte eine kurze

Unterbrechung, während der die Sowjets einen vorübergehenden offiziellen Kontakt mit uns nicht vermeiden konnten.

Es war im Dezember 1973, nach dem Yom-Kippur-Krieg, den die Ägypter »Oktober-Krieg« nennen. Er war, als sich für Israel der Sieg abzeichnete, von den beiden Weltmächten, den USA und der Sowjetunion, am 21. Oktober durch einen erzwungenen Waffenstillstand beendet worden. Die Außenminister Henry Kissinger und Andrej Gromyko hatten sich bei ihrem überraschenden Treffen in Moskau nicht nur auf diese Waffenruhe geeinigt, sondern darüber hinaus auch eine Friedenskonferenz verlangt. Auf ihr sollten zum ersten Mal, seit der Staat Israel existierte, Israelis und Vertreter der arabischen Staaten gemeinsam an einem Tisch verhandeln.

Wegen der Weigerung Syriens, an ihr teilzunehmen, wurde die Konferenz mit dreitägiger Verzögerung am 21. Dezember 1973 in Genf eröffnet. Vorsitzender war der Uno-Generalsekretär Kurt Waldheim; die Schirmherrschaft lag bei den Sowjets und den Amerikanern, deren Außenminister anwesend waren. Ihre Rolle machte es den Russen unmöglich, nicht zu allen Beteiligten Kontakt aufzunehmen. So kam es, daß Andrej Gromyko zum ersten Mal nach langen Jahren wieder einen israelischen Politiker empfing, den Leiter unserer Delegation, Außenminister Abba Eban. Als deren Sprecher war ich Zeuge der Begegnung in Gromykos Hotelsuite. Der Russe war zwar übertrieben bemüht, Abstand zu uns zu halten, versicherte zugleich aber, er sei kein Gegner des Existenzrechts Israels. »Wir waren immer der Meinung, Israel habe das Recht zu existieren.« Dabei hob er den rechten Arm, wies mit dem Zeigefinger der linken Hand darauf und erklärte: »Diesen Arm erhob ich 1947 in der Vollversammlung der Uno, um die Entstehung eines Staates Israel zu ermöglichen!«

Von ähnlichen Gesten war die DDR weit entfernt. Lediglich ein bekannter DDR-Politiker, Paul Merker, Altkommunist und Mitglied der SED-Parteispitze, hatte 1948 die Unabhängigkeit Israels befürwortet, ebenso die Schadenserstattung für jüdisches Vermögen, das von den Nazis enteignet worden war. Beides wurde ihm zum Verhängnis. Im Dezember 1952 wurde er verhaftet und beschuldigt, ein Zionist zu sein – zur damaligen Zeit in der DDR ein Verbrechen. Vor seiner Verurteilung als »Verräter« rettete ihn nicht der Hinweis, daß seine Äußerungen von 1948 seinerzeit der offiziellen Politik des Sowjetblocks entsprachen. Vergeblich führte er zur Verteidigung einen Leitartikel im »Neuen Deutschland« aus dem Jahr 1948 an, der die arabischen Länder wegen ihrer Aggressionen gegen Israel scharf attackiert und sie beschuldigt, auf der Suche nach Nazi-Verbrechern gewesen zu sein, um sie im Nahen Osten im Kampf gegen die Juden einzusetzen.

Erst Mitte der achtziger Jahre begann sich die DDR-Politik gegenüber Israel zu mäßigen. Das hatte nicht zuletzt wohl auch wirtschaftliche Gründe und hing mit dem damals schon maroden Zustand der Staatsfinanzen zusammen, für die, sofern es überhaupt eine Rettung gab, Hilfe nur aus dem Westen kommen konnte. Vielleicht spukte in den Köpfen der DDR-Oberen, wie seit fast hundert Jahren unter Antisemiten, der Glaube an das »Protokoll der Weisen Zions«, die berüchtigte Fälschung der Geheimpolizei des russischen Zaren aus dem vorigen Jahrhundert, welche die Juden als Teilnehmer einer Weltverschwörung – und damit auf dem Weg zur Weltmacht – darstellt. Vor der erwarteten Hilfe aus dem Westen, dachten sie, müßten sich die Beziehungen zu Israel verbessern.

Tatsächlich gestaltete sich das Leben der winzig kleinen jüdischen Gemeinden in der DDR von da an leichter, die Behinderungen bei Kontaktaufnahmen zu jüdischen Organisationen in anderen Ländern fielen fort. Die große Hauptsynagoge in Berlin, heute Sitz des Centrum Judaicum, wurde weitgehend restauriert, und am 9. November 1988 initiierten die DDR-Behörden erstmals eine offizielle Veranstaltung zum Gedenken an die »Reichskristallnacht«. Damals war es deren fünfzigster Jahrestag.

Zu den Versuchen der DDR, sich mit den Juden besserzustellen, gehörten auch Einladungen an Juden aus dem westlichen Ausland. Offizielle Kontakte zu Israel aber blieben nach wie vor streng untersagt. Das Touristenvisum, das Israelis neuerdings für Reisen nach Ostdeutschland beantragen konnten, war als Teil der Bestrebungen der DDR zu sehen, durch die Lockerung der Einreisebestimmungen für ausländische Besucher der chronischen Devisennot abzuhelfen. Ich wußte, daß mich mein Amtskollege in Brüssel, der DDR-Botschafter Ernst Walkowski, nie ansprechen würde. Wenn wir uns einmal begegneten, etwa auf einem offiziellen Empfang, sah er durch mich hindurch, als bestünde ich aus Glas.

Daß die DDR selbst gegen Ende der achtziger Jahre nicht davon abließ, gegen Israel gerichtete Terroranschläge zu unterstützen, deutete auf einen im Grunde unveränderten Kurs ihrer Politik gegenüber unserem Land. Die schwersten Anschläge wurden 1987 und 1988 in einem Trainingslager für palästinensische Extremisten in der Nähe von Buchenwald organisiert – ausgerechnet hier, an einem Ort mit symbolträchtigem Namen. Im Ost-Berliner Palasthotel, dem heutigen Radisson SAS Berlin, hielt sich Abu Nidal auf, ein enger Vertrauter des international gesuchten Terroristen »Carlos«.

Die Anschläge auf Einrichtungen der israelischen Fluggesell-schaft EL-AL auf den Flughäfen von Rom und Wien Ende 1987 mit Dutzenden von Toten und enormen Sachschäden wurden von hier aus gesteuert. Im Januar des darauffolgen-den Jahres beschossen Terroristen die große Synagoge in Istanbul während eines Gottesdienstes mit Granaten. Auch hier kam es zu einem Blutbad. Ein Fehlschlag, weil von israe-lischen Sicherheitsbeamten rechtzeitig entdeckt, war der Ver-such, auf dem Londoner Flughafen Heathrow eine Bombe in eine EL-AL-Maschine zu schmuggeln. Der mißglückte An-schlag im Jahr 1988 ging zwar auf das Konto des syrischen Geheimdienstes, Spezialisten aus der DDR aber hatten daran mitgewirkt.

Die DDR-Regierung bestritt natürlich, mit diesen Vorfäl-len zu tun zu haben. Aber als wir im Januar und März 1990 mit ihr verhandelten, gab uns Ministerpräsident Modrow durch den Leiter der Nahost-Abteilung seines Außenministe-riums, Botschafter Neumann, das schriftliche Versprechen, die Ausbildung von Terroristen bei Buchenwald und jede an-dere Unterstützung politischer Gewalttäter einzustellen.

Die Gespräche mit Botschafter Neumann waren übri-gens im Dezember 1989 durch mich in Gang gekommen. Damals rief mich in Brüssel überraschend mein DDR-Kollege Walkowski an und bat um einen Gesprächstermin. Er zeigte sich, als er kam, ausnehmend freundlich, ich hatte für ihn of-fenbar meine gläserne Transparenz verloren. Zweck des Be-suchs war, mir im Namen seiner Regierung die Aufnahme di-plomatischer Beziehungen anzubieten. Im Januar des folgen-den Jahres kamen aufgrund des Berichts, den ich nach Jerusalem geschickt hatte, tatsächlich – und zwar in Däne-mark – Gespräche zwischen Abgesandten Israels und Unter-händlern der DDR, darunter Botschafter Neumann, zustande. Ihre Fortsetzung erübrigte sich aber bald infolge der weiteren innerdeutschen Entwicklung.

Bei der Übernahme meiner Amtsgeschäfte in Bonn existierte die DDR nicht mehr, für mich blieb sie ein Mysterium. In Gesprächen habe ich zwar viel über die Mentalität und den Lebensalltag der ehemaligen DDR-Bevölkerung gehört, das Wissen darum aber bleibt oberflächlich, wenn nicht gefühlsmäßige Erfahrungen dazukommen.

1994, kurz nach meiner Ankunft in Deutschland, besichtigte ich zum ersten Mal die Gedenkstätte des Konzentrationslagers Buchenwald. Ein Historiker führte mich und zeigte mir auch das zu DDR-Zeiten errichtete »Museum des antifaschistischen Widerstandes der DDR: Zur Geschichte des KZ Buchenwald«. Postergroße Fotografien an den Wänden zeigten die Befreiung des Lagers im Jahr 1945. Schriftliche Erklärungen fehlten, aber man erkannte eindeutig, daß es Soldaten der Roten Armee waren, die hier als Befreier auftraten. Total entkräftete Lagerinsassen jubelten ihnen zu. Einige Häftlinge waren bewaffnet, denn die Befreiung hatte, so war den an dieser Stelle angebrachten Texten zu entnehmen, mit einem bewaffneten Aufstand gegen die Wachmannschaften begonnen.

Als wir den Rundgang beendet hatten, fragte der Führer nach meinen Eindrücken. Er wollte wissen, ob mir etwas Besonderes aufgefallen sei. Ich zögerte, ließ dann aber höflich und mit gebotener Vorsicht durchblicken, meiner Erinnerung nach seien es nicht die Sowjets, sondern die Amerikaner gewesen, die das Lager befreiten. Ich könne mich zwar irren, aber –. »Nein, nein«, unterbrach mich mein Gegenüber, »Sie haben völlig recht.« Und er erzählte mir, daß man das Museum bewußt in dem Zustand belassen habe, in dem es sich zu DDR-Zeiten präsentierte, als Beispiel einer grandiosen Geschichtsklitterung, von der auch die Fotomontagen an den Wänden zeugten.

Fälschungen dieser Art waren mir aus anderen kommunistischen Ländern bekannt. So erinnerte ich mich an Pressemitteilungen aus der Sowjetunion, welche die Bevölkerung anwiesen, aus einer offiziellen Enzyklopädie bestimmte Seiten zu entfernen, um sie durch solche zu ersetzen, die gerade die neueste Lesart irgendwelcher Thesen wiedergaben oder altgewohnte Dogmen außer Kraft setzten, sie sozusagen aus dem offiziellen Gedächtnis strichen. Ich lächelte also verständnisvoll – war das nicht alles Vergangenheit? War diese Welt nicht ein für alle Male verschwunden?

Ein Jahr später war ich dessen nicht mehr so sicher. Es war der 9. April 1995. Zur Feier des fünfzigsten Jahrestags seiner Befreiung sah ich das KZ Buchenwald wieder, diesmal als offizieller Gast neben vielen anderen, auch solchen aus dem Ausland. Außer der Gedenkrede von Bernhard Vogel, dem thüringischen Ministerpräsidenten, waren Ansprachen von Vertretern der Delegationen ehemaliger Häftlinge sowie von Exsoldaten der amerikanischen Armee vorgesehen.

Als ich mich dem Appellhof näherte, wußte ich nicht, ob ich träumte oder Außenaufnahmen zu einem Film beiwohnte: Der ganze Platz war rot von kommunistischen Fahnen mit dem Hammer-und-Sichel-Emblem. Als Bernhard Vogel seine Rede mit dem Dank an die Dritte US-Armee begann, die das Lager befreit hatte, unterbrach ihn wütendes Protestgeschrei. Immer wieder von empörten Zwischenrufern gestört, hatte er mühe, die Ansprache zu beenden. Danach ergriff Emil Carlebach das Wort. Der Repräsentant der ehemaligen Buchenwald-Häftlinge legte sich weder auf die Amerikaner noch auf die Russen als Lagerbefreier fest, als Kommunist aber, der er war, glaubte er, diese Rolle pauschal seinen Genossen zuweisen zu müssen. Kommunisten also war, Carlebach zufolge, die Befreiung zu danken, und niemand erhob dagegen Widerspruch.

Für die Wahrheit trat erst Naphtali Lau-Lavie als Zeuge auf. Der Israeli, Vertreter der ehemaligen jüdischen Lagerhäftlinge, war bei Kriegsende siebzehn Jahre alt. Nüchtern schilderte er, wie es vor dem Eintreffen der Amerikaner am 11. April von seiten der kommunistischen Mitgefangenen in Buchenwald nicht an solidarischer Hilfe, vor allem für Kinder und Jugendliche, gefehlt hatte. Lavie konnte sich auch an Versuche der Kommunisten zur Selbstbefreiung erinnern. Sie mußten, zwangsläufig, an den gegebenen Umständen scheitern – »bis zu dem Tag, an dem die amerikanische Armee hier hereingekommen ist. Nur so hat man uns gerettet. Das ist die Wahrheit, und diese Wahrheit müssen wir anerkennen.« Er erhielt zwar keinen Beifall für die Rede, wurde aber auch nicht, wie der Ministerpräsident vor ihm, niedergeschrien.

Wie würden die Medien auf dieses unglaubliche Ereignis reagieren? Ich war gespannt. Kaum eine größere Zeitung in Ost und West, kaum ein Hörfunk- oder Fernsehsender, der sich der skandalösen Seite der Veranstaltung annahm und sie entsprechend kommentierte. Das ließ mich frustriert zurück und mit dem unguten Gefühl, die Menschen in den östlichen Bundesländern jetzt noch weniger zu verstehen als zuvor. Es brauchte einige Zeit, um den Unterschied zu begreifen zwischen ideologisch verkrampften, noch immer an alten Dogmen hängenden Kommunisten auf der einen Seite und dem Gros der ehemaligen DDR-Bevölkerung auf der anderen.

Für unsere Sorgen vor dem Einfluß, den die DDR nach der Wiedervereinigung auf Gesamtdeutschland ausüben könnte, blieben die in letzter Minute vorgenommenen Kurs-

Als Leutnant einer Infanterie-Elitetruppe der israelischen Armee, 1957.

Als Botschafter in Dahomey (heute Benin), 1963. Jagdausflug mit Präsident Hubert Maga (dritter von rechts) und Außenminister Emile Derlin Zinsou (ganz rechts).

Das berühmte Treffen zwischen Konrad Adenauer und David Ben Gurion am 14. März 1960 im Hotel Waldorf Astoria in New York.

Demonstration gegen den Besuch von Alt-Bundeskanzler Adenauer in Tel Aviv am 2. Mai 1966.

Mit dem vormaligen israelischen Justizminister und Generalstaatsanwalt Gideon Hausner, dem Ankläger Adolf Eichmanns, 1970 in Paris.

Mit dem israelischen Außenminister Abba Eban (rechts) anläßlich der
1. Arabisch-Israelischen Friedenskonferenz in Genf am 21. Dezember 1973.

Als Gesandter in Paris mit Botschafter Asher Ben Natan (zuvor erster israelischer Botschafter in Bonn) und Außenminister Yigal Alon (rechts), 1975.

Als Botschafter in Brüssel mit Außenminister Shimon Peres (links) und dem Präsidenten der EG-Kommission, Jacques Delors, Juni 1988.

Anläßlich ihrer ersten Israelreise empfangen die niederländische Kronprinzessin Beatrix (rechts) und Prinz Claus (links) die Eltern des Autors, Joseph und Selma Primor, Mai 1976.

Mit Mutter Selma und den Söhnen Adar und Guy anläßlich des religiösen Laubhüttenfestes 1978 in Jerusalem.

Als Botschafter in Bonn. Übergabe des Beglaubigungsschreibens an Bundespräsident Richard von Weizsäcker am 26. November 1993.

Mit dem ersten deutschen Botschafter in Israel, Rolf Pauls, anläßlich eines Empfangs in der Residenz des israelischen Botschafters im Anschluß an die Übergabe des Beglaubigungsschreibens am 26. November 1993.

Antrittsbesuch bei Ministerpräsident Johannes Rau in der Bonner Landesvertretung von Nordrhein-Westfalen, Dezember 1993.

Mit Bundeskanzler Helmut Kohl im Kaisersaal des Frankfurter Römers anläßlich des 250. Geburtstags von Meyer Amschel Rothschild am 28. Februar 1994.

Mit Bundespräsident Roman Herzog anläßlich seiner Vereidigung, 1. Juli 1994. Links Ehefrau Ziona, rechts Ehepaar von Weizsäcker und Christiane Herzog.

Hubschrauberflug mit den Präsidenten Roman Herzog und Ezer Weizman anläßlich des Staatsbesuchs des Bundespräsidenten im Dezember 1994.

Mit Ministerpräsident Jitzhak Rabin im Kanzlerbungalow in Bonn, 29. März 1995.

Königliches Segeln auf dem Ijsselmeer in Holland. Oben mit der niederländischen Königin Beatrix und Sohn Daniel im Sommer 1995, unten mit Prinz Claus und Sohn Daniel im Sommer 1996.

Mit Bundeskanzler Kohl
in Israel, Juni 1995.

Abendessen im Garten der Residenz von Ministerpräsident Jitzhak Rabin an-
läßlich des Israel-Besuchs von Bundeskanzler Kohl. Rechts vom Kanzler Frau
Leah Rabin, zu ihrer Rechten der Präsident des Obersten Gerichtshofes in Israel,
Meir Shamgar, und Avi Primor. Im Vordergrund Außenminister Shimon Peres.
Links vom Kanzler die Dolmetscherin, Ministerpräsident Rabin und Ziona
Primor. Juni 1995.

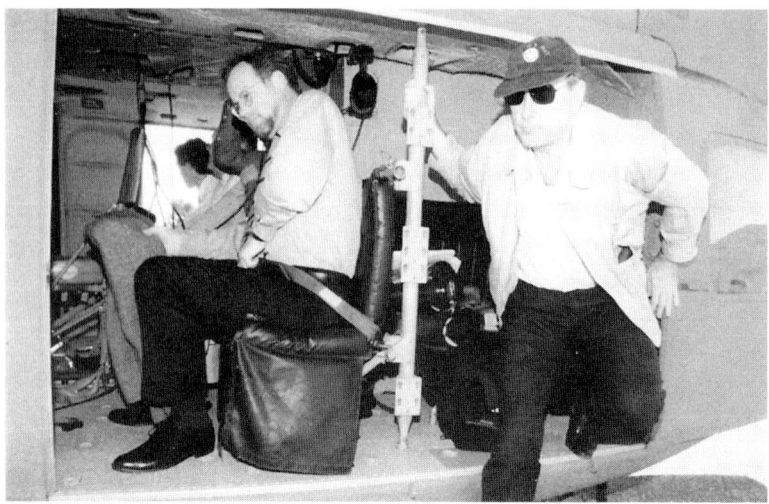

Erheiterung anläßlich der Begrüßung des neuen WDR-Intendanten Fritz Pleitgen durch Johannes Rau im Kölner Funkhaus am 30. Juni 1995. Neben dem Autor der CDU-Fraktionsvorsitzende von Nordrhein-Westfalen, Helmut Linssen (Mitte), und der Regierungspräsident von Köln, Franz-Josef Antwerpes (zweiter von links).

Mit dem damaligen SPD-Vorsitzenden Rudolf Scharping in Israel, Oktober 1995.

Mit dem damaligen Oppositionsführer Benjamin Netanjahu (Mitte) und dem Vorsitzenden des Auswärtigen Ausschusses im Deutschen Bundestag, Karl-Heinz Hornhues, in Bonn, 25. Oktober 1995.

Mit PLO-Chef Jassir Arafat anläßlich der Verleihung des Deutschen Medienpreises '95 in Baden-Baden, 23. November 1995.

Mit Bundesaußenminister Klaus Kinkel im Bonner Kanzlerbungalow, Dezember 1995.

Staatsbesuch von Präsident Ezer Weizman in Bonn. Abendessen zu Ehren des Staatspräsidenten und seiner Frau Re'uma (rechts) in der Residenz des israelischen Botschafters am 16. Januar 1996. Links die Gastgeber, Avi und Ziona Primor.

Mit Ministerpräsident Gerhard Schröder (rechts), VW-Chef Ferdinand Piëch (links) und dem Chef der israelischen Salzmeer-Werke, Uri Zvi Ben-Noon (Mitte) bei der Einweihung einer Magnesiumfabrik am Toten Meer, eines Gemeinschaftsunternehmens von VW und der Salzmeer-Werke, 11. Mai 1996.

Taufe des ersten in Deutschland gebauten israelischen U-Boots in Emden am 15. April 1996.

Ehrung für Kurt (posthum) und Herta Fuchs im Auftrag der Holocaust-Gedenk-
stätte Yad Vashem im Kulturamt der Stadt Dresden am 28. Februar 1996. Links
Ministerpräsident Kurt Biedenkopf.

Daniel Primor mit Schulfreund Konstantin in der Grundschule am Domhof in
Bonn. Daniel ist das erste israelische Diplomatenkind, das eine deutsche Schule
besucht.

korrekturen der DDR ohne Bedeutung. Wir lernten sehr bald, wie unbegründet unsere Befürchtungen gewesen waren: Um politischen Einfluß auf die Bundesrepublik nehmen zu können, hätte es mehr bedurft als eines mehr und mehr unglaubwürdig gewordenen Systems mit einer in vierzig Jahren abgenutzt und hohl gewordenen Propaganda. Sie hatte die Mehrheit der DDR-Bürger zuletzt immer weniger überzeugen können. Deren Wunsch war es vor allem, sich der demokratischen Welt anzuschließen, sie wollte sie weder erobern noch beeinflussen.

Das war deutlich auch der Zuschauerreaktion bei einer Podiumsdiskussion anzumerken, die das ORB-Fernsehen (Ostdeutscher Rundfunk Brandenburg) im Frühjahr 1996 in Berlin veranstaltete. Sie hing mit meinem Entschluß zusammen, die alljährliche Feier zum Unabhängigkeitstag Israels nicht wie bisher in Bonn, sondern erstmals in Berlin stattfinden zu lassen. Die Entscheidung fiel übrigens gegen die Meinung meiner Mitarbeiter, die wegen des Wechsels des Veranstaltungsorts befürchteten, die meisten Gäste würden der Einladung fernbleiben. Mir ging es indessen um eine Ehrung Berlins, der neuen, alten Hauptstadt, und um eine Geste in Richtung der ostdeutschen Länder und ihrer Menschen, die jahrzehntelang – zumindest für uns – in unerreichbar weiter Ferne gelebt hatten.

Die Idee des Senders, aus diesem Anlaß einen Israel-Abend zu veranstalten, zahlte sich aus. Die Diskussion, die live übertragen wurde, sollte sich vor allem mit den Beziehungen zwischen unserem Land und der ehemaligen DDR befassen – ein heikles Thema, dessen Brisanz vermutlich Gregor Gysi bewog, die Einladung zur Teilnahme »aus familiären Gründen« abzulehnen. Statt seiner war es dann der ehemalige DDR-Staatssekretär für Kirchenfragen, Kurt

Loeffler, der sich den Fragen der von Wibke Bruhns geleiteten Runde mit der Journalistin und Schriftstellerin Inge Deutschkron und dem Historiker Michael Wolffsohn stellte, vor einem Publikum aus dem Ostteil Berlins, das sich ebenso kritisch wie ungeduldig zeigte.

Loeffler hatte an diesem Abend wahrlich keinen leichten Stand. Seine Versuche, die DDR-Politik gegenüber Israel nachträglich zu rechtfertigen, blieben auf halbem Weg stekken. Vieles daran, räumte er ein, sei auch ihm unverständlich gewesen, manches habe er auch gar nicht gewußt. Alles in allem lief sein Diskussionsbeitrag eher auf ein »Mea culpa« hinaus als auf die Verteidigung unhaltbar gewordener Positionen.

Um so aufschlußreicher und ergiebiger war die Reaktion des Publikums. Sie ließ sich nicht nur an der Vielzahl, sondern mehr noch am durchweg zustimmenden Inhalt der Briefe messen, die ich hinterher in Bonn erhielt. Nur ein Herr, der sich selber als Kommunist definierte, schrieb, ich solle mich hüten, meinen Kopf allzuweit aus dem Fenster zu hängen, sonst fände ich ihn womöglich nicht mehr wieder . . .

Die Geschehnisse im Dezember 1989 vor dem sich abzeichnenden Ende der DDR, bei denen es zwischen ihr und Israel noch zu Verhandlungen in Dänemark kam, fanden eine für mich unerwartete Fortsetzung. Es war Moshe Arens, der damalige Außenminister Israels, der mich im Februar 1990 einlud, ihn nach Bonn zu begleiten. Zweck der Reise war ein Gespräch mit Bundesaußenminister Hans-Dietrich Genscher. Arens wollte drei Themen ansprechen. Zunächst ging es darum, die Wogen zu glätten, die der Briefwechsel zwischen Bundeskanzler Kohl und Ministerpräsident Shamir im Dezember 1989 in bezug auf eine eventuelle Wiedervereinigung verursacht hatte. Sodann sorgte sich Arens um unsere Kontakte zur DDR, das heißt, er konnte sich nicht denken, daß sie geheim geblieben waren; er fürchtete den Zorn der Bundesregierung, besonders Außenminister Genschers. Und schließlich wollte Arens seinem deutschen Kollegen die Schwierigkeiten unterbreiten, in die wir im Rahmen unserer Beziehungen zur EG geraten waren.

Dieses letzte Thema sollte ich erläutern. Ich war damals, wie gesagt, hauptsächlich mit unseren Belangen bezüglich der Europäischen Gemeinschaft befaßt, deshalb auch derjenige gewesen, der von Abel Matutes, dem für den Nahen Osten zuständigen EU-Kommissar, die Nachricht erhielt, daß die Kommission Sanktionen gegen Israel verhängt hatte.

Es war die Zeit der »Intifada«, des Palästinenseraufstands gegen die israelische Besatzung mit extremen Tätlichkeiten. Die Stimmung, die sich aus dieser angespannten Situation ergeben hatte, wirkte sich auf die diplomatischen Vertretungen Israels in der Welt verheerend aus. Ausschreitungen an den Hochschulen in den besetzten Gebieten führten dazu, daß Israel diese Lehranstalten schloß, was die EG-Kommission veranlaßte, von der Unterdrückung der Kultur in den besetzten Gebieten zu sprechen und die kulturelle und wissenschaftliche Kooperation zwischen der Europäischen Gemeinschaft und Israel einzustellen. Matutes, seit 1996 spanischer Außenminister, hatte die bittere Nachricht verbal zwar dahin abgeschwächt, daß er die Sanktionen mit dem französischen Wort »mesures« umschrieb, doch das änderte nichts an den Tatsachen. Wir wollten das Kind immer beim richtigen Namen genannt wissen. Israel hatte bis dahin oft unter Androhungen von Sanktionen seitens der internationalen Gemeinschaft zu leiden gehabt. Es war dies das erste Mal, daß sie in die Tat umgesetzt werden sollten. Einziger Zweck meiner Reise war der Versuch, Herrn Genscher zu erklären, wir seien der Ansicht, daß Deutschland sich nicht an dem Vorhaben beteiligen solle.

Es war mein allererster Besuch in Deutschland und in Bonn. Allerdings blieb ich nur diesen einen verschneiten Wintertag, übernachtet habe ich in einem Hotel auf dem Venusberg. Das Gespräch fand am nächsten Morgen im Auswärtigen Amt am Frühstückstisch statt. Was das erste Thema anging, so war Genscher offenbar an keinem Streit gelegen, er wollte keine Polemik. Als Arens zum Ausdruck brachte, er wolle die Geschichte der Korrespondenz zwischen Kohl und Shamir in einem mehr versöhnlichen Licht sehen, griff Genscher diese Äußerung sofort auf und deutete an, das Mißverständnis sei ausgeräumt.

Zum zweiten Punkt, die auf Initiative der DDR zustande gekommenen Kontakte mit Israel, erklärte Arens, darüber wolle er nunmehr Bericht erstatten. Darauf ergriff sein Berater Michael Shiloh das Wort, ehemaliger Gesandter an der israelischen Botschaft in Bonn und später Botschafter in Oslo. Shiloh hatte die Gespräche mit Vertretern der DDR in Kopenhagen geführt. Er nannte die drei Vorbedingungen, die wir der DDR für die Aufnahme von Gesprächen über diplomatische Beziehungen gestellt hatten: die Einstellung der feindseligen, halb antisemitischen, halb antiisraelischen Propaganda, die Anerkennung der Verantwortung Ostdeutschlands in bezug auf die deutschen Verbrechen in der Nazi-Zeit und, drittens, das Unterlassen jeder Unterstützung von extremistischen Terroristen und die Schließung des Übungslagers in der Nähe von Buchenwald.

Zu diesem Zeitpunkt wußte Shiloh noch nicht, wie die DDR auf unsere Forderungen reagieren würde. Erst als er im darauffolgenden Monat erneut mit Botschafter Neumann in

Kopenhagen zusammentraf, erhielt er die erwähnte Stellungnahme der Modrow-Regierung, die in allen Punkten unseren Bedingungen entsprach.

Genscher reagierte positiv auf unsere Informationen, schrieb Shiloh in seinem Bericht nach Israel, er gab grünes Licht, die Gespräche mit der DDR fortzusetzen. Ich persönlich habe seine Antwort etwas anders in Erinnerung, mit einem leicht saloppen Unterton. Sinngemäß sagte Genscher etwa: »Na, wenn es euch Spaß macht, jetzt mit der DDR zu verhandeln, dann tut es. Mich wird das nicht stören . . .« Immerhin hatten wir die Gewißheit, daß unsere Kontakte mit der DDR für ihn kein Streitobjekt waren.

Als wir die beiden empfindlichen Punkte abgehakt hatten, wandten wir uns dem dritten zu. Arens stellte das Thema vor – Sanktionen der EG gegen Israel – und machte den Vorschlag, ich solle es ausführlich darlegen. Doch Genscher unterbrach und meinte, das sei nicht nötig, er kenne das Problem und finde, daß die Kommission im Unrecht sei. Erstens hätte sie keine Sanktionen gegen Israel verhängen sollen, zweitens habe sie ihre Zuständigkeit überschritten. Er werde deshalb alles tun, um den Beschluß zu annullieren, auch aus Gründen interner Überlegungen hinsichtlich der europäischen Verfassung.

Die Wirklichkeit sah dann freilich anders aus. Erst der Golfkrieg und die folgende Nahost-Friedenskonferenz im Oktober 1991 konnten die EG-Kommission dazu bewegen, die Sanktionen gegen Israel aufzuheben.

Jener Wintertag in Bonn war für mich ein Tag emotionaler Erfahrungen. Endlich war ich in Deutschland gewesen, hatte nun sogar Verbindungen zu einem deutschen Ministerium und war fast erstaunt, wie wenig mich das aufregte. Das Interesse an dem Land, das sich im Laufe meiner Amtszeit in

Brüssel entwickelt hatte, der Umgang mit Deutschen in europäischen Gremien, vor allem aber, daß aus dem anfänglichen Interesse zunehmend Neugier wurde, die ich mit Lesen stillte – alles das trug seit dem Kurzbesuch am Rhein allmählich zur Entmystifizierung meines Deutschlandbildes bei. Ich wußte, wie wichtig Deutschland für die Europäische Union war, würde die Union aber auch für Deutschland wichtig werden, womöglich unentbehrlich?

Viel über ein Land wissen bedeutet nicht, daß man es kennt. Mitte der siebziger Jahre hatte ich als Sprecher des Auswärtigen Amts in Jerusalem oft mit Auslandsjournalisten zu tun. Auf Nahostprobleme spezialisiert, reisten sie regelmäßig in arabische Länder. Es war natürlich immer wieder interessant, von ihnen über die für uns verbotene Welt zu hören, zu einer Zeit, da man nicht einmal eine Postkarte von einem Teil Jerusalems in den anderen schicken konnte. Obwohl von ihnen abgeschnitten, wußten wir immens viel über unsere Nachbarstaaten. Eine Journalistengruppe, die ich eines Tages empfing, schwärmte geradezu vom Kenntnisreichtum unserer Nahostexperten. Ob Akademiker, Beamte oder Geheimdienstoffiziere – nirgendwo sonst, nur in Israel gebe es so viele Fachleute mit einem derart umfassenden Wissen über die arabische Welt. »Nur«, fügten sie hinzu, »wenn sie auch alles wissen – verstehen tun sie absolut nichts.«

Jahre später bestätigte sich, was damals ein halb wohlmeinender, halb kritischer Scherz sein mochte. Der Frieden mit Ägypten ermöglichte erstmals Reisen dorthin, später durfte man auch in andere arabische Länder. Immer wieder bekam ich da von Experten, aus deren Arbeiten ich die Grundlagen meines Nahostwissens bezog, das Eingeständnis zu hören, nun erst fingen sie an, die Probleme der arabischen Welt wirklich zu begreifen. Alle Kenntnisse, die

Fülle aller Informationen hatten ihnen bis dahin nichts genutzt.

Bevor ich die Lehren daraus voll auf mein Verhältnis zu Deutschland anwenden konnte, hatte das Schicksal anderes mit mir vor. Im Oktober 1991 erreichte mich das Angebot der Hebräischen Universität in Jerusalem, der ersten und renommiertesten Hochschule Israels, ihr Vizepräsident zu werden. Das Amt war mit zwei Sonderressorts ausgestattet. Das erste umfaßte die Zuständigkeit für alle auswärtigen Beziehungen der Universität, das zweite war dazu angetan, einen ehrgeizigen Wunschtraum zu erfüllen, nämlich die Beteiligung an der Gründung eines Instituts für Europäische Studien, das der Universität angeschlossen werden sollte.

Während meiner Brüsseler Tätigkeit war ich ohnehin zu der Erkenntnis gekommen, daß es in unseren Beziehungen zu Europa eine große Lücke gab, die, wollten wir uns tatsächlich der EU annähern, unbedingt geschlossen werden mußte. Faktisch, auf dem Gebiet des Handels und der Wirtschaft, war die Union bereits zu unserem größten Partner geworden. Für unsere Zukunft zeichnete sich ab, daß wir immer mehr auf eine Einbindung in die EU angewiesen sein würden. Mittelfristig wird die Entwicklung unseres Landes in der Tat von einer Zusammenarbeit mit Westeuropa abhängig sein.

Dieser, wie ich glaube, realistischen Einschätzung entspricht leider nicht die Mentalität meiner Landsleute. Aus unterschiedlichen Gründen haben sie sich in allen Schichten nach dem Zweiten Weltkrieg allmählich von Europa entfernt, wozu gewiß auch die lange nachwirkenden Erinnerungen an den Holocaust beigetragen haben. Die Israelis haben nur noch Augen für die Vereinigten Staaten. Ohne die Freundschaft und Zusammenarbeit mit den USA zu unterschätzen –

ich halte sie nach wie vor für unverzichtbar –, sehe ich das Abrücken von Europa unter ausgesprochen negativen Vorzeichen, zu einem Zeitpunkt zumal, da es eigentlich zu einer Hinwendung kommen müßte.

Die Teilnahme an Veranstaltungen, zu denen ich des öfteren von Brüssel nach Israel eingeladen wurde, um über die Europäische Union zu sprechen, verstärkte meinen Eindruck, daß die Israelis durchaus die Probleme der EG verstehen und zugleich wissen, welche Hoffnungen und welche neuen Möglichkeiten sich für sie dank der Europäischen Union ergeben. Aber dieses Verständnis ist mehr ein intellektuelles und theoretisches. In der Praxis sind es immer noch die USA, die als Ziel, Partner und Schauplatz für Studien, persönliche Entfaltung, Investitionen und alle möglichen Formen der Kooperation am ehesten in Betracht kommen. Eine Liste der Hebräischen Universität mit den Namen der Professoren, die sich zu dem Zeitpunkt, als ich dort meine Tätigkeit aufnahm, für ein Sabbatjahr an ausländischen Universitäten aufhielten, zeigte, daß fast alle, nämlich achtundneunzig Prozent, zu Gast in den Vereinigten Staaten waren – ein vielleicht zufällig besonders hoher Anteil, doch ein durchaus typisches Phänomen.

Ich sah nur eine Möglichkeit, die Situation zu ändern, nämlich durch Erziehung. Ein Wechsel der Gewohnheiten, ein Wandel der Mentalität läßt sich nicht willkürlich erzwingen, er kann nur allmählich geschehen. Tatsache ist, daß man in Israel zwar viel über europäische Länder wußte, aber es fehlte an Informationsmöglichkeiten über die Europäische Union, über deren Institutionen, ihre Gesetzgebung, Wirtschaft und gemeinsame Kultur. Als ich die Universität von der Notwendigkeit zu überzeugen begann, ein Institut für Europäische Studien einzurichten, dachte ich nicht so sehr an mich. Erst aus den zunehmend enger werdenden Beziehungen in dieser Angelegenheit ergab sich, wie gesagt, 1991 das Angebot, selber an die Universität zu kommen.

Um die neue Stelle anzutreten, bat ich das Auswärtige Amt um Beurlaubung. Dahinter stand die Absicht, ganz aus dem diplomatischen Dienst auszuscheiden. In Anbetracht meines Alters, meinte ich, sei es an der Zeit, ein neues Leben mit einer neuen Karriere zu beginnen. Meine Interessen waren ausschließlich darauf fixiert. Eine Kündigung mit allen Konsequenzen aber kam nicht in Frage, weil ich nicht wußte, ob mir der Einstieg in die Universitätslaufbahn gelingen würde. Ich wollte die Brücken hinter mir nicht abbrechen.

Einige Kollegen im Auswärtigen Amt gaben mir eine Abschiedsparty. Ich hielt eine kurze Rede und erklärte, daß ich in voller Zufriedenheit schiede. Ich hätte einen höchst befriedigenden, vielfältigen Weg hinter mir und glaubte, die Möglichkeiten, die der diplomatische Dienst biete, ausgeschöpft zu haben. »Theoretisch«, fügte ich hinzu, »könnte es darin nur noch eine Herausforderung geben, und die wäre Deutschland. Aber das ist vorbei, man kann im Leben nicht alles haben.« Ich verabschiedete mich mit dem guten Gefühl, mein Bestes getan zu haben.

Wie erwartet, bereitete mir die Arbeit in der Universität viel Freude. Die Erinnerung an die langjährige Tätigkeit im diplomatischen Dienst verblaßte mehr und mehr. Doch als man 1993 wieder einmal einen Botschafter für Deutschland suchte, entsannen sich Freunde und Kollegen der Worte, mit denen ich den diplomatischen Dienst quittiert hatte. Man rief mich an und fragte, ob mir Deutschland immer noch eine Herausforderung bedeute, ob ich mir vorstellen könne, für den Posten des Botschafters in Bonn zu kandidieren.

Der Anruf löste eine Flut widersprüchlichster Empfindungen aus. Einerseits war es tatsächlich so, daß mich Deutschland mit den Aufgaben, die mich dort erwarten würden, stark anzog, mit einer Kraft, auf die ich mit mehr als nur mit Interesse oder Neugier reagierte. Andererseits hatte ich mir einen neuen Wirkungskreis aufgebaut, hatte neuen Ehrgeiz entwickelt und mich auf neue Arbeiten konzentriert, hatte auch einen neuen Freundeskreis gewonnen. Außerdem wußte ich, daß ich, falls ich die Universität verließe, um ins Auswärtige Amt zurückzukehren, keine andere Laufbahn mehr beginnen könnte. Ich würde also Diplomat bleiben bis zum Ruhestand, für einen Neuanfang wäre es dann zu spät. Das einzig Vernünftige wäre, an der Universität zu bleiben.

Am Ende aller Überlegungen – Vernunft hin, Vernunft her – stand der Entschluß, die Herausforderung anzunehmen. Meine Familie und ich kamen im Oktober 1993 nach Deutschland. Von Frankfurt am Main, wo die Maschine landete, fuhr die Familie direkt nach Bonn, während ich nach Mannheim reiste, um mich dort meiner ersten wirklichen Herausforderung zu stellen. Unvermeidlich und alles andere als leicht, erfüllte mich schon der bloße Gedanke an sie mit einigem Bangen – das Erlernen der deutschen Sprache.

Es ist, besonders in schon fortgeschrittenem Alter, tatsächlich nicht einfach, sich eine fremde Sprache anzueignen. Für mich kam erschwerend die Vorstellung hinzu, daß ich sofort mit dieser Sprache würde umgehen müssen: Zum ersten Mal in meinem Leben würde ich in einem Land arbeiten, dessen Sprache ich nicht beherrschte. Ich war das ganz einfach nicht gewohnt. Außerdem wußte ich, daß alle meine Amtsvorgänger in Bonn in ihrer Jugend deutsche Schulen besucht hatten, sie hatten Deutsch als Muttersprache gehabt. Ich bin in Deutschland der erste Botschafter Israels, der in Israel auch geboren ist, vorher in keinem deutschsprachigen Land gelebt, nie eine deutsche Schule besucht hat.

Welchen Eindruck würde ein israelischer Botschafter machen, der sich, anders als seine Vorgänger, nur mühsam und fehlerhaft in der Sprache des Gastlandes ausdrücken konnte? Das durfte nicht sein, nicht diese Blamage. So sperrte ich mich im Mannheimer Goethe-Institut einen Monat lang regelrecht ein, um von morgens früh bis spät in die Nacht nichts anderes zu tun, als Deutsch zu lernen. Zu Hilfe kam mir dabei, daß meine in Deutschland geborene Mutter mir ein Gefühl für die Eigenheiten ihrer Sprache vermittelt hatte, für ihre Klangfarbe und die Art der Betonung. Es war meine Aussprache, nach der meine Mitstudierenden am Anfang den Eindruck gewannen, meine Deutschkenntnisse seien schon recht ordentlich. In Wirklichkeit jedoch war mein Wortschatz gering. Ich verstand die Nachrichten im Radio nicht, konnte weder deutsch schreiben noch deutsche Zeitungen lesen, von Grammatik hatte ich nicht die geringste Ahnung.

Aber es gab noch ein anderes Problem. Vom ersten Tag an stellte sich die Frage nach meiner persönlichen Sicherheit. Sollte ich, wie heute auf Schritt und Tritt bewacht, von Sicherheitsbeamten flankiert zur Sprachschule gehen, mit Begleitschutz in eine Klasse kommen, die hauptsächlich aus Jugendlichen bestand und mich mit Neugier und Argwohn verfolgen würde, wenn ich mich nicht unauffällig verhielte? Die nicht zu verheimlichende Nähe von Sicherheitsleuten bot dafür die allergeringste Gewähr. Folglich mußte man eine andere Lösung finden.

Da mich noch kaum jemand in Deutschland kannte, ich mich noch bei keiner Behörde vorgestellt oder sonstwo öffentlich in Erscheinung getreten war, durfte ich einen Monat lang in Mannheim ohne Sicherheitsbeamte leben, allerdings mit anderer Identität. Zu der in meinem Fall erteilten Ausnahmegenehmigung gehörte, daß die Verwaltung der israelischen Botschaft den Personalfragebogen des Goethe-Instituts ausfüllte. Dort erschien mein Name – ohne Vornamen – einfach als »Schmidt«, sinnigerweise, denn aus den übrigen Angaben ging hervor, daß ich Israeli sei, eine Weile in der Bundesrepublik leben und die Sprache erlernen sollte. Prompt fragte mich die Lehrerin, als sie in der ersten Stunde die Fragebögen der Schüler durchsah: »Wie ist Ihr Vorname, Herr Schmidt?« Auch nur einen Moment zu zögern hätte die Tarnung auffliegen lassen, ich dachte an meinen »echten« Vornamen, der mit A anfängt, und log blitzschnell, da mir kein anderer Name in den Sinn kam: »Albert!« Doch da ging es schon weiter: »Was für einen Beruf haben Sie, weshalb wollen Sie jetzt eine Zeitlang in Deutschland leben?« Wieder mußte die Antwort rasch kommen. Ich dachte an meinen Sohn in Israel und sagte: »Ich bin Journalist, meine Zeitung heißt ›Ha'aretz‹, ich soll hier als Korrespondent für sie arbeiten.« Die Lehrerin gab sich zufrieden, stellte aber die erste Aufgabe: Um sich einen ungefähren Eindruck von meinen damaligen Deutschkenntnissen zu verschaffen, sollte ich einen Aufsatz schreiben – über den Beruf, den ich angegeben hatte.

Mein Sohn Adar ist tatsächlich »Ha'aretz«-Journalist, Chefredakteur für Auslandsnachrichten. Insofern fiel es nicht schwer, mich in seine Haut zu versetzen und zu Papier zu bringen, was er an meiner Stelle geschrieben hätte. Der Versuch gelang, wenn auch – natürlich – mit allen nur möglichen Fehlern.

Wohl um uns zu »ermutigen«, überließ uns die Lehrerin, Ursula Bodmer, nach einiger Zeit einen Text, der die Schwierigkeiten eines Studierenden der deutschen Sprache auf den Punkt bringt. Mark Twain, der amerikanische Schriftsteller, schrieb ihn sich aus eigener leidvoller Erfahrung im vorigen Jahrhundert von der Seele. Unter der Überschrift »Begabte Menschen können in dreißig Jahren Deutsch lernen« schildert der Humorist, wie er sich zunächst mühelos »ein bißchen Chinesisch, ein oder zwei indische Dialekte und ein paar klassische Sprachen« aneignete, im Kampf mit der deutschen Sprache aber blieb diese Sieger.

Sarkastisch geißelt Mark Twain die Fallen und Widersprüche des Deutschen. »Zum Beispiel die Verteilung des Geschlechts: Im Deutschen ist ein junges Mädchen geschlechtslos, eine Steckrübe dagegen nicht, sie ist weiblich. Welch unangemessene Hochachtung vor der Steckrübe, welche Kälte gegen das Mädchen! Und weiter: Mund, Hals, Busen, Ellbogen, Finger, Nagel und Fuß – das alles ist männlich, wie überhaupt der ganze Körper als solcher. Der Kopf oder das Haupt ist männlich oder geschlechtslos, je nachdem, welches man wählt, nicht etwa, wem dieser Körperteil gehört, denn in Deutschland haben auch die Frauen männliche oder geschlechtslose Köpfe. Dagegen haben alle Leute weiblich: Nasen, Lippen, Schultern, Hände, Hüften, Zehen usw., andererseits haben aber ihre Haare, ihre Augen und Ohren, ihr Kinn und ihr Gewissen überhaupt kein Geschlecht.«

Problematisch am Deutschen findet der Amerikaner auch die, wie er sie nennt, »Klammerkrankheit«, die Neigung zu langen, unentwirrbaren Gebilden aus Schachtel- und Nebensätzen. Seine Studien hätten ihn davon überzeugt, meint er schließlich, »daß ein sehr begabter Mensch in dreißig Jahren Deutsch lernen kann . . . Unbegabte brauchen länger. Sollte die deutsche Sprache so bleiben, wie sie ist, ohne etwas gestutzt und allgemein überholt zu werden,

173

dann sollte man sie behutsam und ehrfürchtig beiseite legen, zu den anderen toten Sprachen, denn nur ein Toter hat Zeit, sie zu lernen.«

Und ich sollte es in vier Wochen schaffen? Immerhin, es war ein glücklicher Monat, den ich in Mannheim verbrachte. Unverhofft konnte ich in meinem Alter noch einmal wie ein Student leben, mich zum ersten und letzten Mal in Deutschland frei bewegen, zu Fuß oder auf dem Rad, ohne begleitet und beschützt zu werden. Mannheim kenne ich deshalb besser als jede andere Stadt in Deutschland, scherzhaft nenne ich sie oft meine deutsche Heimatstadt. Zwei Jahre nachdem ich sie als Sprachschüler verlassen hatte, durfte ich mich während einer Feierstunde in das Goldene Buch der Stadt eintragen.

Am vorletzten Tag, ich saß in der Mediathek, kam der Institutsleiter Reinhard Dinkelmeyer auf mich zu: »Entschuldigen Sie, Herr Schmidt, darf ich eine Minute stören?« Sein Anliegen war, daß seine Frau, eine Journalistin, einen Beitrag für die Hamburger »Zeit« über Auslandskorrespondenten in Deutschland vorbereitete und mich zu interviewen plante. Das war, wenn ich an meine gefälschte Identität dachte, ein Vorhaben, das übel für mich ausgehen konnte. Also versuchte ich abzuwehren: Ich sei nicht der richtige Partner für ein solches Interview, schließlich hätte ich meine Tätigkeit für »Ha'aretz« noch gar nicht angetreten, sei noch nicht einmal in Bonn gewesen. Das wisse er, sagte Dinkelmeyer, es ginge seiner Frau auch nicht darum, etwas über den Alltag ausländischer Korrespondenten zu erfahren. »Von Ihnen will sie wissen, warum eine israelische Zeitung einen Korrespondenten eigens nach Deutschland schickt. Welche Erwartungen dahinter stehen und wo die Schwerpunkte ihrer Arbeit liegen werden.« Das leuchte mir ein, sagte ich, es ließe sich auch manches zu den Fragen sagen, nur hätte ich leider keine Zeit. Ich vertröstete ihn auf morgen.

Der Tag darauf war mein letzter in Mannheim. Während ich mich noch in der Mediathek aufhielt, wartete unten schon der Fahrer. Die Koffer waren bereits im Wagen, um ihn herum standen die Sicherheitsbeamten, die aus Bonn gekommen waren. Jetzt, dachte ich, ließ sich nichts mehr verheimlichen.

Da kam Frau Dinkelmeyer, um, wie angekündigt, ihre Fragen zu stellen. Als sie nach einem geeigneten Platz Ausschau hielt – »Herr Schmidt, was glauben Sie, wo können wir uns setzen?« –, ließ sich mein Geständnis nicht mehr länger aufschieben. Ich sei nicht derjenige, für den man mich wochenlang gehalten habe, sagte ich. »Aber bevor ich Ihnen die Wahrheit sage und damit Sie glauben, daß ich Ihnen nicht wieder eine falsche Geschichte erzähle, sehen Sie sich bitte diesen Paß an.« Ich überreichte ihr meinen Paß, sie schlug ihn auf, sah aber offenbar nicht auf das Foto, sondern las nur meinen Namen, den richtigen, und meinen Titel. Verblüfft blickte sie mich an: »Ich verstehe nicht, was das mit uns zu tun hat. Dieser Paß von irgendeinem Botschafter – was soll ich damit?«

Erst als ich sie bat, sich das Bild anzusehen, begriff sie die Zusammenhänge und ließ erschrocken den Paß auf den Tisch fallen. Ich versuchte, ihr zu erklären, warum ich gezwungen gewesen war, meine wahre Identität hinter der eines Herrn Schmidt zu verbergen. »Heißt das nun«, fragte sie, »daß ich Sie mit ›Exzellenz‹ ansprechen muß?« Schließlich, als sich ihre Verwirrung ein wenig gelegt hatte, bat ich Frau Dinkelmeyer, sie zum Mittagessen einladen zu dürfen, sozusagen als Entschädigung – wir hatten diese Stunden ja ohnehin für ein Gespräch reserviert. Es nahm, als wir gut gelaunt am Tisch saßen, einen anderen, von den ursprünglich geplanten Themen abweichenden Verlauf. Und urplötzlich wurde mir bewußt, daß dies nach einem Monat intensivsten Lernens das erste Mal war, daß ich mich mit jemandem deutsch unterhielt.

Dann machte ich mich auf den Weg nach Bonn.

Meine Frau Ziona und ich haben, um uns auf Deutschland vorzubereiten, nicht nur viel gelesen und gelernt. Wir erhielten vor der Abreise auch manche praktischen Ratschläge, vor allem vom ehemaligen Botschafter Miki Ben-Ari und dessen Frau Pnina. Bei der Ankunft fühlte ich mich trotzdem wie vor der »Stunde Null«. Was würde mich erwarten?

Daß Deutschland mir als Herausforderung erschienen war, stand außer Frage. Ich sah mich indessen außerstande, diese Herausforderung zu präzisieren, und damit verschwammen unweigerlich auch die Umrisse meines Auftrags. Gewiß, ich war gut informiert, hatte viel über Deutschland gelesen und gehört und wußte doch zugleich, daß Lesen und Hören für eine wirklich fundierte Urteilsbildung nicht ausreichten. Nachdenklich machte mich auch ein Kapitel in dem schon erwähnten Buch »In schwieriger Mission« eines meiner Vorgänger, Yohanan Meroz, der von 1974 bis 1981 Botschafter in der Bundesrepublik gewesen war. Ich las das Buch noch vor der Abreise, neugierig, etwas über die Schwierigkeiten der Mission zu erfahren, die nun meine sein würde.

Meroz schrieb: »Die entscheidenden Schwierigkeiten hat der in Deutschland weilende Israeli ... nicht mit äußeren Formen ... Das wirkliche Problem liegt in seinem Nichtwissen um die Person vieler Gesprächspartner, die zur Hitlerzeit nicht mehr Kinder waren, er trifft sie auf Schritt und Tritt im öffentlichen wie im privaten Leben. So ist es noch immer unvermeidbar, daß der israelische Diplomat in Ausübung seiner Aufgabe auf Menschen stößt, stoßen muß, die die braune Zeit nicht nur erlebt, sondern aktiv an ihr teilgenommen haben.«

Diese Teilnahme, führt Meroz aus, mag »objektiv« als belanglos angesehen werden, für den Israeli aber, wohl für jeden Juden, gewinne eine derart vermeintliche Harmlosigkeit sofort eine andere Dimension. Er selbst sei »stets von der harten Voraussetzung ausgegangen, daß man das Dritte Reich nur durch bewußte Gleichschaltung – freiwillige oder erzwungene – überstehen konnte, und das bedeutete ›Mitmachen‹«. Auch auf die Gefahr hin, Unbescholtenen Unrecht zu tun, habe er es nicht über sich gebracht, in unklaren Fällen die Regel »in dubio pro reo« walten zu lassen. Und: »Wo ich belastendes Wissen hatte und einer zweckdienlichen Begegnung nicht ausweichen konnte, vollzog ich eine rigorose Trennung zwischen beruflicher Unverzichtbarkeit und persönlicher gesellschaftlicher Verweigerung.«

Für ihn sei der Ekel, den er beim Betreten des Zimmers eines ehemaligen Parteigenossen oder SS-Mitglieds empfand, leichter zu überwinden gewesen als die »Sorge, durch emotionelle Schwäche das Interesse Israels zu beeinträchtigen«. Man könne als »guter« Israeli auch anders reagieren. »Doch so oder so, vor Entscheidungen dieser Schwere steht ein israelischer Botschafter in Bonn ständig, und er hat sich ihnen zu stellen.«

Dieses Selbstzeugnis von Meroz mochte hochinteressant, sogar bewegend sein, aber ich glaubte nicht, daß es für meine künftige Arbeit von großer Bedeutung sein würde. Wie sollte es auch – diejenigen, die in der NS-Zeit aktiv gewesen waren, wo und wie auch immer, befanden sich im Ruhestand, waren, sofern Meroz sie noch erlebt hatte, womöglich tot. Ich verstand Meroz gut, die Bundesrepublik muß sich, wie ich jahrelang israelischen Presseberichten entnommen hatte, unendlich schwergetan haben bei dem Versuch, sich des Erbes der großdeutschen Vergangenheit zu entledigen. Da waren nach dem Krieg, wie es hieß, in Ämter und Behörden wieder Nazis eingezogen. Mancher Kriegsverbrecher hatte wenn nicht mehr den alten, so doch einen vergleichbar neuen Posten inne, der ihm Macht und öffentlichen Einfluß gab; ganze Gremien wurden von Alt-Nazis geleitet, ohne daß irgend jemand daran Anstoß nahm. Erst 1958, nach der Einrichtung der Zentralstelle für die Verfolgung von Naziverbrechen in Ludwigsburg, habe die systematische Jagd auf NS-Straftäter begonnen, berichtet Inge Deutschkron in ihrem Buch »Mein Leben nach dem Überleben«. Der Versuch, die Vielzahl der Verbrechen aufzuklären, sei ein »schier unmögliches Unterfangen« gewesen, zumal die wenigen ermittelnden Staatsanwälte nicht sicher sein konnten, »ob eine Aufklärung jemals oder nur lax erfolgte. Schließlich wurde die Polizei zu jener Zeit in erheblichem Maße von ehemals leitenden Funktionsträgern der SS beherrscht. Von den 33 leitenden Stellen der Kriminalpolizei in Nordrhein-Westfalen waren 20 von ehemaligen SS-Sturmbannführern und SS-Hauptsturmführern besetzt.«

Solche und ähnliche Geschichten gingen mir durch den Kopf, als ich im Auto auf dem Weg nach Bonn war. Was mich fast noch mehr beunruhigte als die unzulängliche und nur halbherzig betriebene Verfolgung von Nazi-Verbrechen, war der Gedanke, daß die NS-Justiz, die soviel Unrecht produziert hatte, ihre Art der Rechtsprechung auch noch lange nach dem Krieg fortgesetzt hat, mit oft grotesken, in jedem Fall deprimierenden Urteilen. Sie machten deutlich, wie unheilvoll lebendig der Geist der einstigen Sonder- und Standgerichte selbst noch in den fünfziger Jahren war. Aber auch diese Dinge, sagte ich mir, gehörten der Vergangenheit an. Immerhin, es hatte sie gegeben. Bald nach dem Krieg, 1946, etwa den Fall des Journalisten Garbe, den das Lübecker Landgericht für fünf Monate ins Gefängnis schickte. Wegen Abhören eines »Feindsenders« Ende 1943 von einem Militärgericht in Stralsund zum Tode verurteilt, konnte Garbe, nachdem er einen Polizeibeamten niedergeschlagen hatte, flüchten und bis Kriegsende untertauchen. Die Anklage in Lübeck erfolgte wegen »Widerstands gegen die Staatsgewalt« und »versuchten Totschlags«. Im März 1947 bestätigte das Oberlandesgericht Kiel das Urteil mit der Begründung, die Amtstätigkeit eines Vollzugsbeamten sei »bei pflichtgemäßer Vollstreckung immer rechtmäßig«. Ingo Müller, der diesen Fall in seinem Buch »Furchtbare Juristen« dokumentiert, merkt dazu lakonisch an: »Garbe wurde also dafür bestraft, daß er sich vom NS-Staat nicht hatte hinrichten lassen.«

Aus anderen Urteilen, die Müller sammelte, geht hervor, wie nachsichtig und verständnisvoll die Justiz der jungen Bundesrepublik vielfach mit Leuten verfuhr, die als ehemalige NS-Richter auf der Anklagebank saßen. Nicht selten wurde das Unrecht, das sie vor 1945 gesprochen hatten, nachträglich durch Freisprüche sanktioniert wie in jenem Verfahren gegen die Kasseler Sonderrichter, die einen Ingenieur wegen »Rassenschande« zum Tode verurteilten. Es seien »die damaligen Kriegsverhältnisse zu berücksichtigen«, meinte das Landgericht Kassel 1952, ein »Rechtsirrtum« habe nicht vorgelegen. In anderen Fällen wurde Richtern oder anderen Amtsträgern Pflichtwidrigkeit vorgeworfen, weil sie die Bestätigung von noch kurz vor Kriegsende verhängten Todesurteilen verweigert und für ihren Mut mit dem Leben gebüßt hatten.

Bekannt war auch die mangelnde Bereitschaft deutscher Gerichte in der Nachkriegszeit, Menschen zu rehabilitieren, die im Dritten Reich Opfer politischer Gewalt geworden waren. Oft bestand ihr Vergehen allein darin, daß sie Menschlichkeit bewiesen hatten in einer Zeit, die zunehmend barbarischer wurde. Ingo Müller erzählt die Leidensgeschichte einer Frau, die während des Kriegs als damals Siebzehnjährige ein Liebesverhältnis mit einem jungen polnischen Fremdarbeiter eingegangen war. Der achtmonatigen Gefängnisstrafe, die sie dafür erhielt, folgten – nach einem Schutzhaftbefehl Reinhard Heydrichs – zwei Jahre KZ-Haft in Ravensbrück, nach denen die vom Tod Gezeichnete als »nicht mehr lagerfähig« zu ihren Eltern zurückgeschickt wurde. Im späteren Streit um Entschädigung und Rente für die erlittenen schweren Gesundheitsschäden siegten die Gerichte. Sie bestritten rundweg, daß es für die Verurteilung der Frau eindeutige politische Gründe gegeben hatte; auch Heydrichs Schutzhaftbefehl beruhe »auf allgemeinen sicherheitspolitischen Erwägungen, nicht aber auf der Absicht, die Klägerin politisch zu verfolgen«. Nach deren Tod, sie wurde nicht älter als siebenundzwanzig, haben ihre Eltern versucht, die Entschädigungsansprüche der Tochter gerichtlich durchzusetzen. Auch sie hatten keinen Erfolg.

Auf dem Weg nach Bonn war mir natürlich nicht jedes Detail dieser Geschichten gegenwärtig. Wohl aber wußte ich, daß sie sich wirklich ereignet hatten, so etwa wie ich wußte, daß Hans Globke, der Mitverfasser eines Kommentars zu den sogenannten Nürnberger Erlassen, dem großen Adenauer als Staatssekretär und engster Berater gedient hatte. Das einzig Tröstliche an dem einen wie dem anderen war, daß es der Vergangenheit angehörte.

Denn längst hatten, das war auch in Israel bekannt, die

ehemaligen Amtsträger des Dritten Reiches die oft sehr einflußreichen Posten verlassen, die sie nach Kriegsende bekleideten. Es gab keine Alt-Nazis an der Spitze der Regierung mehr. Das Wort von der »Republik der Restauration«, das in den fünfziger, selbst noch in den siebziger Jahren so häufig zu hören gewesen war, entsprach nicht mehr der Wirklichkeit. Es war tatsächlich ein anderes Deutschland entstanden. Ich konnte deshalb davon ausgehen, daß sowohl für die Dauer meiner Amtszeit wie auch für das Amt selbst und für mich persönlich die Berichte von Yohanan Meroz nicht mehr relevant waren. Botschafter Ben Natan hatte, während er in Bonn amtierte, noch einen Mann wie Gerhard Schröder, ehemaliges SA- und NSDAP-Mitglied, als bundesdeutschen Außenminister fungieren sehen. Und Ben Natan erlebte, während er in Bonn war, auch noch den Kanzler Kurt Georg Kiesinger, einst ebenfalls Angehöriger der Nazi-Partei und im Auswärtigen Amt des Dritten Reiches zuständig für Propaganda.

Die Probleme also, die meine Vorgänger beschäftigt hatten, würden nicht mehr die meinen sein. Ich kannte sie, war sogar verpflichtet, sie zu kennen, würde mich aber nicht mehr auf sie einlassen müssen, davon war ich fest überzeugt. Beispielsweise die sogenannte Verjährungsfrage, deren Schwierigkeiten Ben Natan und Meroz intensiv beschäftigt hatten.

Nachdem 1960 in der Bundesrepublik die fünfzehnjährige Verjährungsfrist für Totschlag abgelaufen war, bestand die Gefahr, daß 1965 auch die Verjährungsfrist für Mord, auf zwanzig Jahre festgesetzt, unwiderruflich rechtskräftig werden würde. Daß dies, wenn nicht noch etwas Entscheidendes geschah, nicht nur den Unwillen des jüdischen Volks hervorrufen mußte, konnte man sich leicht vorstellen. Viele Nazi-

Verbrecher, in Deutschland bis dahin kaum oder nur sehr milde bestraft, hätten sicher sein dürfen, künftig nicht mehr belangt oder, falls es doch zur Anklage gekommen wäre, freigesprochen zu werden. Da es im Deutschen Bundestag keine Mehrheit gab für die Aufhebung der Verjährungsfrist für Mord oder Völkermord, einigte man sich auf einen Kompromiß. Er wurde dadurch ermöglicht, daß man nicht das Jahr des Kriegsendes, 1945, sondern das Gründungsjahr der Bundesrepublik als Stichjahr für den Beginn einer ordentlichen deutschen Rechtsprechung festlegte. Die Debatte wurde 1969 fortgesetzt, und wieder war es nur eine kleine Bundestagsmehrheit, die als Kompromiß eine weitere Verlängerung der Frist um zehn auf dreißig Jahre durchsetzen konnte, gerechnet ab 1949. Als 1979 das Thema erneut auf die Tagesordnung kam, wurde endlich die Unverjährbarkeit von Mord und Völkermord beschlossen, wenn auch mit einer wiederum geringen Mehrheit von nur 253 gegen 228 Stimmen.

In Israel nahm man das Ergebnis mit Genugtuung auf. Noch immer waren die Beziehungen zwischen unseren Staaten sensibel, trotz der gemeinsamen Fortschritte während der nunmehr schon jahrzehntelang bestehenden diplomatischen Beziehungen. Wie krisenanfällig das Verhältnis war, zeigte sich anläßlich des Golfkriegs. Als Saddam Hussein, der Diktator in Bagdad, Kuweit überfiel und auch andere Nachbarstaaten bedrohte, hatte er eigentlich keinen Grund, seine Feindseligkeit auch gegen Israel zu richten. Gegner gab es für ihn rundum genug. Außer Iran, mit dem Hussein kurz vorher einen achtjährigen Krieg mit fragwürdigem Ergebnis beendet hatte, waren es andere arabische Nachbarn, außerdem, im Zusammenhang damit, die Westmächte, die diese Länder unterstützten. Raketenangriffe auf ein Land wie das unsere, das am Golfkrieg unbeteiligt war und nicht an den Irak grenzte, waren also nichts anderes als Ausdruck des traditionellen Hasses, mit dem Hussein Israel verfolgte. Der Beschuß kam aus einer Entfernung von rund tausend Kilometern. Hussein drohte mit dem Einsatz von Sprengköpfen mit chemischen Kampfmitteln, schreckte sogar nicht vor dem Gedanken zurück, Israel mit Atomraketen zu treffen. Auf Druck des Westens mußte unser Land sich jeglicher Reaktion enthalten. Die Wut im Volk war deshalb enorm und richtete sich keineswegs nur gegen den Irak. Davon betroffen waren vor allem auch die Westmächte. Sie hatten zur Aufrüstung der irakischen Streitkräfte beigetragen und es ihnen überhaupt ermöglicht, nach eigenem Belieben mit Massenvernichtungswaffen zu drohen.

Während sich der Zorn gegen Frankreich, England oder Italien noch in Grenzen hielt, brach helle Empörung aus, als Vermutungen laut wurden, auch deutsche Fabriken hätten den Irak mit chemischen Kampfstoffen versorgt. Vorerst war es nur ein vager Verdacht, doch weckte er sofort schreckliche Erinnerungen an Zyklon B, jenes Gas, mit dem die I.G.-Farbenwerke während des Kriegs die Gaskammern der deutschen Vernichtungslager beliefert hatten. Trotz aller Gelassenheit im Alltag unserer Beziehungen – was Israel betraf, so waren, wie sich wieder einmal zeigte, die alten Wunden noch nicht verheilt.

Mein Amt in Bonn trat ich mit vielen ungewissen Erwartungen, aber auch mit einigen konkreten Vorstellungen an. Meine besondere Aufgabe, dachte ich, werde in der Vertiefung der Zusammenarbeit zwischen unseren Ländern in allen Bereichen liegen, mit dem Schwerpunkt der Entwicklung von Beziehungen zwischen Israel und der Europäischen

Union mit deutscher Hilfe. Natürlich war ich nicht so naiv anzunehmen, die Vergangenheit würde aus meiner Tätigkeit völlig ausgeklammert sein, ich glaubte aber auch nicht an ihre tagtägliche Präsenz. Bald wurde ich eines anderen belehrt.

Zu den ersten Einsichten, die ich gewann, gehörte, daß die Jahre seit dem Ende des Zweiten Weltkriegs die Deutschen von der Nazi-Zeit nicht entfernt haben – eher verhält es sich umgekehrt. Viele haben die Not, die Vergangenheit zu verdrängen, mit dem Fortgang der Zeit gewissermaßen überwunden. Wenn meine Vorgänger erzählten, sie hätten das Wort »Schlußstrich« oft schon in den sechziger Jahren gelesen oder gehört, könnte ich Gegenteiliges berichten. Was man in den sechziger und siebziger Jahren unter Vergangenheitsbewältigung verstanden hat, war im Grunde nur der Versuch, der Vergangenheit und der Erinnerung an sie zu entrinnen.

Immer wieder begegne ich dem aufrichtigen Willen, die dunkle Last der jüngeren deutschen Geschichte beim Namen zu nennen und sie zu erörtern. In allen Kreisen, mit denen ich in Berührung komme – Politiker, Unternehmer, Studenten, Journalisten, Künstler –, werde ich auf diese Vergangenheit angesprochen. Nie bin ich es, der das Gespräch darüber beginnt. Der Anstoß dazu kommt stets von der anderen Seite – eine intellektuelle Herausforderung an mich, die mich unablässig zum Nachdenken über die Vergangenheit zwingt, damit aber auch zum besseren Kennenlernen und Verstehen der Deutschen. Viele erschütternde Erfahrungen, die ich seit meinem Amtsantritt machte, haben mich über die deutsche Vergangenheit mehr gelehrt und auch menschlich stärker berührt als alles, was ich vorher über sie gelesen habe.

184

Was lag nach meiner Ankunft am Ort des Regierungssitzes näher, als mich mit der Gliederung der Bundesregierung und der Struktur einzelner Bundesbehörden zu befassen? War die Regierung selbst mit der jedes anderen demokratischen Staates im Westen vergleichbar?

Bonner Begegnungen

Die ersten Bonner Beamten, denen ich begegnete, waren nicht etwa solche aus dem Auswärtigen Amt. Sie waren überhaupt keine Bundesbeamten, unterstanden vielmehr der Regierung von Nordrhein-Westfalen, dem Bundesland, in dem Bonn liegt. Es handelte sich um meine künftigen Leibwächter sowie den Polizeichef und einige seiner Mitarbeiter. Letztere nahmen mir Fingerabdrücke ab und machten Lichtbilder – vorsorglich, wie sie erklärten, für den Fall einer Entführung. »Sie kriegen alles als Souvenir zurück«, sagten sie, »wenn Sie Deutschland wieder verlassen. Hoffentlich benötigen wir's nicht.«

Die mir als »Israel-Kommando« vorgestellte Leibwache sollte fortan ständig um mich sein. Für mich war das nichts Ungewohntes, schon früher war ich von Sicherheitsbeamten umgeben und hatte jahrelang mit den Einschränkungen gelebt, die ein solcher Schutz mit sich bringt. Über mögliche emotionale Reaktionen darauf, daß es deutsche Polizisten waren, die von nun an für meine Sicherheit sorgen sollten, konnte ich gar nicht erst lange nachdenken. Ich lernte sie einfach als ungemein sympathische, liebenswürdige und auch gebildete junge Männer kennen, zu denen man Vertrauen, womöglich sogar ein freundschaftliches Verhältnis entwickeln konnte.

Tatsache ist, daß sie sich als meine treuesten Deutschlehrer erwiesen. Denn mein Ehrgeiz, die bisher erworbenen

Sprachkenntnisse zu vervollkommnen, möglichst unter erfahrener Anleitung, stieß bald auf zeitliche Schwierigkeiten. Gerade in Bonn etabliert, hatte ich zwar Verbindungen zu einer bekannten, hervorragenden Lehrerin aufgenommen, Rosemarie Toscha, die seit Jahrzehnten Deutschunterricht an der amerikanischen Botschaft gibt. Doch da stellte sich auch schon die Zeitfrage: Wie oft konnte ich, neben allen dienstlichen Verpflichtungen, Unterricht nehmen? Zweimal pro Woche? Nur selten. Einmal? Auch das nicht immer und regelmäßig.

Die Unmöglichkeit, einen verbindlichen Zeitplan aufzustellen, hat mit meiner häufigen Abwesenheit von Bonn zu tun. Sie wiederum hängt unvermeidlich mit der für mich überraschend stark dezentralisierten Struktur der Bundesrepublik zusammen. Natürlich wußte ich, daß Deutschland eine Föderation ist, eine echte Föderation mit Sonderbefugnissen der einzelnen Länder und gesetzlich verankerten Traditionen, die jeweils nur hier anzutreffen sind. Was mir zunächst aber unbekannt war, jedenfalls in dieser Dimension, ist die weitläufige Verteilung von Bundesbehörden und solchen Einrichtungen, die dem Bund unterstehen, über die gesamte Republik, von Medienzentralen oder wichtigen Wirtschaftsgremien ganz abgesehen. Institutionen wie die Notenbank, das Bundesverfassungsgericht oder der Bundesgerichtshof befinden sich nicht am Regierungssitz, wie es etwa in Frankreich der Fall wäre. Zahlreiche Veranstaltungen, die ich besuchen muß, finden deshalb außerhalb von Bonn statt.

Ob ich will oder nicht, die vielen Reisen ziehen meinem Deutschstudium bei Frau Toscha enge Grenzen. Dafür lerne ich mehr und mehr das Land kennen. Außerdem genieße ich es, mich mit meinen Sicherheitsbegleitern zu unterhalten. Die Aufmerksamkeit, mit der sie meine Reden, die ich immer frei halte, bei allen nur möglichen Gelegenheiten verfolgen, gilt den Fehlern, die mir unterlaufen. Sie haben sichtlich Spaß daran, sie zu notieren und mir hinterher zu erklären, während ich mir wie ein Schüler Notizen mache. Ihre Kritik ist freimütig. Anders als Zuhörer, die mir zu schmeicheln meinen, wenn sie mein »flüssiges« oder »fehlerloses« Deutsch loben, halten sie sich mit pauschalen Komplimenten zurück und äußern sie nur, wenn sie glauben, Grund dazu zu haben. »Heute gab es mehr Fehler, recht schlimme sogar, die Sie nicht wiederholen sollten«, sagen sie, wenn sie mich ertappt haben. Oder: »Diesmal waren Sie gut, kaum Fehler!«

Wenn ich irgendwo öffentlich reden muß, bitte ich meine Schutzengel um Beistand – ganz sicher ist man nie, trotz aller Wachsamkeit. Aber auch harmlos-komische Vorfälle lassen sich nicht ausschließen. Als ich einmal in einem der neuen Bundesländer auf einer größeren Veranstaltung in einem entsprechend weiträumigen, dichtgefüllten Saal sprach, waren meine Sicherheitsleute wie gewöhnlich dabei. Einer hatte sich an die Wand gelehnt und machte sich während der Rede Notizen – ein Zeichen, daß mich auf der Rückfahrt die üblichen Korrekturen erwarten würden. Am Ende, als sich der Saal leerte, kam eine ältere Dame zu mir. Sie wirkte besorgt und fragte, ob ich keine Angst vor Verfolgungen der Polizei hätte. Ich verneinte, warum sollte ich? »Vielleicht macht es Ihnen nichts aus, weil Sie Botschafter sind«, meinte sie daraufhin, »aber wer weiß, was uns passieren wird . . .« Als ich sie bat, sich näher zu erklären, erfuhr ich den Grund ihrer Befürchtungen: »Was Sie nicht wissen, wissen wir: Die Geheimpolizei hat vorhin, als Sie sprachen, alle Anwesenden aufgeschrieben . . .«

Nicht allein das Verhältnis zu meiner Leibwache ist gut.

Gleich, ob höhere Beamte, ob Abgeordnete im Bundestag, ob Parteichefs, Minister oder Mitglieder von Landesregierungen – im Umgang mit allen, bis hin zum Bundeskanzler und zum Bundespräsidenten, bin ich von Anfang an fast ausnahmslos auf entgegenkommendes Wohlwollen gestoßen. Immer wieder heben meine Gesprächspartner die guten Beziehungen der Bundesrepublik zu Israel hervor, die denkbar beste Voraussetzung für meine Arbeit und meinen Aufenthalt überhaupt. Außenminister Kinkel etwa hat sich gleich mehrfach in diesem Sinn geäußert – »Sie müssen doch in Deutschland glücklich sein!« –, und Bundeskanzler Kohl, den ich im Juni 1995 auf seinem zweiten Staatsbesuch in Israel begleitete, meinte gar, mein Posten in Deutschland sei so ideal, daß sich Geld dafür eigentlich verbiete. »Bekommt er denn ein anständiges Gehalt von Ihnen?« fragte Kohl – er wies auf mich – bei einem privaten Essen im Haus von Shimon Peres, dem Gastgeber. »Ja«, sagte Peres, »das beste, das wir bieten können.« Kohl darauf: »Das ist ein Fehler. Sie sollten ihm überhaupt nichts zahlen, er sollte Ihnen etwas geben, für solch ein Amt sollte man nicht auch noch Geld bekommen, umgekehrt müßte es sein!« Ich will nicht behaupten, daß der Kanzler damit völlig unrecht hatte. Aber ich bin dankbar, daß Shimon Peres seinen Ratschlag nicht angenommen hat . . .

Am 26. November 1993, nach ersten Kontakten mit Beamten des Auswärtigen Amts, empfing mich Bundespräsident von Weizsäcker zur Überreichung meines Beglaubigungsschreibens. Gewöhnlich nimmt der Präsident an einem bestimmten Vormittag die Schreiben von mehreren Botschaftern entgegen, in einer vorher festgelegten Abfolge, in der die Botschafter einander nicht sehen: Erst wenn der eine die Villa Hammerschmidt verlassen hat, folgt der nächste, während die an der Zeremonie beteiligten Deutschen im Hintergrund bleiben. Als die Reihe an mir und der offizielle Teil vorüber war, nahm der Präsident mich am Arm und ging mit mir ins Freie, wo außer vielen Fotografen und Journalisten auch Kameraleute vom Fernsehen warteten. Ich sei der einzige an diesem Morgen, der Fotografen und Presseleute angelockt habe, sagte Richard von Weizsäcker. Für die Amtskollegen habe es nur den offiziellen Fotografen gegeben, keine Medien. »Das kommt daher«, erklärte er, »daß Israel noch immer ein interessantes und empfindliches Thema für uns ist. Mehr eigentlich als sämtliche Großmächte. Wir freuen uns, daß Sie unter uns sind.«

Diesen Satz habe ich von ihm noch öfter vernommen, auch später, als er ins Privatleben zurückgekehrt war. Richard von Weizsäcker dachte dabei weniger an mich. Was er ausdrücken wollte – ich empfand es immer als eine von Herzen kommende Ehrung –, war einfach die Freude, daß es in Deutschland heute einen Botschafter Israels gibt.

Es war das sechste Mal in meiner Laufbahn, daß ich eine derartige Zeremonie erlebte. Was sonst ein feierlich erhebendes, freudig erwartetes Ereignis gewesen war, verursachte diesmal, noch bevor es begonnen hatte, einige Beklemmung: die Ehrenformation deutscher Soldaten, dann die alte, von einem Musikzug gespielte Melodie von »Einigkeit und Recht und Freiheit«, die in meinen Ohren wie »Deutschland, Deutschland über alles« klingt – wie würde mir da zumute sein? Tatsächlich habe ich mit der deutschen Nationalhymne immer noch Probleme. Auch der Wohlklang von Joseph Haydns Melodie hilft mir nicht über den Eindruck hinweg, daß dem »Deutschlandlied«, in der NS-Zeit immer und immer wieder gesungen und gespielt, noch etwas vom Machtwahn des Hitler-Reiches anhängt.

190

So gut wie keine Hemmungen empfand ich dagegen im Umgang mit Repräsentanten der Bundeswehr oder Angehörigen des Verteidigungsministeriums. Wenn es sie am Anfang überhaupt gab, dann löste sich die Befangenheit bald durch sachliche Zusammenarbeit und ausgezeichnete persönliche Beziehungen. 1994, ein Jahr nach meiner Akkreditierung, empfing ich Klaus Naumann, den Generalinspekteur der Bundeswehr, zum Abendessen. Anlaß war der Besuch des Oberbefehlshabers der israelischen Streitkräfte, General Ehud Barak. Da zufällig meine Schwiegermutter bei uns Urlaub machte, saß auch sie mit am Tisch. Als die Gäste gegangen waren, fragte ich sie, die Auschwitz-Überlebende, ob sie in Gegenwart des höchsten deutschen Offiziers viel an die Vergangenheit hatte denken müssen. »Natürlich«, antwortete die rüstige alte Dame, »viel habe ich gedacht. Auch, daß solch ein Abend nicht mal im verrücktesten meiner Lagerträume hätte vorkommen können. Aber ich weiß nicht, welche Vorstellung wäre wohl wahnsinniger gewesen: ich bei Tisch, während meine Tochter Gastgeberin des deutschen Oberbefehlshabers ist, oder die andere: daß wir einen General haben, den Anführer einer sieg- und ruhmreichen Armee, der sich mit seinem deutschen Kollegen an einen gedeckten Tisch setzt wie gute Freunde.« Und wie immer, wenn etwas sie stark bewegte, seufzte sie: »Ach, wenn meine Mutter das hätte erleben können . . .«

Es waren übrigens Matrosen der Bundesmarine, die anläßlich meiner Akkreditierung als Ehrenformation vor der Villa Hammerschmidt angetreten waren. Die beiden Nationalhymnen, zuerst die israelische, dann die deutsche, hörte ich, aufrecht stehend, mit einem dem Ernst dieses Augenblicks teils angemessenen, teils widersprechenden Gefühl. Erinnerungen an ähnliche Momente, an die Geschichte dieses Landes und an die meines eigenen, Gedanken an die vor mir liegenden Aufgaben, die Frage, ob ich sie zum Wohl der Beziehungen Israels zu Deutschland bewältigen würde – alles das mischte sich mit dem Wissen um die Sympathie, die mir bisher entgegengebracht worden war. Fotos, die mich an der Seite Richard von Weizsäckers in der Villa Hammerschmidt zeigen, verraten etwas vom eigenartig lähmenden Gefühl, das mich in diesen Minuten beschlich. Es verschwand erst, als der Präsident mich zu einem Gespräch zur Seite nahm.

Daß ein Botschafter, nachdem er sein Beglaubigungsschreiben überreicht hat, zuerst dem Außenminister des Gastlandes einen Antrittsbesuch abstattet, ist eine der festen internationalen Regeln der Diplomatie. Ich sah da keine Probleme, geriet aber doch unfreiwillig in Schwierigkeiten, als ich mich bei Klaus Kinkel im Auswärtigen Amt angesagt hatte. Ich war, wie es sich gehört, pünktlich. Ein Beamter, der mich empfing, deutete an, es gebe leider eine Verzögerung, der Minister habe mit einem unerwarteten Gast zu tun. Ich versuchte, meine Situation zu erklären – eigentlich hätte ich viel Zeit, wenngleich nicht unbegrenzt, denn in einer, spätestens in eineinhalb Stunden müsse ich zum Frankfurter Flughafen, wo Shimon Peres, unser Außenminister, zu einem Zwischenstopp landen werde. Peres wollte mich dort treffen, der Termin ließ sich nicht verschieben.

Ich wartete also. Die Zeit verstrich, und als ich schon entschlossen war, mich um einen neuen Termin zu bemühen, stand ich doch noch, mit vielen Entschuldigungen empfangen, dem Außenminister gegenüber. Er wußte, daß ich in Frankfurt erwartet wurde, bestand aber darauf, mich zu sehen. Der Empfang könne allerdings nur kurz sein, sagte er, er wolle mich nicht lange aufhalten, mir nur sagen, wie sehr er sich freue, einen neuen israelischen Botschafter in Deutschland begrüßen zu können, wie gut die Beziehungen zwischen beiden Ländern seien, welche Sondernatur dieses Verhältnis habe und auch künftig haben werde. Alsdann wünschte er mir viel Glück und Erfolg für meine Mission in Deutschland. »Und jetzt bitte kein Wort, gehen Sie schnell zu Ihren Leuten, und fahren Sie nach Frankfurt. Aber bitte vergessen Sie nicht, Shimon Peres sehr herzlich von mir zu grüßen. Auf Wiedersehen, Herr Botschafter!«

Ich hatte kaum ein Wort gesagt. Draußen auf dem Korridor wandte ich mich an Theodor Wallau, zu jener Zeit noch Bonner Ministerialdirektor, heute Botschafter in Israel, der mich begleitete: »Finden Sie nicht auch, daß meine Vorstellung beim Außenminister und das Gespräch ausführlich waren und höchst interessant?« – »Doch«, sagte Wallau, »ich werde gleich einen detaillierten Bericht schreiben . . .«

So begann mein Verhältnis zu Außenminister Kinkel fast unverhofft heiter. Danach war es, ebenso unerwartet, Turbulenzen mit wechselnder Heftigkeit ausgesetzt, bis es in eine immer engere, vertrauensvollere Zusammenarbeit überging. Sie schloß Mißverständnisse ebensowenig aus wie Verstimmungen, die sich daraus ergaben. Kritisch wurde es, ohne mein Zutun, nur einmal. Daß daraus kein ernsthaftes Zerwürfnis entstand, war vor allem Kinkels aufrichtigem, ohne Umschweife direktem Stil zu danken.

1994, ich war zur Behandlung in einem Krankenhaus in Israel, lud Shimon Peres Bundesminister Kinkel zur Teilnahme an der Zeremonie anläßlich der Unterzeichnung des Friedensabkommens mit Jordanien ein. Turnusgemäß war der deutsche Außenminister damals auch Vorsitzender des Ministerrats der Europäischen Union, denn Deutschland hatte die Präsidentschaft inne. Nach den Bundestagswahlen von Koalitionsgesprächen voll in Anspruch genommen, lehnte Kinkel zunächst ab, aber es war dann noch einmal Peres, der ihn in einem Telefongespräch doch noch zur Reise in den Süden Israels überreden konnte. Dort, an der Grenze zu Jordanien, sollte das Abkommen feierlich unterzeichnet werden.

Kinkel kam also, war aber nicht wenig überrascht, als er entdeckte, daß auf der Ehrentribüne kein Platz für ihn reserviert war. Man bedeutete ihm, die Tribüne sei ausschließlich regierenden Staatsoberhäuptern vorbehalten, Männern wie König Hussein von Jordanien, US-Präsident Clinton und dem israelischen Premier Jitzhak Rabin. Kinkel war zunächst verblüfft, denn immerhin war er nicht nur als deutscher Außenminister, sondern auch als Vorsitzender des EU-Ministerrats gekommen und opferte kostbare Zeit. Er fügte sich aber und nahm – was blieb ihm anderes übrig – im Publikum Platz. Um so verärgerter reagierte er dann, als von der Ehrentribüne aus nach den Regierungschefs auch der russische Außenminister Kosyrew das Wort ergriff. Außerdem sprach, als ranggleicher Israeli, Shimon Peres.

Daß der deutsche Außenminister, noch dazu als Vorsitzender des EU-Ministerrats, sich zu Recht düpiert sah, stand außer Frage. Doch was war zu tun, um die Angelegenheit möglichst elegant zu bereinigen? Eine Woche später, in einem Gespräch mit Peres noch vor meinem Rückflug nach Deutschland, kam mir eine – wie ich glaubte – rettende Idee. Ich schlug Peres vor, in einer Geste des guten Willens eigens nach Deutschland zu reisen, wann immer es Kinkel passe. »Verbinden Sie den Besuch möglichst nicht mit anderen Terminen«, riet ich. Auch müßte Peres nach dem Gespräch mit dem deutschen Amtskollegen Bonn sofort verlassen, es durfte nicht der Eindruck einer mehr zufälligen Begegnung entstehen. Peres stimmte zu und gab mir grünes Licht.

Als ich sie ihm unterbreitete, war Kinkel von der Besuchsidee unseres Außenministers offensichtlich bewegt. Noch einmal machte er seiner Enttäuschung über die letzte Israelreise Luft und erklärte, weshalb er auch nachträglich nicht die Art und Weise akzeptieren könne, in der man bei der Feier in der israelischen Wüste mit ihm umgegangen sei. Er nannte Einzelheiten und äußerte einige sehr vertrauliche Gedanken. Peres' Vorschlag aber, nach Bonn zu kommen, mußte er gleichwohl ablehnen – so erfreut er darüber war, er sah einfach keine Zeit für den Besuch. Gegen Ende des Gesprächs bat Kinkel mich, Shimon Peres auszurichten, er werte dessen Absichten als vollendete Tat.

Waren damit alle Probleme gelöst? In Wirklichkeit begannen sie erst. Am nächsten Montag, auf dem Flug zur Ministerratssitzung in Brüssel, auf der es unter Teilnahme von Peres und Arafat um Nahost-Probleme gehen sollte, erreichte Klaus Kinkel die Mitteilung seiner Botschaft in Israel, der von mir nach Jerusalem geschickte Bericht über unser letztes Gespräch sei in einer israelischen Zeitung veröffentlicht worden, einschließlich der sehr persönlichen Details, die Kinkel mir anvertraut hatte. Das war ein handfester Skandal, zumal es nur zwei Personen gab, an die ich den Bericht adressiert hatte. Des deutschen Außenministers erste – lautstarke – Reaktion vor seinen Mitarbeitern war: Mit Primor spricht man nicht mehr.

Als er in Brüssel Shimon Peres traf, machte Kinkel aus seinem Zorn keinen Hehl. Er folgte Peres auf einem Korridor, ergriff ihn am Arm und empörte sich, während Peres ruhig blieb, die Erregung des deutschen Außenministers aber durchaus verstehen konnte. Peres sah schon bald danach gewisse Chancen für ein Versöhnungsgespräch, doch sollte es noch vier Wochen dauern, bis sich der Sturm halbwegs gelegt und Kinkel sich überwunden hatte, Bundespräsident Herzog auf seiner ersten offiziellen Reise nach Israel zu begleiten. Aus Budapest kommend, traf er eine Stunde nach dem Präsidenten auf dem Flughafen Ben Gurion ein. Peres war mit Roman Herzog zum offiziellen Empfang schon nach Jerusalem vorausgefahren. So war es an mir, Kinkel zu begrüßen, den ich seit der Affäre um meinen Bericht nicht mehr gesehen hatte.

Noch im Auto, in dem außer ihm und seiner Gattin auch Hans Blohmeyer-Bartenstein, Gesandter der deutschen Botschaft in Israel, saß, ließ Kinkel seinem Unmut über alles Geschehene freien Lauf. Mittlerweile wisse er allerdings, sagte er, daß nicht ich schuld an der Veröffentlichung unseres Gesprächs sei. Der Ton wurde ruhiger, und wir verabredeten uns zu einem Essen in meiner Bonner Residenz. Die Dinge rückten allmählich wieder ins Lot.

Kinkels von einem Teil der deutschen Presse attackierter »rauhbeiniger« Stil hat immerhin den Vorteil, daß man bei ihm weiß, woran man ist. Er ist nach meinem Eindruck alles andere als nachtragend. Mißhelligkeiten, Streit und Ärgernisse, wenn sie ausgestanden sind, interessieren ihn nicht mehr. Typisch dafür ist seine Reaktion auf einen Vorfall, der sich im Frühjahr 1996 ereignete.

Israel wurde damals von einer Reihe extrem grausamer Terroranschläge heimgesucht. Trotz des Wahlkampfes für seine Partei in drei Bundesländern, der seine Zeit und Kräfte stark beanspruchte, ließ Kinkel sich von mir nicht nur über das Geschehen in Israel informieren, er wollte auch wissen, wie er helfen könne. Das Ergebnis war, daß er zwei Tage später nach Israel zu einem Treffen mit Ministerpräsident Peres und Außenminister Ehud Barak flog. Vorgesehen war auch eine Begegnung mit Jassir Arafat in Gaza. Ich begleitete den

Bundesminister, blieb aber in Jerusalem, als er nach einem Empfang bei Peres in einem Wagenkonvoi nach Gaza fuhr. Auf der Rückfahrt, kurz vor Mitternacht, geschah es dann: Israelische Soldaten an der Grenze stoppten die Kolonne, und Kinkel mußte mit seiner Begleitung etwa eine dreiviertel Stunde am Straßenrand warten – in einer Gegend, in der sich Fuchs und Hase gute Nacht sagen. Endlich kam die Erlaubnis zur Weiterfahrt. Die Grenzposten hatten offenbar keine Anweisung erhalten, die Wagen ungehindert passieren zu lassen.

Miryam Shomrat, die Protokollchefin, war in heller Aufregung, als sie mir am nächsten Morgen von dem Vorfall berichtete. Um dessen Peinlichkeit zu mildern, schlug ich Außenminister Barak vor, das Gespräch, zu dem er Klaus Kinkel erwartete, sofort mit einer nachdrücklichen Entschuldigung für das nächtliche Vorkommnis zu beginnen. So geschah es auch. Kinkel reagierte trotzdem gereizt, doch als die beiden Außenminister sich anschließend der Presse stellten und Barak abermals Anstalten machte, die Schuld an Kinkels langem Grenzaufenthalt auf seine Schultern zu nehmen, unterbrach ihn der deutsche Kollege: »All dies haben wir schon besprochen und abgeklärt, das ist kein Thema mehr.« Dann ging er zu wirklich aktuellen Fragen über. Davon gab es mehr als genug.

Kinkels pragmatische Sicht der Nahost-Problematik hindert ihn nicht, sich in den Beziehungen zu Israel besonders zu engagieren. So wie es keine bloße Geste war, daß er während seines nur sechzehnstündigen Besuchs mit Opfern der jüngsten Terroranschläge im Krankenhaus sprach und medizinische Hilfe anbot, so selbstverständlich ist es für ihn, daß er, falls notwendig, jederzeit für mich erreichbar ist. Ähnliches ließe sich über das Verhältnis zwischen meinen Mitarbeitern und dem Bonner Außenministerium im allgemeinen sagen.

Verständnis also, Entgegenkommen und die Bereitschaft, mir am Anfang meiner Mission jede nur erdenkliche Unterstützung zu geben und das Einleben zu erleichtern – was konnte ich mehr erwarten? Nachdrücklich wie selten habe ich diese Zuwendung von seiten Richard von Weizsäckers empfunden, doch auch bei Roman Herzog, dem Nachfolger, durfte ich von Anfang an einer besonderen Aufgeschlossenheit für meine Arbeit sicher sein. Das erste Mal begegnete ich ihm noch in seinem Amt als Präsident des Bundesverfassungsgerichts in Karlsruhe. Der Tag meines Besuchs, Wochen vorher vereinbart, war ausgerechnet derjenige nach dem unglücklichen Urteil im Fall des Neonazis Deckert: Wegen Verleugnung des Holocaust und Verbreitung der »Auschwitzlüge« war Deckert zweimal verurteilt, nach der Berufung aber vom Instanzgericht von Baden-Württemberg freigesprochen worden.

Herzog sprach das heikle Thema gleich am Anfang an. Ich möge nicht unangenehm überrascht sein, meinte er, wenn er mir sage, er halte das letzte Deckert-Urteil für vertretbar: »Unser Problem ist, daß wir keine befriedigende Gesetzgebung haben, um Verbrechen dieser Art zu ahnden. Es fehlt ganz einfach ein Gesetz, das die Verleugnung des Holocausts strafbar macht. Ich bin sicher, daß es zustande kommt, noch vor dem 23. Mai dieses Jahres.«

Unser Gespräch fand im Februar 1994 statt. Das von Herzog genannte Datum war das der Präsidentenwahl, jedermann wußte, daß er für das höchste Staatsamt kandidierte. Er hätte vage auch von allgemeinen Bemühungen um das Gesetzesvorhaben sprechen können, aber es war Herzogs entschlossene Zielstrebigkeit, die mir den Eindruck vermit-

198

telte, wie ernst er die Angelegenheit nahm. Tatsächlich war er noch vor Beginn seiner Amtszeit, dem 1. Juli, als Vorsitzender des Ersten Senats am Bundesverfassungsgericht im Wege der richterlichen Rechtsfindung mit der Angelegenheit befaßt. Der Beschluß des Senats vom 13. April machte den Weg zur strafrechtlichen Verfolgung der »Auschwitzlüge« frei. Am 20. Mai wurde die entsprechende Gesetzesvorlage im Bundestag eingebracht, am 4. November 1994 wurde das Gesetz verkündet. Deutschland wurde damit zum ersten Land, das die Shoah-Verleugnung klar unter Strafe stellt.

Daß Herzog noch im ersten Jahr seiner Präsidentschaft Israel einen offiziellen Besuch abstattete, als erstem Land außerhalb Europas, machte die Stärke seines Interesses am weiteren Ausbau unserer Beziehungen deutlich. Schon vorher, nach der Wahl zum Bundespräsidenten, aber noch vor dem 1. Juli, dem Tag seines Amtsantritts, war er – außerhalb des Protokolls – zu einem Essen in unserer Residenz. Auch dieser Besuch war offensichtlich mehr als eine bloße Höflichkeitsgeste. Sehr bewegt hat mich Herzogs Anruf im März 1996, mit dem er mich zu einem Gespräch einlud. Israel stand wieder einmal unter dem Schock einer Reihe von Terroranschlägen. Er wolle sich nicht mit öffentlichen Solidaritätsbekundungen zufriedengeben, auch nicht damit, daß er seinem Amtskollegen in Israel in diesem Sinne schreibe, sagte der Bundespräsident. Vielmehr verspüre er das Bedürfnis, über die Tragödien, die sich in Israel abspielten, direkt auch mit dem Vertreter unseres Staats in Deutschland zu sprechen.

Bundeskanzler Helmut Kohl empfängt neu akkreditierte Botschafter nicht rein automatisch oder routinemäßig zu einem Antrittsbesuch. Er bittet neue Botschafter erst dann zum Gespräch, wenn dafür ein triftiger Grund vorliegt, ein

Thema etwa, das für ihn von unmittelbarem Interesse ist. Ich wußte natürlich viel über ihn und kannte auch die Stelle in dem schon erwähnten Erinnerungsbuch unseres ehemaligen Botschafters Meroz, die Kohl noch als damaligen Oppositionsführer vorstellt: »Helmut Kohl ... unterstrich immer wieder gegenüber offiziellen israelischen Besuchern der Bundesrepublik wie auch in Gesprächen mit mir, daß seine Partei das Erbe Adenauers fortführe, das heißt, daß sie die traditionelle deutsche ›Israel-Partei‹ sei.«

Erste Gelegenheit, den Kanzler zu sehen, ergab sich schon bald nach meiner Akkreditierung. Ministerpräsident Rabin war zu einem kurzen Besuch nach Bonn gekommen, so daß ich Zeuge des Gesprächs war, das er mit dem deutschen Regierungschef führte. Das eine oder andere Wort wechselte ich mit dem Kanzler am Rande offizieller Veranstaltungen, zu einer längeren Unterhaltung aber kam es bei einem Abendessen, das nach dem Festakt anläßlich des 250. Jahrestags der Gründung der Rothschild-Dynastie in Frankfurt am Main stattfand, wenige Wochen nachdem ich mein Amt angetreten hatte.

Kohl war Ehrengast dieser Veranstaltung. In seiner Festrede erinnerte er nicht nur an Meyer Amschel Rothschild, den Gründer der Dynastie. Er hob auch hervor, »welche enormen Energien, welche demokratischen, welche schöpferischen Kräfte durch die Emanzipation der Juden freigestellt wurden. Ich erinnere hier in Frankfurt vor allem an den freiheitlichen Patriotismus eines Mannes wie Gabriel Riesser, des Vizepräsidenten der Nationalversammlung in der Paulskirche.« Ebenso würdigte der Kanzler das »einzigartige Aufblühen von Mäzenatentum, gemeinnützigen Stiftungen und philanthropischen Einrichtungen, für die es gerade hier in Frankfurt so viele grandiose Beispiele gibt. In diesem Engagement drückt sich eine auf langer jüdischer Tradition beruhende Sozialethik aus, für die Mildtätigkeit und Gerechtigkeit, Nächstenliebe und Bürgersinn untrennbar zusammengehören.«

Beim Essen saß ich links vom Kanzler, rechts hatten die beiden Chefs der Rothschild-Familie Platz genommen, James de Rothschild aus England und Guy de Rothschild aus Paris. Da beide Ehrengäste kein Deutsch sprachen und Helmut Kohls Fremdsprachenkenntnisse, wie man weiß, im Schatten seiner staatsmännischen Talente und Verdienste stehen, war ich – unter den Blinden ist der Einäugige König – mit meinem, wie ich fand, noch recht unbeholfenen Deutsch an diesem Abend des Kanzlers fast alleiniger Partner beim Tischgespräch.

Der Festakt in Frankfurt mit rund hundert Angehörigen der weitverzweigten Rothschilds fand kurz nach einer CDU-Tagung in Hamburg statt. Wie alle Botschafter in Bonn hatte auch ich eine Einladung als Beobachter erhalten. Es war das erste Mal, daß ich den Kanzler in voller Aktion erleben konnte. Die Zeichen standen damals nicht gut für die Union, Meinungsumfragen – zehn Monate vor den Bundestagswahlen deuteten auf einen klaren Sieg der SPD. Entsprechend gedrückt war die Stimmung. Allein bessere Umfrageergebnisse, schien mir, hätten wie ein Gegenmittel wirken können.

Dann aber kam der Auftritt des Kanzlers. Seine Rede vertrieb im Nu alle Sorgen, die Unsicherheit wich wie durch einen Zauber, und immer wieder brandete Jubel auf – man hätte meinen können, die Wahlen seien schon gewonnen. Ich habe die verwandelnde Kraft, die den Stimmungsumschwung bewirkte, insgeheim bewundert, ohne sie recht zu verstehen, dazu war mir Deutschland noch zu fremd. Der Bundeskanzler aber faßte meine Eindrücke, von denen ich ihm am Frankfurter Rothschild-Abend erzählte, nur wie eine Bestätigung auf. »Ich kann mir vorstellen«, sagte er, »daß Sie Ihrer Regierung schon einen Bericht geschickt haben, in dem mit großer Sicherheit dargelegt wird, daß Deutschland im Laufe des Jahres eine neue Regierung bekommt und daß dies das Ende Kohls sein wird. Lassen Sie sich nicht täuschen – wir werden die Wahlen gewinnen.«

Genauso kam es dann auch.

Was wäre Politik – und die Diplomatie als Teil von ihr – ohne Gespräche oder wenigstens die Entschlossenheit und Bereitschaft dazu? Gespräche aber erfordern Zeit, ebenso Geduld, wenn sie sich bewähren und zum Ziel führen sollen.

Als ich mich im Juni 1994 zum ersten offiziellen Gespräch beim Bundeskanzler anmelden ließ und um einen Termin bat, hatten wir es sehr eilig, denn es ging um Israels Beziehungen zur Europäischen Union. Ich bat um ein Gespräch von etwa zwanzig Minuten, aus dem Kanzleramt aber verlautete: Sie werden vierzig Minuten haben. Tatsächlich geblieben bin ich dann rund eineinhalb Stunden, und zwar nicht gegen den Wunsch des Kanzlers. Er war es vielmehr, der die Zeit ausdehnte, und vieles von dem, was er erzählte, ist mir erinnerungswürdig und von einigem Wert.

Das Hauptthema war, wie gesagt, die Europäische Union. Als er mein Anliegen zur Kenntnis genommen hatte, erklärte Helmut Kohl, er würde sich in der EU als Motor für uns verwenden. Eine engere Verbundenheit mit der Union liege im Interesse Israels, wenn es denn auf zwei Beinen stehen wolle – das eine sei Amerika, auf das wir nicht verzichten sollten, das zweite sei Europa in Gestalt der EU. Im übrigen, fügte er hinzu, wäre es im Interesse Deutschlands und der Europäischen Union, wenn Israel sich darin verankere.

Das lange Gespräch, das sich aus diesen Gedanken ergab, bestärkte mich in der Überzeugung, daß sich auf Deutschland große Hoffnungen setzen ließen. Die Angst, die immer noch, in Europa wie in Israel, vor einem infolge der Wiedervereinigung allzu stark gewordenen Deutschland umging, würde sich nur durch dessen feste Einbindung in die europäische Völkergemeinschaft, eben in die EU, überwinden lassen.

Aus meiner Zeit in Brüssel wußte ich, daß die deutsche Politik, die europäische Einigung betreffend, die aufrichtigste war. Kohl bekannte sich in dem Gespräch mit mir zu dieser Geradlinigkeit: »Heute weiß jeder in Europa, daß Helmut Kohl ehrlich und beharrlich und vertrauenswürdig die Vereinigung Europas und die Teilnahme Deutschlands an dieser Entwicklung vorantreibt. Es stellen sich nur manche die Frage: Was passiert nach Kohl? Darf man davon ausgehen, daß die deutsche Politik in bezug auf die EU auf jeden Fall dieselbe bleiben wird?« Der Kanzler räumte ein, nicht immer ein »so verständnisvoller Europäer« gewesen zu sein wie heute, »aber sobald man sich die Welt von dem Sessel aus anschaut, in dem ich jetzt sitze, versteht man, daß es anders nicht sein kann. Ich verspreche Ihnen, wer immer in Zukunft in diesem Sessel sitzen wird, er wird die Dinge ebenso sehen wie ich.«

Kohls Beharrlichkeit in Sachen Europa und europäische Einigung nötigte ebenso Respekt ab wie das Feingefühl und die Geduld, die er auf diesem höchst steinigen Weg bewies. In seinem Verhältnis zu England konnten sich diese Tugenden bewähren. Ende Oktober 1991, anläßlich des zwanzigsten Jahrestags des Beitritts des Vereinigten Königreichs von Großbritannien zur EG, erschien in »Le Monde« ein Beitrag mit Auszügen aus den Erinnerungen französischer Unterhändler, die 1956 an den Verhandlungen zu den römischen Verträgen teilgenommen haben, den Gründungspapieren der EG. Der Franzose Jean-François Deniau schrieb:

»Nie hat der würdige Vertreter des Vereinigten Königreichs während der Verhandlungen seinen Mund aufgemacht, es sei denn, um sich seine Pfeife anzustecken. Endlich – eines Tages und zur Überraschung aller Beteiligten bat er um das Wort, und das auch nur, um eine kurze Abschiedsrede zu halten. Er sagte: ›Herr Vorsitzender, meine Herren, ich möchte mich für Ihre Gastfreundschaft bedanken und Ihnen versichern, daß sie ab heute beendet sein wird . . . Ich habe mit Interesse Ihre Arbeit verfolgt, und ich muß Ihnen sagen, daß der künftige Vertrag, von dem Sie sprechen und den Sie die Pflicht haben zu entwerfen, a) keine Chancen hat, jemals vollendet zu werden; b) wird er trotzdem vollendet, hat er keine Chance, gebilligt zu werden; c) wird er gebilligt, hat er keine Chance, in die Tat umgesetzt zu werden. Wäre es trotzdem so, würde er auf jeden Fall für Großbritannien vollkommen inakzeptabel sein.‹« Deniau erwähnt auch die öffentliche Erklärung eines britischen Ministers, der an den Verhandlungen teilnahm, wonach der Plan zur Schaffung einer europäischen Gemeinschaft im Grunde nichts anderes sei als das Werk von Besiegten. Unter denen habe England nichts zu suchen.

Als die Gemeinschaft dennoch ins Leben gerufen wurde, gründeten die Engländer die EFTA. Diese Organisation sollte, so schien es, die EG nicht nur behindern, sondern schlicht überflüssig machen. De Gaulle vertrat damals die Auffassung, England solle zwar EG-Mitglied werden, doch möglichst erst am Ende des Vereinigungsprozesses, der Lauf der Dinge werde sonst nur unnötig gestört.

Zu solchen Behinderungen kam es tatsächlich, nachdem

Premierminister Edward Heath sein Land in die Gemeinschaft eingebracht hatte. Darüber hinaus sahen sich die Kontinentaleuropäer öfter als einmal Verdächtigungen, mitunter auch haltlosen Beschimpfungen seitens der britischen Medien ausgesetzt. Zielscheibe ihrer Attacken gegen den Europagedanken ist besonders Bundeskanzler Kohl. Als ihn einmal jemand auf die Arroganz der Engländer ansprach, winkte er gelassen ab: »Verstehen Sie doch, daß die Engländer zwei Weltkriege gewonnen haben. Wie würden wir uns aufführen, hätten wir zwei Kriege gewonnen?«

Als Jacques Chirac im Mai 1995 zum französischen Präsidenten gewählt worden war, schien es so, als müsse man sich um die weitere Entwicklung der europäischen Vereinigung sorgen. Chirac galt nicht gerade als ein begeisterter Europäer, und von den Spitzenpolitikern, die ihn umgaben, war bekannt, daß sie die Europäische Union einschließlich des Maastrichter Abkommens mehr oder minder energisch ablehnten. Auch ich teilte diese Sorgen, allerdings nur kurze Zeit. Schon einen Tag nachdem er in seinem Amt bestätigt war, traf der Präsident sich mit dem deutschen Bundeskanzler in Straßburg – ein, wie mir schien, gutes Omen. Man darf vermuten, daß der Kanzler bei den zahlreichen Gelegenheiten, die die beiden Staatsmänner seither zusammenführten, seinem französischen Partner auch den Gedanken nahelegte, den er im Gespräch mit mir in seinen Diensträumen äußerte, nämlich daß vom Stuhl der höchsten Verantwortung die Welt anders aussieht. Die Vereinigung Europas ist für Frankreich kaum weniger unerläßlich als für Deutschland.

Die Annäherung Frankreichs und Deutschlands nach dem Krieg fand ihren Ausdruck nicht nur im Abschluß von Verträgen. Sie ging einher mit dem Abbau von Vorbehalten, Vorurteilen und Haß in beiden Völkern, erfolgte aber nur langsam, nachdem Adenauer und de Gaulle dazu die ersten Schritte getan hatten, mit ihrer persönlichen Freundschaft als Unterpfand. Das erste Mal empfing de Gaulle den deutschen Kanzler noch in seinem Privathaus in Colombey-les-deux-Eglises. Als er ihn endlich auch in Paris begrüßte, gab er dem Besuch den Glanz und die Würde einer Staatsvisite, wie sie eigentlich nur Präsidenten zukommt. Das französische Volk habe den Gast mit Freude und Begeisterung aufgenommen, erklärte de Gaulle hinterher auf der Pressekonferenz – eine Behauptung, die angesichts der leeren Straßen in Paris und in den übrigen Städten, die Adenauer besucht hatte, zumindest übertrieben war. Darauf angesprochen, daß die meisten Franzosen sich in Wirklichkeit jeder Freudensäußerungen enthalten hatten, erwiderte de Gaulle: »Ich weiß, aber ich will den Franzosen allmählich beibringen, sich an einen deutschen Besuch zu gewöhnen.«

Bei allen Zeichen der Entspannung, das Verhältnis zwischen beiden Ländern blieb lange schwierig. Eine Tafel neben dem Eingang des »Quartier Napoléon« im Norden Berlins, dem Sitz des französischen Stadtkommandanten bis zum Abzug der Truppen aus ihrem Sektor, wies darauf hin, daß Napoleon am 27. Oktober 1806, nach der Schlacht bei Jena, Einzug in Berlin gehalten hat. Eine weitere Tafel, im Vorzimmer des Kommandanten angebracht, nannte mit den zugehörigen Daten die Namen der französischen Gouverneure, die damals, bis 1813, in Berlin militärische Befehlsgewalt ausübten, angefangen von General Clarke, Duc de Feltre, bis Marschall Augerau. Daran schlossen sich, als hätte es keine mehr als hundertdreißigjährige Unterbrechung gegeben, die Namen der französischen Stadtkommandanten seit 1945 an: General de Beauchesne, General Lanson, General Ganeval – und so weiter.

Über die deutsch-französischen Beziehungen und die Tatsache, daß sich relativ wenig Franzosen für Deutschland interessieren, sprach ich mehrfach mit dem ehemaligen Premierminister Michel Rocard. 1969, als ich als junger Diplomat nach Paris kam, war er Vorsitzender einer kleinen linksradikalen Partei, die sich PSU (Parti Socialiste Unifie) nannte. Israel gegenüber ausgesprochen ablehnend eingestellt, hatte sie gerade den Kontakt zur dortigen, ebenfalls radikal linken Partei »Mapam« abgebrochen, weil sie sie für zionistisch hielt. Daß Rocard und seine Getreuen keine Verbindungen zur israelischen Botschaft in Paris wünschten, war bei dieser betont schroffen Haltung fast selbstverständlich, unser Botschafter jedenfalls bemühte sich vergeblich, Rocard einen Antrittsbesuch abzustatten.

So kam es einer kleinen Sensation gleich, als ich eines Tages einen Anruf der Journalistin Danielle Molho von »L'Express« erhielt. Ob ich bereit wäre, fragte sie zu meiner Verblüffung, Michel Rocard kennenzulernen. Die Gegenfrage, ob er denn meine Bekanntschaft machen wolle, wies sie zurück: »Sonst hätte ich Sie nicht angerufen.« Auch mein Hinweis, für einen Mann wie Rocard wären der Botschafter oder der Gesandte sicherlich bessere Gesprächspartner als der Botschaftssprecher, fruchtete nichts. »Nein«, sagte Danielle Molho, »Michel Rocard ist im Grunde überhaupt nicht bereit, einen Vertreter Ihres Staates zu treffen, er will Sie persönlich kennenlernen.« Angeblich war er bei einer Fernsehsendung auf mich aufmerksam geworden.

Das Treffen kam in der Wohnung der Journalistin zustande, und zwar unter bemerkenswert konspirativen Umständen. Rocard konnte oder wollte es sich nicht leisten, mit mir in der Öffentlichkeit gesehen zu werden, weshalb ich eine Viertelstunde vor ihm das Haus betreten und eine weitere Viertelstunde nach seinem Weggang warten mußte – alles war vorher genau verabredet. Wir aßen gemeinsam zu Mittag, während Rocard mich mit Fragen über Israel und den Nahen Osten geradezu bombardierte. Ich kam mir vor wie bei einem Verhör, antwortete aber so sachlich und nüchtern wie möglich. Am Ende hatte ich den Eindruck, daß es bei dieser Begegnung, die unter so merkwürdigen Bedingungen zustande gekommen war, bleiben würde.

Doch nicht lange, da rief Frau Molho mich wieder an. Rocard war daran gelegen, mich erneut zu sehen, unter gleich geheimer Abschirmung wie das erste Mal. So geschah es auch. Alles, was ich ihm letzthin erzählte, habe er genau prüfen lassen, erklärte er. »Zu meinem Erstaunen erwies sich alles als richtig.« Mich erstaunte das nicht so, denn Rocard war offensichtlich ein Opfer der syrischen Propaganda, kein Wunder bei seinen engen Beziehungen zu Syrien, besonders zur Schwesterpartei der PSU, der anti-israelischen Baath-Partei des Präsidenten Assad. Mehrmals hielt er sich in Damaskus auf.

Mittlerweile überzeugt, daß ich ihm zur Lage Israels nur nachprüfbare Tatsachen erzählte, legte Michel Rocard Wert darauf, unsere Gespräche in der Folgezeit fortzusetzen. Er zog sich allmählich von seiner Partei zurück und näherte sich den Sozialdemokraten an. Für die Geheimhaltung unserer Treffen gab es keinen Grund mehr, um so weniger, als er begann, nach Israel zu reisen und sich dort mit führenden Politikern unseres Landes zu treffen. Einmal, 1976, begegnete ich ihm dort wieder, als ich, inzwischen Regierungssprecher in Jerusalem, François Mitterrand als Gast der damals regierenden Arbeiterpartei zu betreuen hatte. In Mitterrands Begleitung war auch Michel Rocard. Wir freuten uns über das Wiedersehen und verbrachten einen Abend allein, danach aber gab es für den inzwischen in die hohe Politik Aufgerückten keinen besonderen Grund zur Fortsetzung unserer Verbindung.

Erst zwölf Jahre später kam es dazu, als Rocard zum Premierminister Frankreichs berufen wurde. Ich war damals Botschafter in Brüssel und schickte ihm in einem persönlich gehaltenen Brief Glückwünsche zum Amtsantritt. Tage später rief er an: »Sie sind in Europa, ohne daß ich es wußte! Wir müssen uns unbedingt sehen.« Ich teilte den Wunsch: »Aber diesmal erwarte ich, daß unser Treffen geheim bleibt.« Meine Pariser Kollegen sollten sich nicht sorgen, ich könnte von Brüssel aus versuchen, hinter ihrem Rücken Kontakte zur französischen Regierung zu knüpfen . . .

Getroffen haben wir uns im Schloß Matignon, dem Sitz des Regierungschefs, am Morgen des französischen Nationalfeiertags. Zu dieser Stunde konnte mich hier, wie Rocard es vorausgesagt hatte, niemand vermuten. Wir frühstückten zusammen, und am Nachmittag saß ich mit meiner Familie auf einer Tribüne an den Champs-Élysées, um mir die große Militärparade anzusehen. Die Karten dafür hatte mir Rocard zukommen lassen.

Jahre später, von Bonn aus, übermittelte ich Rocard Beobachtungen und Stellungnahmen zum deutsch-französischen Verhältnis. Die Zurückhaltung, mit der er sie aufnahm, bestärkte mich in der Meinung, daß die Kluft zwischen Deutschen und Franzosen trotz aller offiziellen Freundschaftsbeteuerungen und aller wirtschaftlichen Annäherungen noch recht groß ist, aus psychologischen Gründen. Bereitwillig aber nahm Rocard meinen Vorschlag an, einmal nach Bonn zu kommen, um in privatem Kreis mit prominenten deutschen Politikern alle anstehenden Fragen freimütig zu erörtern, ohne Dolmetscher, Protokoll und Medienpräsenz. Es war ein erfolgreicher, überaus fruchtbarer Abend. »L'Express« widmete bald danach eine ihrer Ausgaben Deutschland und den deutsch-französischen Beziehungen. Rocards Beitrag in diesem Heft unterstreicht nicht nur die Notwendigkeit der weiteren Annäherung beider Länder, er betont auch, wie wichtig für die Franzosen und die Deutschen der noch engere Zusammenschluß Europas sei, unabweisbar für die Zukunft.

Als ich dann einen der deutschen Politiker wiedertraf, die an dem privaten Treffen mit Michel Rocard teilgenommen hatten, jenem Abend, an dem fast alle Gespräche um dieses eine Thema kreisten, durfte ich zu meinem Anteil ein schönes Kompliment entgegennehmen. Mein Gastland, meinte der Betreffende, müsse mir eigentlich eine Auszeichnung verleihen für den Beitrag, den ich zugunsten der deutsch-französischen Verständigung geleistet habe. Ich hatte jedoch eher die für uns alle schicksalhafte Europäische Union im Sinn.

Seit dem ersten ausführlichen Gespräch bin ich dem Bundeskanzler des öfteren begegnet. Besondere Anlässe dazu waren natürlich Besuche hochrangiger israelischer Politiker wie Jitzhak Rabin oder Shimon Peres. Einmal kam er sogar zum Abendessen in meine Residenz – zur neugierigen Freude aller Kinder aus der Nachbarschaft, die vor der Tür Schlange standen und um Autogramme baten. Auffallend – und bewundert von meiner Frau, die ihn weniger kannte – waren die Liebenswürdigkeit und Geduld, mit der er auf die Wünsche der Kinder einging.

Vermeintliche Belanglosigkeiten, zunächst kaum beachtet, nehmen in der Politik aufgrund einer kaum mehr zu steuernden Eigendynamik mitunter Dimensionen an, die das

Verhältnis zweier Staaten empfindlich stören können. Vielfach sind es die Medien, die solche Entwicklungen auslösen. Anfang 1995 erschien in der »Frankfurter Allgemeinen Zeitung« ein Artikel mit der Nachricht, die Bundesrepublik habe sich dank ihrer guten Kontakte zu Iran bemüht, für Israel die Freigabe der sterblichen Überreste israelischer Gefallener und die Rückführung eines verschollenen Kriegsgefangenen aus dem Libanon zu erreichen. Der normale Zeitungsleser mochte die Meldung mit Interesse, doch ohne besondere Hintergedanken zur Kenntnis nehmen. In israelischen Journalistenkreisen aber interpretierte man den FAZ-Artikel inhaltlich und der Sache nach sofort als eine Art Deckung der Bonner Politik gegenüber dem Iran. Anders als Bonn setzt Jerusalem sich wie die USA für einen Boykott des Iran ein. Humanitäre Hilfe der Bundesrepublik als Kompensation für ihre von Israel und den Vereinigten Staaten gleichermaßen ungeliebte Iran-Politik – das etwa waren die Vorstellungen, die der Artikel hervorrief.

Nun ist nicht jede Meldung, die in den Medien erscheint, ein Evangelium. Bei aller Wertschätzung ihrer öffentlichen Funktionen in demokratisch regierten Staaten – ich war selber jahrelang Pressesprecher – kenne ich die Schwachpunkte der Berichterstattung und die Gefahren, die allein im Termindruck etwa bei der Herstellung von Tageszeitungen liegen.

Als junger Diplomat war ich Zeuge eines Gesprächs zwischen Außenminister Abba Eban und dem Chefredakteur einer der größten israelischen Zeitungen, in dem es genau um diese Gefahren ging. Das Treffen war vom Sprecher des Auswärtigen Amts als Versöhnungsversuch arrangiert worden, nachdem Abba Eban den Journalisten öffentlich gerügt hatte. Laut las der Minister aus der Mappe vor, die er eigens für dieses Gespräch vorbereitet hatte – Falschmeldungen und Irrtümer des Blattes, dessen Chefredakteur vor ihm saß. Der Zeitungsmann hörte die lange Litanei ungerührt an. Am Ende fragte Abba Eban: »Haben Sie denn nichts dazu zu sagen, bestreiten Sie etwa meine Zitate?« – »Nein«, sagte der Angesprochene, »ich gestehe, daß wir die Fehler, die Sie nannten, wirklich begangen haben.« Der Minister: »Na also!« »Kein also«, erwiderte der Chefredakteur, »habe ich denn jemals behauptet, eine wissenschaftliche Zeitschrift zu leiten? Ich führe eine Tageszeitung. Eine Tageszeitung wird unter Druck und in kurzer Zeit gemacht, in Hektik. Fehler lassen sich da nicht vermeiden.« Der Minister schwieg daraufhin.

Eile und Terminnot spielten auch eine Rolle, als ich einem Pariser Journalisten zu Informationen verhalf, die zum einen nicht von mir stammten, zum anderen auf wundersame Weise zu ihrem Urheber zurückfanden. Ich war, damals Sprecher unserer Botschaft in Paris, mit einem Nachtzug von einem Skiurlaub in die Hauptstadt zurückgekehrt und vom Bahnhof direkt ins Büro gefahren, um zu sehen, was sich während meiner Abwesenheit auf dem Schreibtisch an Post und sonstigen Papieren angesammelt hatte. Kaum hatte ich mich gesetzt, als das Telefon läutete. Am Apparat war der für auswärtige Politik zuständige Redakteur des Magazins »Le nouvel observateur«, Jean Pierre Joulin. Er wollte mit mir dringend, möglichst sofort und natürlich auch möglichst ausführlich über den Nahen Osten sprechen, der betreffende Artikel müsse ganz rasch in Druck, jede Viertelstunde sei kostbar, ob er nicht gleich kommen könne. Daß ich eine Woche lang wie von der Welt abgeschnitten, im Urlaub ohne Zeitungen und Radio gewesen war, irritierte ihn nicht, er bestand darauf, mich noch an diesem Morgen zu sprechen. Ich gab nach, leichtsinnigerweise.

212

Denn während ich noch überlegte, woher ich mir neueste Nahost-Informationen beschaffen sollte, von Leuten in der Botschaft oder aus Berichten, die sich auf dem Schreibtisch stapelten – viel Zeit war ohnehin nicht mehr –, blätterte ich in israelischen Zeitungen, die ebenfalls auf dem Tisch lagen. Mein Blick fiel auf einen Artikel eines bekannten israelischen Journalisten, Zeev Schiff von »Ha'aretz«. Ich las den Beitrag bis zum Schluß – und da stand mein Besucher auch schon vor der Tür. Was konnte ich ihm sagen? In meiner Ratlosigkeit habe ich ihm einfach, ohne die Quelle zu nennen, erzählt, was ich kurz zuvor gelesen hatte. Er fand das alles ungemein interessant, machte sich eifrig Notizen, bedankte sich und ging.

Ein paar Tage später entdeckte ich in »Le nouvel observateur« Joulins Artikel. Die Gliederung, die Abfolge der Informationen, der Wortlaut der Formulierungen – alles glich, fast bis aufs Haar, Zeev Schiffs Beitrag in »Ha'aretz«, nur daß dieser Text in französisch erschienen war und unter anderem Namen. Irgendwie war mir die Sache peinlich, herzhaft lachen aber mußte ich, als mir, wieder einige Tage darauf in einer der neuesten Ausgaben von »Ha'aretz« ein Bericht ihres Pariser Korrespondenten Eli Maissi vor Augen kam. Der Artikel entpuppte sich als getreue Kopie dessen, was Joulin den Lesern von »Le nouvel observateur« zur Lage im Nahen Osten mitgeteilt hatte. Niemand bei »Ha'aretz« hat den Bumerang bemerkt, der unversehens und sozusagen durch die Hintertür in das Blatt zurückgekehrt war.

Eine weniger belustigende Erfahrung mit Jean Pierre Joulin, Anfang der siebziger Jahre, hätte mich warnen sollen. Er wollte nach Israel und bat mich unter anderem, für ihn ein Interview mit Ben Gurion zu arrangieren. Ich hatte Ben Gurion 1970 während der Feierlichkeiten anläßlich des Todes von de Gaulle erlebt, wußte in etwa um den angegriffenen Gesundheitszustand des Zweiundachtzigjährigen und glaubte, Joulin vor allem auf die nachlassende Konzentrationsfähigkeit des alten Herrn aufmerksam machen zu müssen. Joulin nahm das wortlos zur Kenntnis, reiste ab und schrieb nach der Rückkehr in seiner Zeitung, wie übel es ihm in Israel ergangen sei, vor allem im Umgang mit Regierungsbehörden. Schon deren Sprecher in Paris habe, im Hinblick auf die Meinungsverschiedenheiten Ben Gurions mit der derzeitigen Regierung und um ihn unglaubwürdig zu machen, den ehrwürdigen Staatsmann indirekt verunglimpft. Eine kleine Ungeheuerlichkeit, doch sie richtete gottlob keinen Schaden an.

Auch der besagte Artikel in der FAZ hat letztlich kein größeres Unheil verursacht. Er bot jedoch, wie gesagt, Ansatzpunkte zu sehr unterschiedlichen Auslegungen, die wiederum Stoff genug bargen, um die deutsch-israelischen Beziehungen zu belasten, zumindest wenn man sich auf eine bestimmte Version versteifte. Der erste, der das zu spüren bekam, war Joachim Bitterlich, der engste außenpolitische Berater des deutschen Kanzlers. Als der Artikel erschien, hielt er sich in Jerusalem auf. In Zusammenhang mit der Meldung mußte er persönliche Angriffe über sich ergehen lassen – ausgerechnet er, der sich stets mit größter Einfühlsamkeit und dem ganzen Einsatz seiner Person bemüht hat, die deutsch-israelischen Beziehungen zu entwickeln und zu vertiefen. Bitterlich führte ein Gespräch mit Ministerpräsident Rabin, das die Medien sofort zum Anlaß für alle möglichen Spekulationen nahmen. Man ging soweit zu behaupten, Rabin persönlich habe eine Kampagne gegen Deutschland entfacht.

Noch ehe sich die Krise deutlich abzeichnete, geschweige

denn handfeste Formen gewann, sorgte man sich bereits um ihre möglichen Auswirkungen auf den Fortgang des Friedensprozesses im Nahen Osten. Monate vorher, am 17. Oktober 1994, war ich von Bonn im Auto unterwegs zur Schmerzbehandlung in einem Krankenhaus, womit ich eine kleinere Operation, die in Israel stattfinden sollte, vor mir herschob. Es war der Tag nach den Bundestagswahlen. Noch während der Fahrt erreichte mich ein Anruf von Shimon Peres aus Amman, der Hauptstadt Jordaniens. Peres interessierte zunächst der Wahlausgang, vor allem, ob Helmut Kohl wieder Kanzler sei.

Dann kam er auf den eigentlichen Grund des Anrufs zu sprechen, das Friedensabkommen mit Jordanien, über das er gerade in Amman verhandelte. Es gebe noch ein Hindernis, sagte er, nämlich das Problem der gemeinsamen Wasserversorgung mittels neu zu errichtender Stauseen und Entsalzungsanlagen, Einrichtungen, die internationale Investitionen in beträchtlicher Höhe erforderten. Für ihn, Peres, käme allein schon aufgrund seines Einflusses auf die Gremien der Europäischen Union als engagierter Förderer dieser Projekte, die gleichermaßen auf eine Unterstützung der regionalen Entwicklung wie auf die Festigung des Friedensprozesses hinausliefen, niemand anders in Betracht als der deutsche Kanzler. Ich solle sofort klären, ob von seiten Kohls mit einer positiven Behandlung dieser Frage zu rechnen sei. Peres wollte in Amman bleiben, bis meine Antwort eintraf. Ich mußte also, schmerzgeplagt, schleunigst zurück.

Die Antwort kam noch am selben Tag. Der Wahlsieger hatte gewiß anderes zu tun, als sich – vierundzwanzig Stunden nach seinem Erfolg – mit Nahost-Problemen zu befassen, doch Kohl signalisierte umgehend seine grundsätzliche Bereitschaft, sich unserer Belange mit Nachdruck anzunehmen; die endgültige Antwort würden wir nach genauer Prüfung unserer Pläne und nach den noch erforderlichen Gesprächen mit der Europäischen Kommission erhalten. Der unterbrochenen Fahrt ins Krankenhaus stand nun nichts mehr im Wege.

Nachdem Experten von allen Seiten unser Vorhaben erörterten und die Kommission grünes Licht gegeben hatte, kam es am 15. März 1995 in Bonn zu einem abschließenden Gespräch mit dem Kanzler. Der Termin, lange vorher vereinbart, nahm keine Rücksicht auf die Verstimmung, die mittlerweile aufgrund des FAZ-Artikels in Israel wie in Deutschland spürbar geworden war. Außer dem damals noch amtierenden Außenminister Peres war auch der jordanische Kronprinz Hassan nach Bonn gekommen. Peres hatte die atmosphärische Eintrübung des deutsch-israelischen Verhältnisses im Sinn, als er, noch bevor er sich zum Kanzler begab, vor Journalisten in einem beruhigenden und versöhnlichen, auf Ausgleich bedachten Ton äußerte: Die Bundesregierung habe sich auf ausdrücklichen Wunsch Israels um die Freigabe von Gefallenen und Vermißten beim Iran bemüht, dafür gebühre ihr Dank.

Weil die übrigen Gesprächsteilnehmer – Kronprinz Hassan, Außenminister Kinkel und Europa-Kommissar Manuel Marin – noch nicht eingetroffen waren, hatte Peres Gelegenheit, sich kurz mit dem Kanzler zu unterhalten, der ihn sehr freundlich empfangen hatte. »Ich hoffe, Sie haben mitbekommen, was ich den Journalisten heute morgen erklärte«, sagte Peres. Der Kanzler bejahte, aber: »Sie, Shimon, sind doch ein Freund, mit Ihnen habe ich keine Probleme.« Peres versicherte, Ministerpräsident Rabin werde öffentlich wiederholen, was er, Peres, den Journalisten gesagt habe, Rabin habe es ihm telefonisch zugesagt. »Ich werde es glauben, wenn ich es sehe«, erwiderte Kohl. Darauf Peres wieder: »Ich meine es im Ernst, ich habe heute morgen mit Rabin gesprochen.« – »Wie gesagt, lieber Shimon«, wiederholte der Kanzler, »ich werde es glauben, sobald ich es sehe.« Das anschließende Gespräch über die Wasserversorgung Jordaniens verlief so, als gebe es zwischen Rabin und Kohl nicht den geringsten Meinungsunterschied.

Vollends hatte auf beiden Seiten die Vernunft gesiegt, nachdem Jitzhak Rabin überraschend, wie aus einem plötzlichen Entschluß, dem Kanzler einen Besuch abstattete. Die Weichen dafür stellten Joachim Bitterlich und ein Freund des israelischen Ministerpräsidenten, der Unternehmer Jekutiel Federmann. Rabin traf am Abend des 29. März in Bonn ein. Ich fuhr sofort mit ihm zum Kanzler-Bungalow, wo wir zum Abendessen erwartet wurden. Von einer gespannten Stimmung war schon am Anfang nichts zu spüren, schon die Tatsache, daß beide Staatsmänner so kurzfristig und außerhalb des Protokolls ein Treffen verabredet hatten, konnte als gutes Vorzeichen gelten. Am Ende des Abends waren nicht nur restliche Meinungsverschiedenheiten ausgeräumt und eine Reihe anderer Themen erörtert, Rabin hatte sich auch in ein ihm bis dahin unbekanntes Getränk verliebt: in deutsches Weizenbier. Der Bundeskanzler versorgte ihn damit fortan regelmäßig, bis zum tragischen Tod Rabins Anfang November 1995.

Fünf Monate vor jenem Unglückstag, im Juni, hat Rabin den deutschen Bundeskanzler noch auf israelischem Boden begrüßt. Es war ein alles in allem gelungener und erfolgreicher Besuch, harmonisch und von der persönlichen Wertschätzung getragen, die beide füreinander empfanden. Das rundum positive Ergebnis dieser Reise war um so höher einzuschätzen, als Kohls erster Aufenthalt in Israel, 1984, wie ich mehrfach schon vor meiner Ankunft in Bonn hörte, eher zwiespältige Eindrücke hinterlassen hatte. Diesmal, nach der offiziellen Verabschiedung in Jerusalem, rief er mich im Bus, der ihn und seine Begleitung zum Flughafen brachte, zu sich, sprach über einzelne Ereignisse und Begegnungen der voraufgegangenen Tage und vertraute mir in einem Moment dieses persönlichen Rückblicks an, mit welcher Sympathie er Rabin sah. »Jitzhak Rabin«, sagte er, »ist der erste israelische Premierminister, vor dem ich überhaupt keine Hemmungen habe.« Dazu mußte man wissen, daß der Kanzler während seiner langen politischen Laufbahn fast allen israelischen Regierungschefs begegnet war.

Es war dann auch mehr als bloße Hochachtung vor einem Staatsmann und lag auch jenseits aller protokollarischen Notwendigkeiten, daß außer dem Kanzler und dem Bundespräsidenten zahlreiche weitere deutsche Politiker Jitzhak Rabin nach seiner Ermordung die letzte Ehre erwiesen und zu den Beisetzungsfeiern nach Israel kamen. Unter den Trauergästen in Jerusalem waren auch der Vizekanzler und Außenminister, die Bundestagspräsidentin, die Oppositionsführer der SPD und der Grünen, der nordrhein-westfälische Ministerpräsident sowie, nicht zuletzt, der Vorsitzende des Zentralrats der Juden in Deutschland. Rabins Tod hinterließ bei ihnen wie in der gesamten deutschen Öffentlichkeit die traurige Gewißheit eines nicht nur für Israel schmerzlichen Verlusts.

Das Programm, das Bundeskanzler Kohl als Staatsgast Israels im Juni 1995 erwartete, sah nicht nur Begegnungen mit hochrangigen Persönlichkeiten aus Staat und Regierung vor. Der Kanzler hatte zunächst gezögert, als ich ihm eine entsprechende Namensliste überbrachte und vorschlug, einen

Abend auch im Kreis deutschsprachiger israelischer Intellektueller zu verbringen. Die Gründe seiner anfänglichen Bedenken habe ich nie erfahren, womöglich stellte er sich vor, Universitätsprofessoren, bekannten Schriftstellern, Dichtern und Künstlern, die sich zum Teil mit dem Holocaust befaßten, Fragen beantworten zu müssen, zu denen er, der promovierte Historiker und Vorsitzende der »deutschen Israel-Partei«, schon unzählige Male unmißverständlich Stellung genommen hatte. Dabei war gerade dieser Abend ein besonders gelungener. Man inspirierte sich gegenseitig: Der Kanzler erfuhr viel über Israel aus einer Sicht, die den Politikern fremd war, und den Intellektuellen wurden, manchen zum ersten Mal, die Grundzüge der deutschen Innen- und Außenpolitik erläutert.

Das gedrängte Programm, das der Bundeskanzler bei seinem zweiten Staatsbesuch zu absolvieren hatte, sah für das Gespräch mit dem damaligen Oppositionsführer Benjamin Netanjahu nur eine halbe Stunde vor. Ich wartete im Jerusalemer King-David-Hotel auf ihn, den ich seit der gemeinsamen Arbeit im Außenministerium gut kannte. Als er gekommen war, bat er mich, ihm etwas über Kohl zu erzählen: »Was interessiert ihn, wie kann man mit ihm reden?« Wir begaben uns in die Nähe des Gesprächszimmers, mein Angebot aber, an der Unterredung teilzunehmen, wehrte er ab – er sei, sagte er, kein Regierungsvertreter wie ich, er stehe für eine andere Partei, für die Opposition, man dürfe da nichts vermischen. Als dann aber Joachim Bitterlich die Tür öffnete und Netanjahu einzutreten bat, nahm er mich am Arm: »Doch«, sagte er, »komm mit!«

Die ersten zehn Minuten vergingen, wie üblich, mit dem Austausch von Höflichkeiten. Ziemlich unvermittelt dann wollte der Kanzler von dem Besucher wissen, was er vom

Frieden im Nahen Osten halte. »Was soll ich sagen?« antwortete Netanjahu. »Was immer ich sagen werde, Sie werden es nicht glauben. Man hat uns zu Feinden des Friedens gestempelt, zu Leuten, die Krieg wollen. Ich persönlich wurde als Faschist verleumdet, schlimmer noch: als Neufaschist!«

Der Kanzler lächelte. Auch er habe, deutete er an, früher derart unqualifizierte Angriffe ertragen müssen. Während die Zeit drängte, beteuerte Netanjahu den Friedenswillen der Likud-Opposition. Von Anfang an habe sie sich für das Abkommen mit Jordanien eingesetzt und im Parlament klar dafür gestimmt. Er selber sei nach Jordanien gefahren und vom König empfangen worden, eigens um zu bekräftigen, wie entschieden Likud den Frieden unterstütze – nicht anders als der Kanzler selbst, der sich ja in dieser Sache ebenfalls engagiere. Das Gespräch, bei diesem Thema auch mit bestem Willen nicht in ein paar Minuten zu beenden, schloß mit der Einladung an Netanjahu zu einem Deutschlandbesuch in absehbarer Zeit.

Monate später, im Oktober 1995, traf er in Bonn ein. Mir kam in den Sinn, wie Kohl sich im Juni auf der Busfahrt von Jerusalem zum Flughafen über Netanjahu geäußert hatte: »Kommt er doch einmal an die Macht, dann wird er nach meiner Überzeugung die gleiche Politik betreiben wie Rabin, trotz allem.« Und, nach einer Pause: »Weil er, wenn er es nicht tut, scheitern wird, und dazu ist er zu klug.«

Konsequent stellte Helmut Kohl im Bonner Gespräch denn auch den Friedensgedanken über alle aktuellen Notwendigkeiten. Er ermutigte Netanjahu und erläuterte seine Vorstellungen an einem greifbar nahen Gegenstand, indem er auf das Miniaturmodell einer kunstvoll verzierten Kanone hinter seinem Schreibtisch wies. Kohl erzählte die Geschichte des Originals, mit dem es tatsächlich eine besondere Bewandtnis hatte.

Im Jahr 1524 in Koblenz gegossen und fünf Meter lang, diente die Kanone der Stadt lediglich als Zierde. Nie ist aus ihrem Rohr auch nur eine einzige Kugel abgefeuert worden. Ob es das Alter war oder der schöne Reliefschmuck, Napoleon jedenfalls ließ das Prunkstück, nachdem er Koblenz erobert hatte, nach Paris bringen und dort aufstellen. Generalfeldmarschall von Moltke, in den sechziger Jahren des vorigen Jahrhunderts Chef der Koblenzer Garnison, erinnerte sich des Raubs, als seine Truppen 1870 die französische Hauptstadt besetzten. Er sorgte für die Rückkehr der Kanone, ein halbes Jahrhundert später jedoch, 1918, als Deutschland kapitulierte und Koblenz abermals eine französische Besatzung hatte, entführte man sie erneut nach Paris. Die Anordnung dazu kam vom Befehlshaber der am Rhein stationierten Franzosen, Giscard d'Estaing. Das Hin und Her wiederholte sich 1940, nach der Niederlage Frankreichs, und 1945, als das Dritte Reich am Boden lag.

Weder Adenauers gutes Verhältnis zu de Gaulle noch das nicht weniger freundschaftliche, das Bundeskanzler Helmut Schmidt zum französischen Staatsoberhaupt Valerie Giscard d'Estaing unterhielt, Sohn eines Offiziers, der nach dem Ersten Weltkrieg ihren Abtransport befohlen hatte, vermochten etwas am Schicksal des Beutestücks zu ändern. Präsident Mitterrand, kein Militarist, erst recht kein Trophäenjäger, zeigte sich dagegen sofort zur Herausgabe bereit, als Helmut Kohl ihn darum bat. Mittlerweile aber gehörte die Kanone zu den Beständen des Militärmuseums im Invalidendom – sie dort herauszuholen und an ihren ursprünglichen Platz in Deutschland zurückzuschicken, hätte den sofortigen Rücktritt des gesamten Museumsvorstands bedeutet, hoher Armeeoffiziere im Ruhestand. Eine Lösung zeichnete sich erst ab, als Mitterrand während eines Kanzlerbesuchs in Paris die alten Herren zu einem Privatessen einlud, an dem auch Kohl teilnahm.

Er habe nach jenem Abend durchaus nicht geglaubt, daß es ihm gelungen sei, die prominenten Armeepensionäre von der Rechtmäßigkeit seines Wunsches zu überzeugen, sagte der Kanzler. Um so überraschter sei er am nächsten Tag gewesen: François Mitterrand teilte nun mit, die alten Herren hätten gegen die Rückführung nach wie vor stärkste Einwände, nähmen jedoch Abstand von ihrem Beschluß zur Demission. Damit war die größte Hürde überwunden. Bald durften die Koblenzer sich wieder an ihrem alten Besitz erfreuen.

»Sie haben von der Kanone, als sie zurückgekehrt war, zwei verkleinerte Nachbildungen gießen lassen«, sagte der Kanzler. »Die eine steht hier, die andere haben sie Präsident Mitterrand angeboten. Ähnlich könnte man auch bei anderen Konflikten verfahren.«

Netanjahu war so beeindruckt, daß er die Geschichte später, auf der Pressekonferenz nach dem Besuch beim Bundeskanzler, den in Bonn arbeitenden israelischen Korrespondenten erzählte. Er kenne, sagte er, keine schönere Friedensgeschichte als diese.

Präsident Weizmans Rede vor dem Bundestag im Januar 1996 hat viele bewegt. Den meisten Zuhörern im Plenarsaal war Betroffenheit anzumerken, so sehr, daß dahinter fast die Wirkung der Worte zurückblieb, mit denen Bundestagspräsidentin Rita Süßmuth den Staatsgast empfangen hatte. Das war bedauerlich, um so mehr, als sie, seit vielen Jahren um Versöhnung und Verständigung zwischen Deutschen und Juden, zwischen Israel und der Bundesrepublik bemüht, in ihrer Eingangsansprache einen dem Ernst der Stunde angemessenen Ton traf. Schade auch, daß Weizman die Worte, die sie in Hebräisch an ihn richtete, nicht unmittelbar vernahm – die Simultanübersetzung, die der Präsident über Kopfhörer verfolgte, unterschlug sie sozusagen.

Weizman wußte, daß die Bundestagspräsidentin zu den ersten gehörte, die Israel die Furcht vor der deutschen Wiedervereinigung zu nehmen suchten. Im Sommer 1990, der Einigungsvertrag war noch nicht unterschrieben, besuchte sie gemeinsam mit Sabine Bergmann-Pohl, der Präsidentin der damals noch existierenden DDR-Volkskammer, Jerusalem. Repräsentierte jede der beiden Damen ein halbes Deutschland? Oder waren beide schon Vorbotinnen eines ganzen? Fest steht, daß man ihnen viel Sympathien entgegenbrachte. Wieder einmal bestätigte sich die Bedeutung persönlicher Begegnungen, gleich, ob spontan oder länger geplant, ob offiziell oder außerhalb des Protokolls. Politik wird in gewissem Sinne erst interessant durch die Menschen, die sie machen.

Das galt – und gilt – selbstverständlich auch für meine Tätigkeit. Glücklicherweise war keine lange Anlaufzeit nötig, um mir nicht nur über die innenpolitischen Verhältnisse in Deutschland ein Bild zu machen. Dazu standen mir alle erdenklichen Informationsquellen zur Verfügung. Wichtiger waren die persönlichen Eindrücke aus Gesprächen mit jenen Frauen und Männern, die gestaltend in diese Verhältnisse eingriffen.

Aufschlußreich in dieser Hinsicht waren Begegnungen mit Alt-Bundeskanzler Helmut Schmidt und mit Rudolf Scharping, dem SPD-Vorsitzenden und einstigen Gegenspieler von Helmut Kohl. Schmidt empfing mich zum Antrittsbesuch in seinem Büro im Bundeshaus. Die Unterhaltung, so hochinteressant wie selten – oft sah ich danach den auch heute einflußreichen Politiker nicht mehr –, drehte sich zunächst um weltpolitische Themen. Dann kamen wir auf die nächsten Bundestagswahlen zu sprechen und damit auf Scharping und dessen Chancen, Kohl als Kanzler abzulösen. »Wird er im nächsten Jahr gewählt«, sagte Schmidt, »werden wir auf jeden Fall einen recht guten Kanzler haben.« Scharping sei am Vortag bei ihm gewesen. Schmidt wies in meine Richtung: »Er saß dort, wo Sie jetzt sitzen.« Scharping müsse sich allerdings vordringlich für Außenpolitik interessieren, vor allem für Frankreich, das sei Deutschlands wichtigster Partner, gefolgt von den USA. Dann zählte Schmidt drei Staaten auf, Israel war auch darunter.

Einen Monat später traf ich Rudolf Scharping im Bahnhof Rolandseck bei einem Konzert. Zu meiner Überraschung wußte er, daß ich bei Helmut Schmidt gewesen war, er verriet auch, wieso: »Ich war einen Tag vor Ihnen da. Schmidt sagte: ›Auf dem Stuhl, auf dem du gerade sitzt, wird morgen der israelische Botschafter sitzen.‹ Das war das Stichwort, von da an sprachen wir auch über Außenpolitik. Ich müsse mich damit dringend beschäftigen, meinte er, und nannte mir vorrangige Ländernamen, unter anderen auch Israel.«

Vor den Wahlen dürfte der Kanzlerkandidat kaum Zeit gefunden haben, sich ausführlich mit Israel zu befassen, wohl auch nicht unmittelbar danach. In direkten Augenschein nehmen konnte er, dessen Interesse an unseren Problemen bis dahin eher zurückhaltend gewesen war, die reale Situation unseres Landes mitten im nahöstlichen Spannungsfeld erst Ende Oktober 1995. Auf dieser Israelreise, seiner ersten, habe ich ihn begleitet. Er wirkte wie verwandelt – lebhaft, aufgeschlossen, voller Wißbegierde. Niemand konnte auch nur im entferntesten ahnen, daß er der letzte ausländische Politiker sein würde, der Jitzhak Rabin noch am Leben sah.

Wer stets ein Ohr hat für Israel, immer und unermüdlich bereit, sich unserer Probleme anzunehmen, ist Scharpings Parteifreund Johannes Rau, Ministerpräsident von Nordrhein-Westfalen. Einmal mußte ich auf ihn anläßlich einer Preisverleihung die Laudatio halten. Um die Rede vorzubereiten, ließ ich von Mitarbeitern sämtliche Unterlagen zusammentragen, die Auskunft über Raus langjähriges Wirken für unser Land geben, Zeitungsberichte, Briefe, alle möglichen Dokumente – am Ende war es ein dreißig Zentimeter hoher Stapel von Papieren, der auf dem Arbeitstisch lag. Ihn im einzelnen durchzusehen hätte viel Zeit und Mühe gekostet. Ich nahm das Konvolut einfach mit und zeigte es den Festgästen: »Ein dickes Buch würde nicht reichen, all das festzuhalten, was Johannes Rau für uns getan hat.« Das war kaum übertrieben.

Der Humor dieses liebenswürdigen Mannes ist unwiderstehlich. Außer vielen Anekdoten beweist das ein Foto von einer Veranstaltung mit Johannes Rau als Redner. Es zeigt mich unter den Gästen im Parkett mit einem so herzhaften Lachen, wie ich mich niemals zuvor habe lachen sehen. Und wenn Rau mit Ignatz Bubis zusammentrifft, dem Vorsitzenden des Zentralrats der Juden in Deutschland, dann biegen sich beide bald vor Heiterkeit, ein Duo geistvollen, ausgelassenen Humors.

Beim Gedanken an das heutige Bündnis 90/Die Grünen fiel mir immer wieder die Anekdote von jenem Amerikaner ein, der verlangte, man solle ihn nicht mit Tatsachen verwirren, sobald er sich eine feste Meinung gebildet habe. Oder ich dachte an eine andere Geschichte, eine selbsterlebte, aus der Zeit des US-Präsidenten Reagan. Um die Reise eines unserer führenden Politiker nach Washington vorzubereiten, saßen wir mit rauchenden Köpfen in dessen Büro. Wir tauschten Meinungen aus, erteilten Ratschläge, übertrafen uns gegenseitig in der Sorgfalt unserer Analysen, alles nur des Gesprächs im Weißen Haus und der Dinge wegen, die dabei für Israel auf dem Spiel standen. Hinterher erwiesen sich alle Sorgen, selbst noch so beiläufige Vorbereitungen, als völlig überflüssig. Sobald er das Gespräch mit dem Präsidenten begonnen hatte, erzählte uns der Rückkehrer, stellte sich heraus, daß Ronald Reagan die Menschheit in zwei Teile schied, ganz einfach, wie in einem Western-Film: in die »Guten« und in die »Bösen«. Israel hatte das Glück, für Reagan unter den »Guten« zu rangieren. Detaillierte Erläuterungen unserer Situation hätten nur gestört – wir genossen automatisch und im voraus die Unterstützung des amerikanischen Präsidenten.

So etwa, nur umgekehrt, stellte ich mir, bevor ich sie kannte, die Grünen vor. Aus ihrer Sicht, dachte ich, müßten die unterlegenen Palästinenser die »Guten« sein, die Israelis die »Bösen«. Ich wußte, das Muster war allzu einfach, um als Modell für irgendwelche Diskussionen zu dienen, andererseits hatte ich die Grünen als eine Israel gegenüber sehr kritische Partei in Erinnerung, hartnäckig und selbstgerecht in der Argumentation, auch derart voller Vorurteile, daß jeder sachliche Meinungsaustausch schon im Vorfeld scheitern mußte.

Dann aber saß ich Joschka Fischer gegenüber, dem Sprecher der Grünen-Fraktion im Bundestag. Er, der Israel in den letzten Jahren mehrfach besucht hat, auch mit anderen Funktionsträgern seiner Partei, besitzt nach meinem Eindruck nicht nur eine erstaunliche Sensibilität für die Probleme unseres Landes, er weiß sich auch in das Verhältnis der Juden zu ihrer Vergangenheit zu versetzen. Die verstärkte Dialogbereitschaft der Grünen hat sicherlich viel mit der Wende der israelischen Politik seit 1992 zu tun, als die Arbeiterpartei wieder an die Macht kam, doch wäre das nur ein Aspekt. Israel hat sich geändert, die Grünen auch. Statt wie früher Lektionen zu erteilen, zeigen sie Verständnis, sogar Solidarität. So war denn auch das Zusammentreffen Fischers mit dem PLO-Vertreter in Deutschland, Abdallah Frangri, das in meiner Residenz stattfand, ein Zeichen der Bereitschaft, die Situation im Nahen Osten möglichst umfassend und differenzierter zu betrachten als noch in den achtziger Jahren.

Außerhalb der Gespräche über Fragen der deutsch-israelischen Finanz- und Wirtschaftsbeziehungen, für die er eine unentbehrliche Rolle spielt, traf ich Theo Waigel zum ersten Mal in Jerusalem. Es war im August 1994, als der Bundesfinanzminister die Arbeit in Bonn für etliche Tage ruhenließ und mit seiner Familie Urlaub in Israel machte. Sein Ferienquartier lag in Eilat am Roten Meer, doch war ein Tag auch für Jerusalem reserviert, wo ich an einer Botschafterkonferenz teilnahm. Von Bonn aus über seinen Aufenthalt verständigt, konnte ich Waigel damals trotz des rein privaten Charakters seiner Reise und dank des wundersamen Zufalls, daß sie alle im Lande waren, nicht nur ein Gespräch mit seinem israelischen Kollegen Avraham Schochat, sondern auch – völlig unprotokollmäßig – Begegnungen mit Ministerpräsident Rabin und Außenminister Peres vermitteln. Sogar ein Mittagessen mit Jerusalems ehemaligem Bürgermeister Teddy Kollek, an dem auch Waigels Familie teilnahm, ließ sich rasch und unkompliziert arrangieren.

Gut zwei Jahre später zählte Waigel mit seiner Frau zu den Gästen eines offiziellen Essens, zu dem meine Frau und ich in die Botschaft geladen hatten. Wir waren völlig ahnungslos, daß ausgerechnet an diesem Abend ein Sportereignis ersten Ranges, dem halb Deutschland entgegenfieberte, über die Bildschirme ging: das Vorentscheidungsspiel um die Fußball-Europameisterschaft zwischen Deutschland und England.

Als das Essen aufgetragen wurde, lag eine eigentümlich erwartungsvolle Spannung in der Luft. Sie galt nicht unbedingt der Speisenfolge. In der spürbar gelösten Stimmung bei Tisch wagte aber niemand, den eigentlichen Grund lauter anzudeuten, als hinter vorgehaltener Hand. Immerhin wurde, das Spiel lief bereits, nach dem »möglichen Stand der Dinge« gefragt. Theo Waigel war es endlich, der, als die Tafel aufgehoben und der Kaffee serviert wurde, den Bann brach, indem er sich höflich und in sichtlichem Einvernehmen mit den übrigen Gästen erkundigte, ob es gestattet sei, sich für das augenblickliche Torverhältnis zu interessieren.

Die Antwort erübrigte sich. Wir gingen alle in einen Nebenraum, wo ein Fernseher stand. Und hier nun, aufgeräumt fröhlich, begann der eigentliche Abend, ein deutscher Fußballabend mit Weizenbier, das die israelische Gastgeberin, meine Frau, kredenzte. Zu dem Spiel mit Verlängerung und Elfmeterschießen als Höhepunkt hörten wir Kommentare wie: »Na, Junge, tu doch endlich was!« oder: »Beweg dich! Steh um Gottes willen nicht so rum!«

Es war schon spät, als die Gäste sich in bester Laune verabschiedeten: »Herr Botschafter, wir danken Ihnen für diesen unvergeßlichen Abend!«

Deutschland hatte das Spiel gegen England gewonnen, Deutschland kam ins Finale.

Unsere Erfahrungen mit der Politik der DDR-Regierung, die erst gegen Ende ihres Bestehens ihre betont unfreundliche Haltung gegenüber Israel aufgab, gehören fast schon der Geschichte an. Dennoch warf diese Politik auch nach der Vereinigung noch ihre Schatten. Es gehört zur Logik jeder Konfrontation, daß sie Nachwirkungen hinterläßt, Spuren des Mißtrauens, die sich auch durch noch so wohlmeinende Gesten nicht einfach auslöschen lassen, auch wenn die Ursachen beseitigt oder, wie im Fall der DDR, durch Entwicklungen weltpolitischer Größenordnung sozusagen über Nacht null und nichtig geworden sind.

Vor diesem Hintergrund war das Angebot des Vorsitzenden der PDS im Bundestag, Gregor Gysi, und einiger Kollegen, mit uns in einen Dialog einzutreten, ein verheißungsvolles Zeichen. Daß an einem Treffen mit der PDS-Gruppe außer mir auch Abdallah Frangi teilnahm, dürfte Gysi und seinen Parteifreunden den Versuch des direkten Kontakts mit einem Vertreter des Staates Israel erleichtert haben. Es war der Anfang eines Meinungsaustausches, wie ich ihn in Bonn ständig auch mit anderen Parteien führe, bemerkenswert aber doch insofern, als ich gleich zu Beginn des Gesprächs von den Bemühungen Gysis und anderer erfuhr, die Honekker-Regierung von ihrem Kurs gegenüber Israel abzubringen.

Es ist sicherlich kein Ruhmesblatt in der Geschichte der DDR, daß ihre Regierungen den jüdischen Anteil am Widerstand gegen Hitler lange verschwiegen und die deutschen Opfer der Judenverfolgung einer Kategorie zugerechnet haben, zu der sie in Wirklichkeit nur zu einem geringen Teil gehörten. Die sozialistische Zwecklüge von der »Arbeiterklasse« und ihren Toten, unter die man alle Opfer, auch die des Holocausts, zusammenfaßte, setzte deren Mehrzahl in bewußter Umkehrung der Tatsachen mit Anhängern des Kommunismus gleich, so unsinnig, wie man sie nachträglich zu proletarischen Helden machte. Im Grunde hat diese »Umverteilung«, weil sie die Wahrheit grob verfälscht hat und allzu vordergründige propagandistische Ziele verfolgte, sämtliche Nazi-Opfer beleidigt, gleich, welchem Volk, welcher Religion, welchem Berufsstand oder welcher Partei sie angehörten.

Dabei kannte die DDR-Führung die Wahrheit genau. Viele ihrer Mitglieder waren selbst ehemalige Verfolgte. Die Jahre, die sie in Lagern und Zuchthäusern oder in der Emigration verbrachten, hätten sie zur Wahrheitstreue verpflichten müssen. Gerade sie, zumal diejenigen unter ihnen, die im Widerstand mit Juden zusammengearbeitet hatten, verfügten über detaillierte Kenntnisse über das Ausmaß des Schreckens, das Hitler nicht nur in Deutschland, sondern im Krieg auch in allen von deutschen Truppen besetzten Ländern über die jüdische Bevölkerung gebracht hat. Unter seinem Vernichtungswillen haben sie mehr oder weniger selber gelitten, und wenn nicht, dann kannten sie zumindest das erklärte Ziel der Nazis, ein »judenfreies« Deutschland zu schaffen.

Wie erschreckend nah sie diesem Ziel waren, zählt immer noch zu den beklemmendsten Erfahrungen meines Alltags. Nicht nur Worte versagen vor den Abgründen des Wegs, der zur »Endlösung« führte. Oft fehlt schon die Vorstellungskraft, um sich auch nur annähernd Details zu vergegenwärtigen von dem, wofür es im Deutschen nur diesen schlichten, einsilbigen Ausdruck gibt: Mord. Was hatte ich, fragte ich mich oft, in einem Land zu suchen, in dem derartiges millionenfach geschehen konnte?

Wer Wind sät

Schon kurz nach meiner Ankunft in Deutschland habe ich verstanden, daß die Vergangenheit mich erheblich mehr beschäftigen wird, als ich es mir ursprünglich vorgestellt habe.

Ich habe Filme gesehen, Unterlagen studiert, Zeugen gehört und alles mögliche über den Holocaust gelesen. Und doch übersteigt die Realität, die mich erwartet, in den allermeisten Fällen mein Fassungsvermögen. Sie drängt sämtliche Bilder und Berichte von Nazi-Greueln zurück, die sich mir bisher einprägten. Wenn es tatsächlich eine Hölle gibt, dann tut sich ihre monströse Tiefe in Begebenheiten auf, mit denen ich direkt, doch ohne es eigentlich zu wollen, immer wieder in Berührung komme.

Anfang 1995 erreichte mich eine seltsame Einladung. Der Absender, Günther Schwarberg, war mir unbekannt. Er schickte mir Unterlagen und bat mich zur Teilnahme an einer Straßentaufe: Jede der zwanzig Straßen in einem Hamburger Neubauviertel sollte nach einem ermordeten Kind benannt werden. Die Papiere erklärten den Hintergrund jenes furchtbaren Ereignisses um die »Kinder vom Bullenhuser Damm«. Es handelte sich um verschleppte jüdische Kinder im Alter zwischen fünf und zwölf Jahren, zwanzig an der Zahl. Ein SS-Arzt benutzte sie als lebende medizinische Versuchsobjekte, indem er ihnen aktive Tuberkelbazillen injizierte. Kurz vor Kriegsende, am Geburtstag des »Führers«, wurden alle Kinder erhängt. Da ihre Körper zu klein und zu ausgezehrt waren, als daß die Qual am Galgen schnell hätte enden können, beschleunigten SS-Männer mit der Schwere ihres eigenen Gewichts das Sterben: Sie hielten, bis die Schlinge sich zuzog, ihre kleinen Opfer im Klammergriff.

Ich konnte, als ich auf diese Weise von der Geschichte erfuhr, nicht vermeiden, an meinen fünfjährigen Sohn zu denken. Doch das unfaßliche Verbrechen beendete nicht nur das Leben von zwanzig Kindern: Mit ihnen starben, zehn Tage vor der Eroberung Hamburgs durch die Alliierten, auch ihre Zwangsbetreuer, zwei niederländische Krankenpfleger und zwei französische Mediziner. Auch vierundzwanzig sowjetische Gefangene wurden umgebracht.

Wieder fragte ich mich: In was für einem Land lebe ich eigentlich, was soll, was will ich hier? Deutschland kam mir wie ein Ungeheuer vor. Ich las, daß sich der SS-Obersturmbannführer, der in Hamburg den Tötungsbefehl gegeben hat, rund zwanzig Jahre lang der Bestrafung entziehen konnte. Das endlich verkündete Urteil – auch wegen Grausamkeiten, die er in Konzentrationslagern begangen hatte – sah eine lebenslängliche Haftstrafe vor, die man später auf sechs Jahre herabsetzte. Die Entschädigung für die über dieses Strafmaß hinausgehende Haft betrug 121 500 Mark.

Andererseits waren es Deutsche, Hamburger Bürger, welche die Erinnerung an die Toten wachhielten, auch an den Schmerz ihrer Familien, von denen viele jahrzehntelang nicht wußten, was mit den Verschollenen geschehen war. Daß die Nazis sie ermordet hatten, bezweifelte nach dem Krieg kaum jemand mehr. Nur Art, Zeit und Ort ihres Todes blieben so lange unbekannt, bis sich Menschen fanden, die das Verbrechen genau aufklärten und in aller Welt die Angehörigen ausfindig machten, um ihnen letzte Gewißheit über den grauenvollen Mord und darüber zu verschaffen, was nach dem Krieg mit den Tätern geschehen war.

Ich nahm die Einladung nach Hamburg an. So stand ich dort eines Morgens inmitten einer großen Menschenmenge, die der Ermordeten gedachte. Regen weichte den Boden auf, die Straßen, von denen jede den Namen eines der kleinen Toten tragen sollte, waren noch unbefestigt. In jeder wiederholte sich die gleiche Zeremonie: Teils waren es Familienangehörige, teils Leute aus dem Veranstalterkreis, die – soweit bekannt – aus der Lebensgeschichte der Opfer berichteten. Der Vormittag endete mit einer Gedenkfeier in der Kirche des betreffenden Stadtteils, und auch eine Veranstaltung am Abend mit dem Senatspräsidenten und Bürgermeister Henning Voscherau war den Kindern vom Bullenhuser Damm gewidmet.

Das schönste Denkmal für sie aber ist ein Garten. Von Schülerinnen und Schülern, später dann auch von Erwachsenen und von Angehörigen der toten Kinder bei ihren Besuchen in Hamburg angelegt und bepflanzt, entstand er wie von selbst, ohne Anstoß von irgendeiner offiziellen Seite. Wer heute durch das triste, fast menschenleer wirkende Viertel kommt, trifft unvermittelt hinter einer Schule im Sommer und Herbst auf die leuchtende Blütenpracht zahlloser Rosen. Diese natürliche Wiederkehr des Blühens hat, glaube ich, mehr Symbolkraft, als Erinnerungstafeln oder Monumente aus Stein sie ausdrücken könnten. Und für all dies sorgen freiwillig Deutsche, einfache Deutsche wie Günther Schwarberg und seine Freunde.

Richtig begonnen hat alles in Berlin. Bald nachdem ich in Bonn das Beglaubigungsschreiben überreicht hatte, mußte ich in die alte, neue Hauptstadt, um im Zusammenhang mit dem geplanten Umzug der Botschaft die Eignung eines dafür in Aussicht stehenden Hauses zu prüfen.

Es ging um ein ehemals vornehmes, hochelegantes Gebäude in Pankow. Mehrstöckig und mit einer Innenfläche von 6500 Quadratmetern hat es im 19. Jahrhundert der jüdischen Gemeinde in Berlin als Waisenhaus gedient, hauptsächlich zur Unterbringung jüdischer Kinder, die durch Pogrome im russischen Zarenreich ihre Eltern verloren hatten. Als die Nazis an die Macht kamen, beschlagnahmten sie das Haus und funktionierten es zu einer SS-Schule um. Nach dem Zweiten Weltkrieg waren es die Russen, die sich dort mit irgendeiner Institution einrichteten, bis es in den Besitz der DDR-Regierung überging und von ihr als Botschaftsgebäude an die Polen verpachtet wurde. Schließlich, in den letzten Jahren des ostdeutschen Staates, war darin die diplomatische Vertretung Kubas untergebracht.

Nach der Wiedervereinigung übernahm die Bundesregierung den ehemaligen Prachtbau mit der wechselvollen Geschichte. Sie bot ihn der Berliner jüdischen Gemeinde, dem rechtmäßigen Besitzer, zur Rücknahme an. Der aber erschien es, gemessen an der Zahl ihrer Mitglieder, als bei weitem zu groß – den 175 000, die sie Anfang der dreißiger Jahre umfaßte, standen nach dem Zusammenschluß der Stadt in ganz Berlin nunmehr rund sechstausend Juden gegenüber. Andererseits verpflichtete allein schon die traditionsreiche und ehrwürdige Geschichte dieser Gemeinde dazu, das ehemalige Waisenhaus in jüdischem Besitz zu halten. Der Plan, den Bau als künftigen Sitz der Botschaft Israels zu nutzen, schien von allen der nächstliegende.

Als ich das Haus besichtigte, überkam mich ein zwiespältiges Gefühl. Seine Größe und die – wenn auch äußerlich verkommen wirkende – Pracht kamen mir für den vorgesehenen Zweck zu aufwendig vor, im Innern aber bot es einen geradezu erschreckenden, total verwahrlosten Anblick. Die Kubaner hatten offensichtlich nicht nur kein Geld gehabt, um das Gebäude zu unterhalten, es fehlte ihnen wahrscheinlich sogar an Mitteln, im Winter die Heizung zu bedienen. Die Rohrsysteme waren geplatzt, die Wasserleitungen verrostet, die Wände zerkratzt, und die Parkettböden in allen Räumen sahen aus, als hätte man dort Panzersperren errichten wollen. Im vierten Stock, ich traute meinen Augen kaum, traf ich auf ein regelrechtes Gefängnis mit Zellen und Gittern. Auch gab es einen dunklen, fensterlosen Raum, der irgendwie an eine Folterkammer erinnerte. Vielleicht aber hatte er den Kubanern im Sommer, wenn es allzu heiß wurde in Berlin, als kühle Zuflucht gedient. Wer immer in den vergitterten Zellen gesessen haben mochte, als ich sie entdeckte, sah ich durch die kleinen Fenster zahllose Tauben ein- und ausfliegen – man konnte meinen, diese Höhlen, finster und verdreckt, seien der größte Taubennistplatz in Berlin.

Das Gutachten, das ich bestellte, um mir eine ungefähre Vorstellung von der Höhe der Renovierungskosten zu verschaffen, enthielt als Voranschlag die Summe von mindestens zwanzig Millionen Mark, nicht gerechnet die Kosten, die für den zweckgerechten Innenausbau zur Botschaftskanzlei entstehen würden. Für den Umzug in ein geeignetes Gebäude in Berlin hat sich seither keine befriedigende Lösung ergeben – das Problem ist unverändert das gleiche.

Mit diesem ersten Besuch in Berlin verbindet sich die Erinnerung an ein nicht weniger eindrucksvolles Erlebnis. Eigentlich besteht es aus einer Kette von Begebenheiten, die sich, auch im Gedächtnis, zur Erfahrung summieren. In einer fremden Stadt als Fremder, der hier einmal für geraume Zeit leben sollte, entdeckte ich bei einer Stadtbesichtigung, ohne vorher von ihr gewußt zu haben, die Dauerausstellung »Fragen an die deutsche Geschichte« im Reichstag. Meine Frau und ich haben darin fast einen vollen Tag zugebracht. Wir sahen in ihr die willkommene Gelegenheit, am Anfang unseres Aufenthalts im Gastland, im rechten Moment, umfassend über die deutsche Geschichte informiert zu werden, und das anhand eines ungewöhnlich reichen und interessanten Anschauungsmaterials. Nur an der Schwelle des Saals, dessen Exponate sich thematisch mit der Zeit des Nationalsozialismus beschäftigten, zögerten wir: Wie würden die Deutschen diesen Abschnitt ihrer Geschichte behandeln? Würde ihre Sicht nicht ähnlich unobjektiv sein, wie es unsere notgedrungen war?

Am Ende der Besichtigung wußten wir, daß es zu der Art der Darstellung keine Alternative gab, sie konnte weder besser noch anders sein. Danach, wir wollten eigentlich zum Essen gehen, wurden wir Ohren- und Augenzeugen eines Gesprächs zwischen einer Schülergruppe mit Lehrern und einem Ausstellungsführer, der den jungen Besuchern erklärte, was sie in der Ausstellung erwarten würde: »Wir haben mehrere Schwerpunkte – die napoleonische Zeit, die Entstehung des Kaiserreichs, der Erste Weltkrieg, die Weimarer Republik, die NS-Zeit und der Wiederaufbau des zerstörten Deutschlands.« Zu besichtigen sei natürlich jede Abteilung, sagte er, die Schüler sollten aber nach eigenem Interesse entscheiden, mit welchem Teil der Ausstellung sie sich besonders intensiv beschäftigen wollten; er würde sie dann, je nach Wunsch, begleiten. Alle stimmten für den Saal mit dem Material zur Nazi- Zeit.

Wir folgten der Gruppe so diskret wie möglich. Aufmerksam hörten wir mit an, was der Ausstellungsführer an Fakten und Zusammenhängen erklärte, alles Dinge, die mit

236

unserem Wissen übereinstimmten und den Eindruck bestärkten, den wir selbst beim Gang durch diesen Raum gewonnen hatten. Als wir hinterher den etwa fünfzigjährigen Mann um einige Fragen baten, erkannte er wohl, daß wir Ausländer waren, nicht aber, woher wir kamen. Ob das, was wir soeben erlebt hatten, typisch sei für die Neugier und das Informationsbedürfnis junger Leute bezüglich der Zeit des Dritten Reichs, wollten wir wissen. Er nickte, gerade das Interesse von Schülern an jener Zeit sei auffallend stark. »Und wenn sie in dieser Ausstellung schwerpunktmäßig über andere Perioden der deutschen Geschichte informiert werden wollen, dann heißt das nicht, daß ihnen Hitler und seine Verbrechen gleichgültig sind.«

Uns überraschte die Auskunft, zumal wir natürlich von dem gerade unter Jugendlichen grassierenden Neonazismus wußten. Wir fragten weiter: »Wie erklären Sie sich dieses Interesse an der Nazi-Zeit?« – »Das rührt daher«, sagte er, »daß sie in unserem Land jahrzehntelang verdrängt worden ist. Meine Generation konnte weder von den Eltern noch von den Lehrern viel darüber erfahren. Wir mußten später selber auf Suche nach Informationen gehen, um uns eine Meinung über die Zeit zu bilden, die so kurz hinter uns lag, die Zeit unserer Eltern. Jetzt ist die dritte Generation da, und die hat nun jemanden, der Auskunft geben kann, nämlich uns. Diese Jüngeren fragen viel, immer und immer wieder.«

»Ist das typisch für Deutschland oder eher nur für Berlin?« versuchten wir am Ende zu erfahren. »Das weiß ich nicht«, sagte er, »ich kenne ja nur Berlin.«

Ein Jahr später saß ich im Berliner Grips-Theater. Das Stück, das an diesem Abend aufgeführt wurde, lief seit Jahren vor einem überwiegend jungen Publikum. Unter dem Titel »Ab heute heißt du Sara« geht es auf Erlebnisse der Autorin

Inge Deutschkron und ihrer Mutter zurück, die als Jüdinnen während des Kriegs in Berlin untertauchten und in der Illegalität überlebten. Auch diesmal waren viele Schüler und Studenten da. Als ich Inge Deutschkron nach der Vorstellung traf, berichtete sie von dem Einführungsunterricht, der Schulklassen vor dem Besuch des Stücks über dessen wahren Geschehenshintergrund informiert. Seit Jahren wird sie, auch wenn es sie anstrengt, als Zeitzeugin von Berliner Gymnasien eingeladen.

»Ist das typisch für Deutschland«, fragte ich wieder, »oder mehr nur für Berlin?«

»Das wissen wir nicht«, wurde mir im Theater erklärt. »Wir kennen ja nur Berlin.«

Der zweite Städtebesuch außerhalb Bonns galt München. Auch hier gab es eine Ausstellung – ich sah sie auf ausdrückliche Empfehlung meiner bayerischen Gastgeber –, die mir in mancher Hinsicht die Augen öffnete, auch wenn sie, anders als die Schau im Berliner Reichstag, allein der süddeutschen Landeshauptstadt und ihrer Rolle während der NS-Zeit als »Hauptstadt der Bewegung« galt. Ich wußte bis dahin nicht, wie stark Bayern in die Anfänge des Nationalsozialismus verstrickt und wie hoch der Anteil bayerischer Nazis an der Gesamtzahl derer war, die sich hier und anderswo unter Hitler der schlimmsten Verbrechen schuldig gemacht hatten. Bayern sind es gewesen, die mich darüber aufklärten.

Es war also nicht nur das weltstädtisch aufgeschlossene Berlin, das sich nach meinen Eindrücken kritisch mit der NS-Zeit auseinandersetzte und damit gerade junge Bevölkerungsgruppen ansprach. Die vielbesuchte Wanderausstellung des Hamburger Instituts für Sozialforschung, die ich 1995 in Essen sah, behandelte sogar ein bis dahin weitgehend unbeachtetes, vielleicht auch mehr oder minder bewußt verschwiegenes Thema, nämlich die Beteiligung der Wehrmacht an Nazi-Verbrechen. Darüber hinaus gibt es in jeder größeren deutschen Stadt Mahnmale, die, meist würdevoll gestaltet, an die Judenverfolgung im Dritten Reich und die Ausrottungspolitik der Nazis erinnern. Schrifttafeln und Gedenksteine weisen auf die Ermordung jüdischer Bürger hin oder bezeichnen den Platz zerstörter Synagogen und Gemeindehäuser. Und überall gibt es die freiwilligen und ehrenamtlichen Mitarbeiter der Deutsch-Israelischen Gesellschaft oder der Gesellschaft für Christlich-Jüdische Zusammenarbeit. Der Wille, sich mit der Vergangenheit auseinanderzusetzen und Brücken zu uns zu schlagen, ist spürbar, wohin ich auch komme, nicht nur in Berlin.

Dort allerdings, in Deutschlands größter Stadt, stärkster Anziehungspunkt für in- und ausländische Besucher, konzentrieren sich Gedenkstätten, Mahnmale und Ausstellungen, die an den Holocaust erinnern, wie sonst nirgendwo. Noch ist kein Ende der Diskussion um die endgültige Gestaltung des Platzes in Sicht, den die Bundesregierung in der Nähe des Reichstags für die Errichtung eines zentralen Gedächtnisorts für die ermordeten Juden Europas zur Verfügung stellte. Das von dem Kreis um Lea Rosh initiierte Projekt, an dem sich öffentliche wie private Gremien und Institutionen beteiligen, wird, was Einzelheiten der Ausführung und die Größe angeht, vielleicht noch jahrelang umstritten sein. Bemerkenswert ist aber, daß es hier nicht um Meinungsverschiedenheiten zwischen Juden und Nichtjuden geht. Offizielle Stellungnahmen von israelischer Seite verbieten sich von selbst. Das bedeutet nicht, daß uns die äußere Form der Gedenkstätte gleichgültig läßt, im Gegenteil. Wir schätzen nur das Vorhaben, ein solches Mahnmal in der Mitte der deutschen Hauptstadt zu errichten, grundsätzlich höher ein als einzelne formale Probleme bei der Ausführung der Idee.

Das trifft in gewissem Maße auch auf die schon bestehenden Gedenkstätten in den Berliner Bezirken zu. Von ihnen sind die im ehemaligen West-Bezirk Schöneberg vielleicht die eindrucksvollsten, wohl weil sie am schlichtesten sind. Auf offener Straße an Laternenpfählen angebracht, erinnern fahnenartige metallene Schilder mit Daten und kurzen Inschriften an antijüdische Gesetze, die während der Nazi-Zeit erlassen wurden. Sie lesen sich, in chronologischer Abfolge, wie Markierungen von Stationen eines ununterbrochenen Leidenswegs, beginnend mit dem Jahr 1933. Das Register reicht von der Entlassung jüdischer Lehrkräfte und Beamter aus dem Staatsdienst über das Verbot, das »arischen« Kindern das Spielen mit »nichtarischen« untersagt (1938), bis zur Verordnung, die alle Juden im Alter von über sechs Jahren zum Tragen des gelben »Judensterns« verpflichtet (1941). Selbst das Halten von Haustieren war – ab 15. Mai 1942 – den Juden untersagt. Am Bayerischen Platz durften Juden nur gelb markierte Sitzbänke benutzen. Schon Jahre vorher, im Sommer 1938, erging ein Verbot, das jüdische Kinder vom Besuch öffentlicher Schulen ausschloß. 1941, im Krieg, als Seife und Rasierseife rationiert waren, war Juden der Kauf solcher Artikel nicht mehr erlaubt. Und geradezu grotesk, wenn das entsprechende Gesetz für die Betroffenen nicht bittere Konsequenzen gehabt hätte, mutet eine Inschrift an, die daran erinnert, daß vom 22. März 1938 an »nur ehrbare Volksgenossen deutschen oder artverwandten Blutes« Kleingärtner sein durften.

Ich erkundigte mich, als ich die Schilder gesehen hatte, ob gegen ihre Anbringung keine Proteste laut geworden seien. Doch, es hatte Einwände gegeben, aber nicht aus

240

Gründen, die man vielleicht unterstellen könnte. Bemängelt wurde von den Schönebergern nur, daß auf der ersten Serie der Schilder die Daten fehlten, wann die jeweiligen Verordnungen erlassen worden waren – für auswärtige Besucher und Fremde ein Anlaß zu möglichen Mißverständnissen und Irritationen, denen man auf jeden Fall vorbeugen wollte. Diese einfachen, an Straßenlaternen geschraubten Schilder mit Hinweisen auf Verordnungen, die zu den gleichfalls angegebenen Daten Gesetzeskraft erlangten und damit in Menschenschicksale eingriffen, und dann die erwähnte Inschrift am Turm der Kaiser-Wilhelm-Gedächtniskirche – gab es einen noch stärkeren Gegensatz zwischen allen Formen des Gedenkens, zu denen Menschen fähig sind?

Otto von der Gablentz, der deutsche Botschafter in Israel, hatte mich in Jerusalem nach meiner Berufung auf den Posten in Bonn auf meine künftigen Aufgaben vorbereitet, indem er auf den Sonderstatus eines israelischen Botschafters in Deutschland verwies – der sei, sagte er, unter anderem stets auch eine »moralische Institution« im Lande. Ich habe mir darauf zunächst keinen Reim machen können und reagierte, wenn ich mich recht erinnere, ein wenig verständnislos. Dann aber, nach meiner Ankunft, brauchte es nicht viel Zeit, um zu verstehen, was mir der deutsche Kollege mit auf den Weg geben wollte.

Mit schöner Regelmäßigkeit spricht man mich auf Themen an, mit denen mit Sicherheit kein israelischer Botschafter in einem anderen Land konfrontiert wird. Niemand auch käme auf den Gedanken, damit einen anderen ausländischen Diplomaten in Deutschland zu behelligen. Und immer wieder erhalte ich Einladungen zu Veranstaltungen, die weder mit Israel noch allgemein mit jüdischen Belangen zu tun haben. Statt dort, wie erwartet, anderen in Bonn akkreditierten Botschaftern zu begegnen, sehe ich mich in dieser Eigenschaft allein, dafür aber häufig umgeben von allerlei Prominenz, vor allem, wenn es sich um Veranstaltungen handelt, die sich mit der deutschen Geschichte oder mit ethischen, humanistischen und kulturellen Themen befassen. War es dies, was Botschafter von der Gablentz meinte?

Tatsache ist, daß ich mich immer wieder mit Dingen beschäftigen muß, die außerhalb meines eigentlichen Aufgabenbereichs liegen. Und immer wieder geht es um die Nazi-Zeit und die Last ihres Erbes. Der Geschäftsführer der Kempinski-Hotelkette beispielsweise, der mich wiederholt um ein Treffen bat, hatte alles andere im Sinn als die Absicht, mich für seine Häuser als künftigen Stammgast zu gewinnen. Während eines Aufenthalts in Berlin habe ich ihn schließlich zwar in einem Hotel empfangen, es war aber nicht das bekannte Bristol-Kempinski. Genau damit jedoch, dem Haus am Kurfürstendamm, gab es, wie ich erfuhr, einige bereits an die Öffentlichkeit gelangte Probleme, verursacht durch Fritz Teppich, Holocaust-Überlebender, Bruder von Mela und Onkel von Tom Kempinski. Dieser Mann, schon recht bejahrt, demonstrierte regelmäßig vor dem Hotel mit einem Schild, das auf das Schicksal der Gründerfamilie Kempinski aufmerksam machte. Es waren Berliner Juden, die von den Nazis enteignet worden waren und die bis heute für den Firmenverlust keine Entschädigung erhalten haben. Daß sich hinter der neuen Prachtfassade des Hotels eine zu Unrecht vergessene Tragödie verbarg, trieb den alten Mann mit seinem Schild immer wieder vor den Eingang des renommierten, traditionsreichen Hauses und machte den Geschäftsführer ratlos – was sollte, was konnte er gegen das lebende Mahnmal tun?

242

Es stellte sich heraus, daß die jetzigen Besitzer des Hotels, eine Aktiengesellschaft, mit dem der Familie Kempinski im Dritten Reich geschehenen Unrecht absolut nichts zu tun haben, auch nicht mit den Leuten, die das alte Hotel nach der Enteignung übernahmen. Das Ergebnis des Gesprächs, das der Berliner Geschäftsführer und ein Mitarbeiter der Botschaft gemeinsam mit Herrn Teppich führten, ist eine Gedenktafel. An der Wand neben dem Hoteleingang angebracht, erinnert sie unübersehbar an die Kempinskis, an die Wegnahme ihres Besitzes und ihre schließliche Ermordung durch die Nazis. Als alles sich zum Guten gewendet hatte, fielen mir wieder die Worte meines Kollegen von der Gablentz ein.

Ein Brief, den ich etwa zur selben Zeit vom Oberbürgermeister der Stadt Dachau erhielt, konfrontierte mich mit einem ganz ähnlichen Problem. Nur fühlte ich mich in diesem Fall noch weniger zur Vermittlung aufgerufen, weil es, wie aus dem Schreiben deutlich wurde, um einen schon länger andauernden Streit zwischen Dachau und der in München ansässigen Zentralverwaltung der deutschen Goethe-Institute ging. Die Verwaltung weigert sich beharrlich, den nach Lage des Gebäudegrundstücks und postalisch korrekten Namen »Dachauer Straße« zu akzeptieren. Statt dessen verwendet sie auf den Briefköpfen den Namen der Straße, an der der kaum benutzte Hintereingang des Hauses liegt. Die Gründe dafür liegen auf der Hand. Sie wurden im Brief des Oberbürgermeisters auch ohne Umschweife angesprochen, der Mann wollte nur nicht hinnehmen, daß, wie er schrieb, »offensichtlich eine überwiegend öffentliche Meinung besteht, die Verbrechen in der KZ-Gedenkstätte Dachau hätten die Dachauer zu vertreten und nicht das ganze deutsche Volk einschließlich des Goethe-Instituts«. Zur Vorgeschichte gehörte, daß die Mitgliederversammlung des Instituts bereits im Sommer 1988 die Auffassung vertrat, das Goethe-Institut habe keinen Anlaß, »die deutsche Vergangenheit, die auch mit dem KZ Dachau verbunden ist, zu verdrängen«. Trotzdem waren auf kommunaler und Bundesebene alle Versuche, den damaligen Leiter der Einrichtung zur Änderung der offiziellen Anschrift zu veranlassen, erfolglos geblieben. »In meiner Not wende ich mich an Sie«, hieß es in dem Schreiben, das ich, um es richtig zu begreifen, mehrmals lesen mußte: »Ich bitte um Ihre Unterstützung bei unseren Bestrebungen, das Goethe-Institut zu bewegen, daß es sich durch die Adressenführung zur gemeinsamen deutschen Vergangenheit bekennt . . .«

Mit Israel oder mit jüdischen Gemeinden hatte die Bitte des Oberbürgermeisters nicht im geringsten zu tun. Was sollte ich erwidern? Ich fühlte mich nicht zuständig und schrieb einen entsprechend höflichen Brief nach Dachau. Ein erhellender Eindruck blieb dennoch zurück: Ich begann zu verstehen, wie schwierig und schmerzhaft es für Deutsche ist, wenn sie der Vergangenheit gegenüber nicht gleichgültig bleiben wollen – und dies trifft immerhin auf die meisten zu.

Wenn es noch eines Zeichens oder Ereignisses bedurft hätte, um zu erklären, was von der Gablentz meinte, als er von meinem Posten in Deutschland als einer moralischen Instanz sprach, dann war es der Brief eines anderen Oberbürgermeisters, nämlich desjenigen der Stadt Hagen. Er lud mich, den Israeli, ein, in Hagen die Festrede auf der Gedenkveranstaltung zum Volkstrauertag 1996 zu halten. Ich bin, nach einigem Überlegen, der Einladung gefolgt. Aus gleichen Erwägungen sprach ich am Karfreitag 1997 in der Gedenkstunde für die Opfer der Stadt in der Dortmunder Bittermark.

Am 23. Juli 1994, einem Sonnabend, erfuhr ich aus den Radionachrichten vom Überfall einer Gruppe von Neonazis auf die Gedenkstätte des ehemaligen KZ Buchenwald. Es war nicht nur Sachschaden entstanden, die Horde hatte auch einer Historikerin, die im Archiv der Gedenkstätte arbeitete, mit der Verbrennung bei lebendigem Leibe gedroht. Eine weitere Meldung vom folgenden Tag besagte, der Polizei sei die Gruppe vor der Tat verdächtig vorgekommen, man habe sie eine Weile verfolgt, die Beobachtung aber kurz vor Buchenwald, dem Ziel des Anschlags, aufgegeben. Daß die Montagszeitungen nur am Rande über den Vorfall berichteten, so, als handele es sich um ein beiläufiges oder schon länger zurückliegendes Ereignis, überraschte mich einigermaßen. Deshalb beschloß ich, mir selber ein genaues Bild zu verschaffen. Ich flog noch am selben Tag nach Buchenwald, wo es die zweite Überraschung gab: Außer Fotografen, Journalisten und Leuten vom Fernsehen erwartete mich ein Minister der thüringischen Landesregierung, der mich auf dem Gang durch die geschändete Gedenkstätte begleitete und mich anschließend zu einem Gespräch mit dem Ministerpräsidenten Bernhard Vogel in Erfurt brachte. Der Aufenthalt in Thüringen ging mit einer Pressekonferenz und einer Interview-Einladung der ARD-Tagesthemen zu Ende. Für den Rückflug nach Bonn nahm ich die Zusicherung mit, die Aufklärung der neonazistischen Schandtat energisch voranzutreiben und dafür zu sorgen, daß sich ähnliche Dinge nicht wiederholten.

Ich hätte in diesem Fall kein Recht gehabt, mich direkt an Behörden zu wenden oder gar bewußt ein öffentliches Forum zu suchen. Die Medienresonanz auf meinen Kurzbesuch in Buchenwald fiel desto stärker aus, und daß die Reise auch im Kanzleramt registriert worden war, erfuhr ich noch per

Autotelefon auf dem Rückweg zwischen dem Flughafen und Bonn. Der Regierungsbeamte, der mich anrief, beschwerte sich nicht etwa über eine unerlaubte Einmischung in innere Angelegenheiten der Bundesrepublik, er bedankte sich vielmehr für die Aufmerksamkeit, die ich dem Anschlag gewidmet hatte. Und abermals mußte ich an meinen deutschen Kollegen in Israel denken.

Kaum ein anderer Spielfilm zum Holocaust-Thema hat in den letzten Jahren in der Öffentlichkeit ein derart starkes Echo gefunden wie »Schindlers Liste«. Bei der Uraufführung in Frankfurt saß ich in einer Reihe mit dem Bundespräsidenten von Weizsäcker, dem Vorsitzenden des Zentralrats der Juden, Ignatz Bubis, und seiner Frau, dem damaligen US-Botschafter in Bonn, Richard Holbrooke, und Steven Spielberg, dem Produzenten des Films. Nach der Vorstellung, beim Verlassen des Saals, hing jeder eigenen Gedanken und Gefühlen nach, wir gingen schweigend hinaus. Als sich die draußen wartenden Journalisten auf den Bundespräsidenten stürzten, um ihn nach seinen Eindrücken zu befragen, trat ich zur Seite, doch Richard von Weizsäcker nahm mich am Arm: »Bleiben Sie bitte hier.« Er, der beherrschte, zur Selbstdisziplin erzogene Mann, war in diesem Augenblick sichtlich so bewegt und betroffen, daß er – wahrscheinlich zum ersten Mal in seiner Amtszeit – einige Zeit brauchte, um die Fassung wiederzugewinnen. Meinen Arm, so schien es mir jedenfalls, ergriff er wie eine Art Rettungsanker – ein mir unvergeßlicher Moment.

Beim anschließenden Abendessen, zu dem Andreas von Schoeler geladen hatte, der damalige Frankfurter Oberbürgermeister, saß ich neben Steven Spielberg. Befragt, ob er beim Drehen von »Schindlers Liste« auch ein deutsches Zielpublikum vor Augen gehabt und bei Aufnahmen zu besonders realistischen Szenen aus dem KZ-Alltag Rücksicht auf die Gefühle deutscher und jüdischer Zuschauer genommen habe, meinte er, die Greuel, die der Film darzustellen versuche, seien, da er in erster Linie an das amerikanische Kinopublikum denken mußte, eine Untertreibung der Wirklichkeit: »Wie es tatsächlich in einem KZ war, kann man in einem Film kaum beschreiben. Hätte ich an Deutschland oder an Israel gedacht, wären die Szenen wesentlich härter ausgefallen.«

Authentische Berichte über die Verfolgung und Ausrottung der Juden im Dritten Reich, vor allem in den letzten Kriegsjahren, waren mir stets nur von jüdischer, in fast jedem Fall nichtdeutscher Seite zur Kenntnis gekommen. Insofern war es eine völlig neue, aber nicht weniger erschütternde Erfahrung für mich, als ich in Deutschland mit Fotos, Tagebüchern und anderen Dokumenten konfrontiert wurde, die Einzelheiten des Holocausts nicht aus der Sicht der Überlebenden darstellten, sondern aus unmittelbarer Anschauung deutscher Täter und Tatzeugen.

Im Grunde hatte ich mich vor solchen Bildern und Aufzeichnungen gefürchtet. 1995 aber, als sich der Tag der deutschen Kapitulation und damit der Untergang des Nazi-Reiches zum fünfzigsten Mal jährten, häuften sich Veröffentlichungen solcher Materialien in so großer Zahl, daß es schwerfiel, sich ihrem Eindruck zu entziehen. Fernsehdokumentationen, Presseberichte, Vorträge, Podiumsdiskussionen und zahllose andere Veranstaltungen behandelten nicht nur seit langem bekannte Entwicklungen und Tatsachen, sie lenkten vielfach auch den Blick auf bis dahin wenig beachtete Fakten. Auch bislang unentdeckt gebliebene Dokumente kamen ans Tageslicht.

Mir ist vor allem, interessant und gräßlich zugleich, ein TV-Beitrag in Erinnerung geblieben, der sich mit dem Tagebuch eines an sich unbedeutenden deutschen Beamten befaßte, der als Amtskommissar während des Krieges in der Nähe der polnischen Stadt Łódź, von den Deutschen umbenannt in Litzmannstadt, Dienst tat. In den Aufzeichnungen nennt er sich Alexander Hohenstein, auch alle sonst vorkommenden Namen sind Pseudonyme. Amateurfilme, von Hohenstein gedreht, und zahlreiche Fotos ergänzen die schriftlichen Eintragungen, das Ganze mutet an wie ein Kompendium des Grauens.

Von einem Urlaub zurückgekehrt nach Poddembice, seinem Dienstort, notiert Hohenstein: »Das Unglaubliche ist Tatsache geworden. Während meiner Ferien vollzog sich die Ausmerzung der Juden von Poddembice. Ich und meine Familie danken unserem Herrgott von ganzem Herzen, daß er es uns erspart hat, Zeugen dieses grauenvollen Verbrechens zu sein oder gar aufgrund meines Amtes Henkerdienste leisten zu müssen. Ich will versuchen, so sachlich wie möglich niederzulegen, was ich erfuhr.«

Und dann folgt, was ihm sein Vertreter Heinitzer berichtet, der Zeuge, der alles mit ansah: »Ich habe niemals geglaubt, daß Menschen, deutsche Menschen so bestialisch, so sadistisch sein können. Sie wissen ja, daß die Judengemeinde seit Februar täglich vollzählig und geschlossen zur Kontrolle in den Schloßpark marschieren mußte. Eines Tages, es war der 14. April, wurden die Juden von einem großen Aufgebot an Gendarmerie in Empfang genommen. Scharf eskortiert trieb man die Juden in die polnische Kirche. Zur gleichen Zeit wurden sämtliche jüdischen Arbeiter von ihren Arbeitsplätzen weggeholt. Auch Hermann aus Ihrem Grundstück. Zehn Tage wurden die Juden in dem Gotteshaus gefangengehalten, ohne Betten und Decken, nichts von sanitären Anlagen, kein Klosett, fast dreitausend Menschen. Kinder wurden geboren und Menschen starben in dieser qualvollen Enge. Die Türen wurden von SS-Männern Tag und Nacht bewacht. Auf Kosten der Stadtverwaltung wurden die Juden mit Brot und Margarine versehen. Zweimal täglich durfte ein Trupp Männer Wasser vom Brunnen vor der Kirche holen. Das Heulen und Wehklagen, das Jammern und Schreien der unglücklichen Juden vernahm man Tag und Nacht, es war grauenhaft, gruslig. Am zehnten Tage, in früher Morgenstunde, wurde die Pforte des Gotteshauses aufgerissen und die Juden truppweise herausgelassen. Zerzaust, zerlumpt, dreckig, fast verhungert, glichen sie eher unheimlichen Spukgestalten als lebendigen Menschen. In diesem Zustand wurden sie wie Vieh auf Lastautos getrieben. Dann fuhr die Kolonne mit ihrer Todesfracht zum ersten Mal ab. SS-Motorradler zur Seite und hinterher. Nach Stunden kam die Autokolonne wieder zurück, und der zweite Akt dieses Dramas begann. Frau Goldo kam mit ihrer Tochter aus der Kirchentür. Sie sah Herrn Helferich, eilte auf ihn zu und flehte ihn um Rettung an. Ihr Mann, der Judenälteste, bot ihm in hastigen Worten ein Vermögen in solcher Höhe, daß Helferich nie wieder zu arbeiten brauchte. Inzwischen waren SS-Männer auf diese Szene aufmerksam geworden. Sie schlugen auf die Unglücklichen ein, ergriffen den Judenältesten und mißhandelten ihn so schwer, daß er über und über blutend zu Boden sank.«

»Das Schreckliche ereignete sich bei der dritten und letzten Verladung. Da brachte man die Kranken aus der Kirche. Sie wurden den Menschen auf den Wagen einfach über die Köpfe geschoben, wie Krautsäcke, immer hinauf und hinein, ungeachtet des Geschreies der Gesunden und Kranken. Als die letzten Wagen vollgepfropft waren, da brachte man die

Toten hin, 28 sind während der Gefangenschaft in der Kirche verstorben. Und statt sie nun zurückzulassen, nahmen die SS-Scheusale die Leichen und warfen sie den lebenden Insassen der Autos buchstäblich auf die Köpfe. Sogar die deutschen Zuschauer schrien vor Entsetzen auf. Und noch etwas: Ihr Hausbursche Hermann und ein anderer junger Jude hatten sich im Dachreitertürmchen der Kirche versteckt. SS-Leute fanden die beiden Burschen und haben sie unmenschlich zerschlagen. Sie wurden auf den letzten Wagen geworfen. – Herr Bürgermeister, das kann unmöglich gutgehen. Daß ich als alter Mann so etwas noch erleben mußte. Ich habe das Leben hier so satt. Ich möchte heim, heim, heim. Erschüttert sah ich, daß Heinitzer weinte.«

Daß es deutsche Medien waren, die, wenn auch oft unter allergrößten Schwierigkeiten, solche Dokumente zutage förderten und der Öffentlichkeit vorstellten, berührte mich fast ebenso wie die Dokumente selbst. Zugleich versuchte ich mir das Fortleben der Nazi-Ideologie in den Köpfen junger Menschen zu erklären, auch und gerade in der ehemaligen DDR. Hatten vierzig Jahre sogenannter sozialistischer Umerziehung nicht genügt, um den Ungeist der NS-Zeit und die Gefahr seines Wiederauflebens endgültig zu bannen?

Als ich die Meinung der Ausländerbeauftragten in Dresden zu den möglichen Ursachen des Rechtsradikalismus erfahren wollte, gab sie, wie erwartet, gleich mehrere Antworten. Einmal, wußte Marita Schieferdecker-Adolph, gab es Jungen, die nur aus Opposition gegen den doktrinären Marxismus der DDR dem anderen Extrem verfallen waren. Wieder andere ließen sich aus persönlicher Frustration auf Nazi-Parolen ein oder taten es einfach, weil sie sich interessant machen wollten. Sie alle seien letztlich belehrbar, meinte die Frau, die bald nach der Wende mit einer Gruppe junger Neonazis nach Israel gereist war, um sie von ihrem Irrglauben zu befreien. Doch gebe es auch Jugendliche, die familiär fest im Nationalsozialismus verwurzelt seien. Die Unterdrückung freier Meinungsäußerungen in der DDR habe zu Entwicklungen geführt, die sich innerhalb der Familien oder in kleinen Zirkeln abspielten, von außen nicht ohne weiteres kontrollierbar und nicht selten von Nazis bestimmt, die ihren Nachkommen die alten Propagandaformeln einprägten.

So erzählte Frau Schieferdecker-Adolph von einem jungen Neonazi, der mehr von seinem Großvater als von den Eltern erzogen worden war. Der alte Herr war im Zweiten Weltkrieg als SS-Mann in Polen stationiert und schwärmte dem Enkel von dieser Zeit vor – herrlich sei sie gewesen, beeinträchtigt nur durch die Schwierigkeiten, welche die Juden den Deutschen bereiteten. Und dann folgte eine Reihe schlimmer Vergehen aus der jüdischen Bevölkerung gegen die Deutschen. Ich fragte erstaunt, ob der Junge die Geschichten denn ehrlich geglaubt habe. »Doch, völlig, und er ist leider kein Einzelfall.«

Auf die immer wieder gestellte Frage, warum der Holocaust gerade vom hochzivilisierten Deutschland ausging und von Deutschen vollstreckt wurde, gibt es offenbar keine abschließende Antwort. Wohl aber sind es das Organisationstalent und die allgemeine Neigung der Deutschen zum Perfektionismus, die Systematik und Ausmaß des Verbrechens an den Juden erklären. In »Shoah«, dem bis heute umfassendsten Filmwerk über den Holocaust – er dauert neun Stunden –, gibt es keine einzige grausame Szene. Der Film wirkt jedoch um so erschütternder, als er Tatsachen für sich sprechen läßt und Dialoge festhält, Gespräche mit Tätern und Augenzeugen, mit SS-Männern, aber auch mit Opfern, die überlebten. Charakteristisch scheint mir die Aussage eines ehemaligen SS-Mannes zu sein, zu dessen Alltag im KZ das Töten gehörte. Er erklärt Claude Lanzmann, dem Schöpfer und Produzenten dieses Films, ganz sachlich und allen Ernstes, wie er und seine »Mitarbeiter« Menschen in Massen vernichteten und wie sehr sie sich abmühten, ihre »Arbeit« ständig zu »verbessern«. – »Wir wollten«, sagt er, »die Produktion erhöhen und haben tatsächlich dank unserer Tüchtigkeit und dank der Verbesserung unserer Arbeitsmethoden die Produktion ständig erhöht.« Produktion war gleichbedeutend mit Massenmord.

Daniel Jonah Goldhagen behauptet in seinem heftig diskutierten Buch »Hitlers willige Vollstrecker«, die eliminatorische Form des Antisemitismus sei bereits im Deutschland des 19. Jahrhunderts außerordentlich weit verbreitet gewesen. Als Hitler an die Macht kam, sei das sich auf die Juden beziehende allgemeine Denkmuster, das auch die Basis für Hitlers persönlichen Judenhaß bildete, von der Mehrheit der Deutschen akzeptiert worden. Nur deshalb habe Hitler sein Vorhaben so erschreckend leicht verwirklichen können.

Ein Teil der deutschen Medien entnahm Goldhagens Buch die These, der auf Entfernung und Beseitigung gerichtete Antisemitismus sei als entscheidende Triebkraft der späteren Judenausrottung tief in der deutschen politischen Kultur verwurzelt, ja ein im Nationalcharakter angesiedeltes Spezifikum. Die Diskussion um das Buch begann, noch bevor es in Deutschland erschienen war. Sie sei, wurde mir berichtet, um nichts geringer als die öffentlichen Auseinandersetzungen anläßlich des Historikerstreits Mitte der achtziger Jahre. Ohne mich einzumischen, war ich beeindruckt vom allgemeinen Aufruhr um das Buch des jungen Harvard-Dozenten, verriet sich darin doch das genaue Gegenteil von der

252

Gleichgültigkeit gegenüber der NS-Zeit, wie sie für die Nachkriegszeit typisch war.

Als das Buch schließlich in deutscher Sprache herauskam, erreichte die Diskussion ihren Höhepunkt. Zahlreiche Talk-Shows, eine kaum überschaubare Menge an Rezensionen in Zeitungen und Zeitschriften, öffentliche Diskussionen und ein ebenso interessiertes wie kritisches Publikum, dem sich Goldhagen mehrmals selber stellte, ließen fast schlagartig die Bereitschaft gerade junger Leute erkennen, sich des Unheils der Nazi-Zeit mit seinen Ursachen und Vorboten neu bewußt zu werden. »Zum letzten Auftritt Daniel Jonah Goldhagens in Deutschland kamen über zweitausend Besucher«, schrieb Frank Schirrmacher am 13. September 1996 in der »Frankfurter Allgemeinen Zeitung«. »Man hätte, sagen die Veranstalter, auch leicht die Münchener Olympiahalle füllen können.« Und weiter: »Die Leidenschaft . . ., mit der Goldhagens Thesen in Deutschland aufgenommen oder zurückgewiesen, kritisiert oder gefeiert wurden, übersteigt das bislang Gewohnte . . . Daß die Deutschen ihrer eigenen Geschichte entkommen wollen, wie eine bekannte These lautet, ist durch das Goldhagen-Phänomen widerlegt.«

Auch wenn ich es gewollt hätte, es war so gut wie unmöglich, Gesprächen über »Hitlers willige Vollstrecker« zu entgehen. Jede Gelegenheit schien günstig, mir zu Goldhagens Buch und zum Meinungsstreit, den es in der Öffentlichkeit ausgelöst hatte, Fragen zu stellen und mich in Diskussionen einzubeziehen.

Das begann, als ich bei einem privaten Essen neben einer Dame saß, keiner Unbekannten im öffentlichen Leben. Sie hatte, wie ich erfuhr, eine jüdische Großmutter gehabt, die Eltern waren deshalb während der Nazi-Zeit emigriert. Natürlich kamen wir bald auf Goldhagen und sein Buch zu sprechen. Auf die Frage, was ich davon halte, gab ich ihr zu verstehen, ich könne Goldhagens Ansichten nicht rundweg und nicht in allen Punkten widersprechen. Allein das genügte meiner Tischnachbarin, um mir aufgeregt und langatmig ihre Auffassung zu erklären, wonach das Buch verurteilenswert und entschieden abzulehnen sei. Sie begründete ihre Ansicht so detailliert, daß ich mich zu der Äußerung hinreißen ließ, statt es zu ignorieren, wie ich es eigentlich von den Deutschen erwartet hätte, habe sie das Buch wohl von der ersten bis zur letzten Seite akribisch studiert, meine Einstellung jedenfalls sei, im Unterschied zu ihrer, etwas differenzierter. Die Gespräche um uns verstummten, die Dame rührte keinen Bissen mehr an, nicht mehr viel, und sie wäre in Tränen ausgebrochen. Gottlob rettete der Hausherr die Situation.

Ich bin kein Historiker, weiß aber, daß die Mehrheit der Deutschen in den zwanziger Jahren für Parteien stimmten, deren Programme sich gegen den Antisemitismus wandten. Auch noch nach der Machtergreifung Hitlers hatten diese Parteien die meisten wahlberechtigten Deutschen hinter sich. So geht denn auch ein Großteil der Historiker davon aus, daß der Machtantritt selbst nicht durch einen in der deutschen Bevölkerung vorhandenen Antisemitismus erklärt werden kann. Ob die Mehrheit, die damals gegen Hitler stimmte, auch Gegner des Antisemitismus war, weiß ich nicht, offensichtlich aber gehörte sie nicht zu denen, die Juden gehaßt und ihnen Verfolgung angedroht haben. Das aber widerspricht Goldhagens historischen Analysen. Würde der Widerspruch anerkannt, bliebe nach wie vor erst recht die Frage unbeantwortet, weshalb die Judenverfolgung ausgerechnet von Deutschland ausgehen konnte. Ein Gedanke dazu hilft vielleicht, den Widerspruch zu erklären.

Sicherlich trifft es zu, daß in Deutschland, noch bevor Hitler an die Macht kam, viele Formen des Antisemitismus existierten, seine Ideen zur Judenverfolgung hätten sonst nicht auf so fruchtbaren Boden fallen können. Richtig ist aber auch, daß der Antisemitismus auch in anderen Ländern verbreitet war, vor allem in Osteuropa. In Polen, in der Ukraine, in den baltischen Ländern, in der Slowakei, Ungarn und Kroatien – überall fanden sich während des Krieges massenweise Kollaborateure, die willig, teilweise begeistert bereit waren, an der Judenvernichtung teilzunehmen. Ein für Massenmorde in Treblinka verantwortlicher SS-Offizier, den Claude Lanzmann heimlich für »Shoah« filmte, beschreibt im Gespräch mit dem Regisseur seine Helfer, Leute aus der Ukraine und dem Baltikum, als »Bluthunde«, gegen die auch SS-Männer nicht konkurrenzfähig waren.

Darauf spielt eine traurige Geschichte aus Osteuropa an. Sie erzählt von einem Mann, der nach seinem – normalen – Tod die Wahl hat zwischen einer von Schweizern bedienten Höllenkammer und einer anderen, in der Leute aus dem Osten die Oberaufsicht führen. Er entscheidet sich für die letztere. »Warum«, wird er gefragt, »die Schweizer sind doch viel humaner.« – »Ich weiß, ich weiß«, sagt der Mann, der in seinem Leben nur wenig gesündigt hat, »aber von der Schweiz weiß ich, daß alles funktioniert: Wenn ich im Feuer schmoren soll, dann wird es pünktlich brennen, und Holz und Kohlen dafür wird es immer geben. In der Ost-Hölle aber wird der Heizer kommen, wann er will, der Ofen wird meist kaputt und Brennholz Mangelware sein. Ich werde also weniger leiden müssen.«

Kein Zweifel, die Hölle, welche die Nazis in Betrieb setzten, war perfekt organisiert. Wie sie entstand, wer an ihrem Bau beteiligt war und wer und was alles ihr Feuer geschürt hat, wird immer noch von Historikern und anderen Experten erforscht, Leuten, die fortwährend über die Ergebnisse ihrer Arbeit berichten. Kein Jahr, in dem nicht gleich mehrere Dokumentationen in Buchform erscheinen, von Zeitschriftenaufsätzen und ähnlichem ganz abgesehen. Sind, trotz vieler gegenteiliger Beweise, diese Veröffentlichungen aber repräsentativ für die Ernsthaftigkeit des Bemühens der Deutschen – oder doch ihrer Mehrzahl –, sich sozusagen mit sich selbst auseinanderzusetzen? Diejenigen, die ich in jeder Gedenkstätte antreffe, an Universitäten, unter Juristen, in der Wannsee-Villa und in vielen politischen Organisationen – lassen sie sich wirklich gleichsetzen mit einer imaginären Mehrheit, die sich ehrlich um Aufklärung der Vergangenheit bemüht, statt sie, wie es so lange geschah, zu verdrängen oder zu vergessen?

Wie haben die Deutschen die Gedenkveranstaltungen von 1995 empfunden? Waren sie beeindruckt oder eher gleichgültig? Wollten sie solche Veranstaltungen überhaupt? Ließen sie sie nur aus Anstand und einer Art Pflichtgefühl über sich ergehen, womöglich gar aus Resignation? Keine Fragen beschäftigten mich stärker als diese.

Den Auftakt zu den Gedenkfeiern anläßlich des Kriegsendes 1945 bildete schon der Staatsakt, der im sogenannten Bendlerblock in Berlin, dem ehemaligen Hauptquartier der Wehrmacht, zur fünfzigsten Wiederkehr des 20. Juli stattfand, dem Tag des mißglückten Attentats auf Hitler. Bundeskanzler Kohl erinnerte an das, wie er sagte, noch uneingelöste Vermächtnis jener Männer des Widerstandes. Er sprach die zurückliegenden Versuche an, angesichts der Verbrechen Hitler-Deutschlands, als ihr Ausmaß erkennbar geworden war, in kollektive Ausreden und Beschönigungen zu verfallen oder deutsche Verbrechen gegen andere aufzurechnen. Unüberhörbar, gerade vor dem geschichtlichen Hintergrund und Anlaß dieser Feier, klang die Warnung, mit Gleichmut das Erstarken radikaler Kräfte hinzunehmen: »Wer politischen Extremismus als etwas Normales verharmlost und dessen Intoleranz als falsch verstandenen Großmut toleriert, der versündigt sich gewollt oder ungewollt an unserer Demokratie.« Man müsse sich gemeinsam gegen die Anfänge wehren.

Im Januar 1995 dann die erschütternde Zeremonie auf dem Gelände des ehemaligen Konzentrationslagers Auschwitz, seit 1941 zum Schauplatz des größten Massenmords in der Geschichte der Menschheit ausgebaut. Der Bundespräsident wohnte der Feier zum fünfzigsten Jahrestag der Befreiung ebenso bei wie einige Monate später, im April, im Beisein des Kanzlers und namhafter Öffentlichkeitsvertreter der Gedenkveranstaltung in Bergen-Belsen. Die ehemaligen Lager Sachsenhausen, Ravensbrück, Dachau und andere waren weitere Stationen, an denen führende deutsche Politiker eine Bilanz jener furchtbaren Jahre zogen und dem leichtfertigen Vergessen die Kraft des Gedächtnisses gegenüberstellten, mit der Verpflichtung für jeden, diese Kraft zu nutzen und Lehren aus der Vergangenheit zu ziehen.

Ähnlich äußerte sich Bischof Klaus Engelhardt von der Evangelischen Kirche Deutschlands am 8. Mai jenes Gedenkjahrs im Berliner Dom: »In die Rufe nach einem Schlußstrich unter die Vergangenheit können Christen nicht einstimmen. Wer das Gedächtnis verliert, verliert die Orientierung. Wer vergißt, was geschah, reißt den Wegweiser für einen Weg in eine bessere Zukunft aus. Das gilt besonders im Verhalten zum jüdischen Volk, das gilt auch für unsere Verpflichtung, Minderheiten zu schützen.«

Was die katholische Kirche angeht, so erklärten ihre Bischöfe öffentlich, die Erinnerung an die Auschwitz-Befreiung sei Anlaß für die deutschen Katholiken, erneut ihr Verhältnis zu den Juden zu überprüfen. »Wir müssen alles tun, damit Juden und Christen in unserem Land als gute Nachbarn miteinander leben können.« Wo es möglich sei, heißt es im Bischofswort, sollten christliche und jüdische Gemeinden Kontakt miteinander pflegen. Ungeachtet des großen Beitrags, den Juden zur Entwicklung der deutschen Kultur und Wissenschaft leisteten, habe die »antijüdische Einstellung auch im Kirchenbereich« mit dazu geführt, daß Christen in den Jahren des Dritten Reiches »nicht den gebotenen Widerstand gegen den rassistischen Antisemitismus geleistet haben«. Versagen und Schuld unter Katholiken seien vielfach die Folge gewesen.

Es fehlte also von keiner Seite an Eingeständnissen, Warnungen und Willensäußerungen, an öffentlichen Bekenntnissen und Zeichen der Entschlossenheit, die Erinnerung an die Vergangenheit nicht auf sich selbst beruhen zu lassen. Meine Frage, was der Durchschnittsdeutsche dabei empfand, war damit noch nicht beantwortet. Vor allem interessierte mich, wie junge Menschen darüber dachten.

Im Sommer 1995 folgte ich der Einladung zu einer Begegnung mit etwa fünfzig Jugendlichen, die gerade ihr Abitur abgelegt hatten. Das Thema des Gesprächs war der Friedensprozeß im Nahen Osten, aber wie so oft wurde ich auch diesmal auf die Schreckenszeit unter den Nazis angesprochen. Und wieder stand die Frage im Vordergrund, wie man, fünfzig Jahre danach, mit dem nun einmal nicht auszulöschenden Stück deutscher Vergangenheit umzugehen habe. Eine etwa Neunzehnjährige sprach es direkt aus. »Sie haben natürlich bemerkt, wieviel in den letzten Monaten in Deutschland über die Nazi-Zeit berichtet worden ist«, sagte sie. »Und

dann die vielen Veranstaltungen, die sich mit den Greueltaten der Nazis befassen – meinen Sie nicht, daß man mit alldem übertreibt?«

Was sollte ich darauf antworten? Ich versuchte, der jungen Frau zu erklären, daß niemand und nichts sie zwinge,
Radio- und Fernsehsendungen oder Zeitungsartikel über die
NS-Zeit zu hören, zu sehen oder zu lesen, einfaches Umschal-
ten oder Weiterblättern genügten, um solche Medienbe-
richte, wie jeden anderen auch, zu ignorieren. Mit dieser zu-
gegeben lapidaren Antwort, die sie nicht erwartete, hatte ich
die Fragestellerin offenbar verletzt. Als ihr die Tränen kamen,
meldete sich ein Mitabiturient zu Wort. Aufgeregt und augenscheinlich selber betroffen, wies er auf immer wiederkeh-
rende Erfahrungen junger Deutscher bei Reisen ins Ausland
hin: »Sobald man da erfährt, daß wir Deutsche sind, hält
man uns unsere Vergangenheit vor. Wir werden als Nazis beschimpft und auch so behandelt. Warum? Was haben wir
oder unsere Eltern denn Schlechtes getan? Ich glaube nicht
mal, daß meine Großeltern sich unter den Nazis schuldig
machten. Und wenn doch – was kann ich dafür?«

Plötzlich fiel mir eine an sich belanglose Geschichte ein,
die meine Frau – wir waren damals erst kurz in Bonn – erzählt hatte. Mit unserem Wagen, der ein deutsches Kennzeichen trägt, war sie ohne Chauffeur auf der Rückfahrt von
Brüssel. Noch vor der Grenze nach Deutschland zwang eine
Panne sie zum Halt am Rand der Autobahn und zur Suche
nach Hilfe – kein leichtes Unterfangen mitten in der Nacht,
dazu in einem fremden Land und mit unserem kleinen Sohn
auf dem Rücksitz. Endlich, nach vielen erfolglosen Versuchen, eines der vorbeikommenden Autos zu stoppen, hielt
jemand. Es war ein Deutscher. Er konnte die Panne wenigstens notdürftig beheben und tröstete meine Frau mit dem

Hinweis auf die Nähe der deutschen Grenze: »Bis dahin sind es nur noch zwanzig Minuten.« Danach würde sie, sollte es mit dem Wagen erneut Schwierigkeiten geben, immer und überall problemlos Hilfe finden.

War das der Schlüssel zum besseren Verständnis dessen, was dem Abiturienten so zentnerschwer auf der Seele lag? Wir, meine Frau und ich, haben lange nicht begreifen können, weshalb man mit Deutschen, auch mit deutschen Autofahrern, in den Nachbarländern grundsätzlich anders umgehen sollte, als sie es, gerade in Notsituationen, von daheim gewohnt sind. War Hilfsbereitschaft abhängig von der Nationalität desjenigen, der Hilfe benötigte?

In Israel, berichtete der junge Mann aus der Abiturientengruppe, habe er ganz andere Erfahrungen gemacht. Dreimal sei er dort gewesen, stets höflich und korrekt behandelt. »Erst wenn man sich näher kennengelernt hat, wird über die deutsche Vergangenheit gesprochen, aber sachlich, ohne Beschimpfungen oder Beleidigungen. Man will wissen, was wir wissen, wie unsere Meinung ist. Kurz, man versucht, sich vernünftig mit uns zu unterhalten.«

Ähnliches berichtet Inge Deutschkron in ihrem Buch »Israel und die Deutschen – das schwierige Verhältnis« aus länger zurückliegenden Jahren, aus der Zeit des Eichmann-Prozesses. Als Kronzeugen nennt sie einen Journalisten der »Süddeutschen Zeitung«, der als Korrespondent nach Jerusalem gereist war. Er war sich der Schwere seiner Mission bewußt. Statt aber, wie erwartet, auf kühle oder gar feindselige Distanz zu stoßen, begegnete er betonter Freundlichkeit und ständiger Hilfsbereitschaft. Dabei war ihm allerdings bewußt, daß, wie er in seiner Zeitung schrieb, »die Noblesse der Gastfreundschaft kein Unterpfand dafür sein konnte, daß die Probleme zwischen Juden und Deutschen gelöst wären«. So hätten denn auch die meisten Israelis, die sich hilfsbereit und freundlich zeigten, später eingeräumt, daß sie sich sehr vor der Begegnung mit den Deutschen gefürchtet hatten. Und immer wieder sei es in den Unterhaltungen um diese eine Frage gegangen: »Wie konnte es geschehen, daß ein Volk, das Musik liebt, das ein so inniges Verhältnis zu Tieren hat, ein so fleißiges, tüchtiges und strebsames, ein so korrektes Volk, das größte Verbrechen der Menschheitsgeschichte möglich machte oder es zumindest zugelassen hat?«

Die Beobachtungen dieses Mannes, der über den Eichmann-Prozeß berichtete, liegen mehr als drei Jahrzehnte zurück. Inzwischen sind neue Generationen herangewachsen, in Israel wie in Deutschland. Nicht nur auf politischer Ebene haben sich die Beziehungen zwischen beiden Ländern entscheidend verbessert, auch die Jugendlichen auf beiden Seiten haben zueinander ein entspannteres Verhältnis gewonnen, und das, ohne auch nur den geringsten Abstrich an den Verbrechen der NS-Zeit vorzunehmen. Hierin zeigt sich, glaube ich, der Erfolg der zahllosen deutsch-israelischen Jugendtreffen, aber auch der Einzel- und Gruppenreisen junger Leute von einem Land ins andere.

Natürlich muß man sich, auf beiden Seiten, vor Verallgemeinerungen hüten. Jenem Abiturienten aber, dessen Israel-Eindrücke sich nach eigenen Worten so auffallend von den Erfahrungen in anderen Ländern unterscheiden, konnte ich wenigstens einen, vielleicht den wichtigsten Grund dafür nennen. Es ist das Wissen um den Ernst der Probleme, der es jungen Israelis, aber auch vielen älteren nicht gestattet, oberflächlich darauf zu reagieren, etwa mit Beschimpfungen. Außerdem weiß man genau, daß das heutige Deutschland nichts mit dem Dritten Reich gemeinsam hat, trotz der laufend wiederkehrenden Ausschreitungen von Neonazis und der Berichte darüber in den israelischen Medien. Lichterketten und ähnliche Protestaktionen in Deutschland verfehlen auch in Israel nicht ihre Wirkung.

Auf eine Frage habe ich seit meiner Ankunft in Deutschland keine klare und erschöpfende Antwort erhalten. Mich interessiert schlicht, welche Rolle die NS-Zeit in den Lehrplänen, vor allem aber im täglichen Unterricht der Schulen spielt. Nachdem Themen aus der jüngeren deutschen Geschichte möglichst umgangen oder allenfalls beiläufig und am Rande behandelt wurden, setzte in den siebziger Jahren in den öffentlichen Schulen eine Neubesinnung ein. In den Jahren von 1980 bis 1985 war ein deutsch- israelischer Ausschuß tätig, der Fragen der Stoff- und Wissensvermittlung, soweit sie die Zeit nach 1933 betrafen, nachging und entsprechende Empfehlungen ausarbeitete.

Mangels ausreichender Informationen, wie Kinder an deutschen Schulen an die Jahre der Hitler-Diktatur herangeführt und mit deren Verbrechen bekannt gemacht werden – wahrscheinlich gibt es Unterschiede zwischen den einzelnen Bundesländern, Unterschiede womöglich sogar von Stadt zu Stadt und von Schule zu Schule, versuche ich selber, mir wenigstens ein ungefähres Bild zu verschaffen: Was wissen jüngere Leute, die am Anfang ihrer Ausbildung stehen oder sie gerade beendet haben, über die Nazi-Zeit? Woher haben sie ihr Wissen, hatten sie überhaupt Gelegenheit, ein politisches Bewußtsein zu entwickeln?

Solche mehr privaten Erkundungen, so zufällig und subjektiv sie sind, geben über den eigentlichen Anlaß hinaus oft interessante Aufschlüsse über die Denkweise und Mentalität der Deutschen oder doch wenigstens eines großen Teils von ihnen. Dabei kommen mir wieder die Sicherheitsbeamten zu

Hilfe, die jungen Männer, die mich nun schon seit Jahren begleiten, zuverlässig, aufmerksam und gewissenhaft, nicht nur als Deutschlehrer.

Auf einer Fahrt durch Deutschland mit wechselnden Übernachtungsorten entdeckte ich im Fernsehprogramm einer Zeitung einen französischen Film aus den sechziger Jahren, »Die Überquerung des Rheins« mit Charles Aznavour in der Hauptrolle. Obwohl ich ihn schon kannte, beschloß ich, ihn mir abends im Hotel anzusehen. Da er im Zweiten Weltkrieg spielt und vom Schicksal zweier französischer Kriegsgefangener in Deutschland handelt, empfahl ich ihn auch meinen Begleitern, in der Annahme, sie würden darin ein Stück Vergangenheit ihres eigenen Landes wiedererkennen.

Es ist eine anrührende, nachdenkenswerte Geschichte, die der Film erzählt. Beide Gefangene, der eine ein Intellektueller, der andere aus einfachen Verhältnissen, sind in einem kleinen Dorf als Zwangsarbeiter in der Landwirtschaft eingesetzt. Der eine, der Intellektuelle, hängt Fluchtgedanken nach und erfüllt sich eines Tages den Traum, in die Befreiungsarmee de Gaulles einzutreten. Der andere geht so pflichtbewußt der Arbeit nach, daß sich allmählich eine Art Vertrauensverhältnis zwischen ihm und der deutschen Dorfgemeinschaft entwickelt, deren männlicher Teil sich, weil für den Kriegsdienst gebraucht, immer mehr reduziert. Mit gemischten Gefühlen tritt der im Dorf allgemein beliebte Mann nach der Befreiung durch seine Landsleute die Rückreise nach Frankreich an. Die Verhältnisse, die ihn dort erwarten, sind mehr als bescheiden. Immer öfter, immer sehnsüchtiger denkt er zurück an »sein« Dorf in Deutschland. Schließlich überquert er den Rhein, verzichtet freiwillig auf die Heimat und tauscht sie ein gegen den Ort seiner Gefangenschaft.

263

Als ich am nächsten Tag einen meiner Begleiter nach seiner Meinung zu dem Film fragte, den auch er in seinem Hotelzimmer gesehen hatte, zögerte der Dreißigjährige mit der Antwort. »So toll« habe er ihn nicht gefunden, ältere Leute würden ihm wahrscheinlich mehr Interesse abgewinnen. Die Art der Reaktion überraschte mich. Immerhin erschienen in diesem französischen Kriegsfilm die Deutschen in einem betont freundlichen Licht. Mußte ihnen das nicht gefallen? Bald darauf kamen wir auf den Film und seine Handlung zurück, und nun erfuhr ich Einzelheiten, die mich der Antwort auf meine Frage näherbrachten.

Er stamme selbst aus einem Dorf, sagte der junge Mann, aus einer ähnlich ländlichen Umgebung, wie sie der Film zeige. »Ich kenne Geschichten aus dem Krieg von meinen Eltern, die sie wiederum von ihren Eltern hörten. Deshalb weiß ich, daß der Film nicht die Wahrheit darstellt. Wie es bei den Franzosen aussah, kann ich nicht beurteilen, bei uns jedenfalls ging es anders zu, als der Film behauptet. Fremden, Franzosen gegenüber verhielt man sich nicht so entgegenkommend, schon gar nicht, wenn sie Kriegsgefangene waren.« Das gab zu denken, und so schloß ich die Frage an, die ich oft stelle: »Was haben Sie in der eigenen Schulzeit von den Nazis mitbekommen?«

»Wenig«, sagte er, »viel zuwenig.« – »Und was heißt das: wenig?« – »Na ja, man hat uns schon aufgeklärt, hat uns auch ein KZ besichtigen lassen und uns dort einen Tag mit dem Nazi-Terror konfrontiert. Aber das alles reichte bei weitem nicht, hätte ich nicht alleine weitergelesen und mich informiert, ich glaube, ich hätte das alles nicht verstehen können.« Ich fand die Antwort deshalb so erfreulich, weil sie die Richtigkeit einer Grundregel für den Umgang mit Schulkindern bestätigte: Es genügt, wenn man Ansatzpunkte schafft und

Interessen weckt, den Antrieb, von selbst weiterzulernen. Mehr kann man als Lehrer, überhaupt als Erwachsener nicht tun.

Kinder werden für Erlebnisberichte aus der Nazi-Zeit um so aufgeschlossener, wenn sie erfahren, daß jüdische Mädchen und Jungen in ihrem Alter damals keineswegs weniger zu leiden hatten als ihre Eltern oder Großeltern. Oft war es gerade ihre Hilf- und Schutzlosigkeit, die das Leid verdoppelte.

Mit Wolfgang Thierse, dem stellvertretenden SPD-Vorsitzenden, besichtigte ich eines Tages ohne besonderen Anlaß im Ostteil Berlins Thierses Heimatbezirk Prenzlauer Berg. Auf dem alten jüdischen Friedhof an der Schönhauser Allee, bekannt als Begräbnisplatz namhafter Kaufleute und Künstler, standen wir vor dem monumentalen Grabstein, der den Namen des Malers Max Liebermann trägt. Liebermann, 1933 von den Nazis als Präsident der Akademie der Künste abgesetzt, starb zwei Jahre später eines natürlichen Todes, allseits beliebt, geachtet und geehrt, und Thierse erzählte, mit welch bedrohlichem Argwohn die Nazis die Beisetzung verfolgten und genau registrierten, wer alles, Jude oder Nichtjude, dem berühmten Künstler die Ehre des letzten Geleits erwies. Etwa vierzig Freunde und Kollegen waren es, darunter Käthe Kollwitz und Ferdinand Sauerbruch, die sich nicht abschrecken ließen – jeder schon damals, 1935, Beispiel eines nicht ganz alltäglichen, risikobereiten Muts.

Thierse deutete auf einen anderen Grabstein, auffallend hell, fast weiß, verhältnismäßig klein und mit Blumen geschmückt. Vera Frankenberg, die hier ruht, ist nur vierzehn geworden – geboren 1931, gestorben im April 1945, kurz vor Kriegsende. Sie war, wie ich erfuhr, Halbjüdin, ihre Mutter haben die Nazis umgebracht. Der Vater durfte sie, da er

265

Nichtjude war, behalten, bei Fliegeralarm aber mußte sie allemal in der Wohnung bleiben, Halbjuden war der Zutritt zum Luftschutzkeller untersagt. So war bei den zahllosen Bombenangriffen auf Berlin der Tod des Mädchens fast programmiert. Als der Vater nach einem der letzten Angriffe den Kellner verließ, war Vera Frankenberg, schutzlos und allein, von Trümmern erschlagen. Der Vater soll, sagte Wolfgang Thierse, noch am Leben sein. Noch immer von Schuldgefühlen und Selbstvorwürfen heimgesucht, pflegt er regelmäßig das Grab und den Stein.

Die Erinnerung an Bombennächte während der Kriegsjahre und die Spuren, die es davon in deutschen Städten noch heute gibt, haben nach meinem Eindruck nirgendwo eine so stark bewußtseinsprägende Kraft erlangt wie in Dresden. Als ich die Stadt zum erstenmal sah, wunderte ich mich zunächst über die Inschrift am Eingangstor des Zwingers. Sie spricht von anglo-amerikanischen Bomberverbänden, die am 13. Februar 1945 die Innenstadt und fast völlig auch den Zwinger zerstörten. Aber waren nicht auch andere deutsche Städte im Zweiten Weltkrieg, manche noch später als Dresden, mehr oder weniger dem Boden gleichgemacht worden? Dunkel vermutete ich auch, daß für den Mythos der fast totalen Vernichtung, der sich mit dem Namen Dresdens verbindet, die DDR-Propaganda verantwortlich sei, teilweise zumindest. Der permanent wiederholte Hinweis auf die »Anglo-Amerikaner« und ihren »Bombenterror« sollte, dachte ich, nur vom Zerstörungswerk russischer Truppen gegen Kriegsende ablenken.

Dann aber erfuhr ich Näheres vom Oberbürgermeister der Stadt, Herbert Wagner. Er berichtete, 1945 habe kaum jemand noch mit Luftangriffen gerechnet, weil der Krieg fast zu Ende und Dresden ohne jeden militärischen Wert, dafür

266

aber eine alte, traditionsreiche Kulturstadt war, voller Kunst-
schätze und weltberühmter Bauten. Die Frage blieb, warum
die Alliierten trotzdem so überraschend und gründlich zu-
schlugen – auch die Memoiren von Churchill, Eisenhower
und anderen gaben keine Antwort. Nur ein Bundeswehrge-
neral gab mir eine einleuchtende Erklärung: Der Angriff sei
eine Art Verzweiflungsschlag gewesen, ausgeführt zu einer
Zeit, da der Krieg nach Vorstellung der Alliierten längst hätte
beendet sein müssen. Die Hoffnungen und Pläne, die man an
die Invasion in der Normandie im Juni 1944 knüpfte, hätten
sich nur langsam, viel zu langsam erfüllt, und der Abwehr-
wille der deutschen Bevölkerung sei unterschätzt worden.

Wie auch immer, Dresdens Tragödie ist als solche nicht
von allen Einwohnern erlebt worden. Sogenannte Halbjuden
sowie Juden, die in Mischehen lebten, die letzten Verfolgten,
deren man habhaft werden konnte, sollten, wie der Romanist
Victor Klemperer berichtet, am 16. Februar zu einem »auswärtigen Arbeitseinsatz« transportiert werden, doch da gab
es keine Gestapo-Dienststellen mehr, keine Karteikarten,
keine Akten. Die Deportation, aus der es sonst wohl kein
Entkommen gegeben hätte, war am Bombenhagel gescheitert.

Keinem der öffentlichen Gedenktage, die 1995 in
Deutschland begangen wurden, habe ich mit so zwiespältigen Erwartungen entgegengesehen wie dem zum Untergang
von Dresden. Nicht, daß ich um einen würdigen Verlauf
fürchtete. Im Unterschied zu allen anderen Anlässen aber
sollte hier noch einmal eines Ereignisses gedacht werden, das
über allen noch sichtbaren Spuren ein Symbol ist für das
Leid, das den Deutschen selber angetan wurde. Die Emotionen, die sich mit der Erinnerung an diesem Tag einstellen
mußten – würden sie nicht eine zu große Belastung für den

noch gefährlich dünnen Boden sein, auf dem sich bisher die Auseinandersetzung mit der Vergangenheit vollzog? Doch die Sorge erwies sich als unbegründet.

»Wer Wind sät, wird Sturm ernten.« Das Bibelwort zitierte der Kommentator der ARD-Tagesthemen am Vorabend der Feier, mit der die sächsische Landeshauptstadt ihrer Zerstörung vor fünfzig Jahren gedachte. Er nahm damit gleichsam den Tenor vorweg, der am nächsten Tag die offiziellen Gedenkreden bestimmte. »Wir wollen nicht vergessen, daß Dresden im Rahmen eines Krieges zerstört wurde, den eine deutsche Regierung vom Zaun gebrochen hatte«, sagte Bundespräsident Herzog. Er nutzte die Gedenkstunde für die Opfer der Dresdener Tragödie, um auch an die zu erinnern, »die verfolgt und getötet wurden, weil sie einem anderen Volke angehörten, einer anderen Rasse zugerechnet wurden oder deren Leben wegen einer Krankheit oder Behinderung als lebensunwert bezeichnet wurde«.

Damit war unüberhörbar ein Thema angesprochen, das in diesem Augenblick, aus diesem Anlaß und an diesem Ort vielleicht manchem mißfiel. Doch die Zusammenhänge, auf die Herzog verwies, blieben: Der Wind, den das Hitler-Regime gesät hatte, endete buchstäblich in den Feuerstürmen, die noch Tage nach dem Luftangriff durch das zerstörte Dresden tobten, ein Inferno, das mehr als den Untergang einer Stadt zu besiegeln schien.

Andererseits hätte es nicht überrascht, wenn sich im Gedenkjahr 1995, angesichts der Vielzahl von Veranstaltungen im Zeichen der Trauer um Millionen Kriegsopfer und Holocaust-Tote, in der Bevölkerung eine gewisse Ermüdung gezeigt hätte, Überdruß oder auch Kritik, ähnlich vielleicht der Stimmung, welche die junge Abiturientin meinte, als sie, bezogen auf die Feierstunden, von Übertreibung sprach. War der Rückblick der Deutschen auf den Krieg, den sie entfesselt und vor fünfzig Jahren verloren hatten, wirklich so ungeteilt, wie es den Anschein hatte?

Eine Unterhaltung mit »Spiegel«-Redakteuren in Hamburg überzeugte mich. Man habe die Reaktion der Deutschen auf Medienveröffentlichungen zum Zweiten Weltkrieg vorher nicht ohne weiteres einschätzen können, hieß es. Trotzdem beschloß die Redaktion, im Januar 1995 eine Ausgabe des Magazins dem Jahrestag der Befreiung von Auschwitz zu widmen, mit dem berüchtigten Lagertor als Titelbild. Es wurde zur Überraschung vieler im Haus und entgegen aller skeptischen Erwartungen das meistverkaufte Heft. Der Erfolg war deshalb so bemerkenswert, weil nur etwa zehn Prozent jeder Ausgabe an Abonnenten gelangen, neunzig Prozent werden in Geschäften und Kiosken verkauft.

Ähnlich äußerten sich, wenn ich mit ihnen zusammenkam, Vertreter anderer Medien. Alle versicherten, jenseits moralischer Verpflichtungen und losgelöst von kommerziellen Interessen der Sender und Verlage habe in der deutschen Öffentlichkeit ein ungewöhnlich starkes Bedürfnis nach gründlicher und umfassender Information über den Krieg und das Ende des Nazi-Reichs vorgelegen. Solche Auskünfte, so erfreulich sie mit anderen übereinstimmen, sind für einen erst seit wenigen Jahren hier lebenden ausländischen Beobachter natürlich zu allgemein, um von der Einstellung der Deutschen zu ihrer Vergangenheit ein genaueres Bild zu erhalten. Die öffentliche Meinung ändert sich, Erkenntnisse, die vor Monaten oder Wochen als gesichert galten, altern rasch, sind bald überholt. Regelmäßige, in Abständen durchgeführte Umfragen gehen solchen Entwicklungen nach, halten ihren jeweiligen Stand wie mit einer Stoppuhr fest und lassen meist auch Rückschlüsse auf ihre Ursachen zu.

Interessant waren schon die Ergebnisse von Umfragen, die 1994 vor dem Hintergrund der Ein- beziehungsweise Ausladung Deutschlands zu den Feierlichkeiten anläßlich des fünfzigsten Jahrestags der Invasion in der Normandie veröffentlicht wurden. Sie decken sich im wesentlichen mit Resultaten, die im darauffolgenden Jahr die Reaktion der Deutschen auf die Kriegsschuldfrage und die Niederlage ihres Landes 1945 festhielten: 56 Prozent aller Befragten sahen die Schuld am Ausbruch des Zweiten Weltkriegs ausschließlich bei Deutschland, das denKrieg gewollt habe; 64 Prozent hielten die Niederlage für gut und gerecht. Nur dreizehn Prozent waren gegenteiliger Auffassung. Auffallend war, daß die Niederlage von der jüngeren Generation noch von einem weit höheren Prozentsatz als positiv empfunden wird, nämlich von 72 Prozent. Und 67 Prozent beantworteten die Frage, ob sie in Deutschland leben wollten, wenn Hitler den Krieg gewonnen hätte, klar mit »nein«.

Nicht weniger aufschlußreich sind die Meinungen zur Gefahr des heutigen Rechtsradikalismus. Die Mehrheit, 53 Prozent, bejahte die Frage, ob die Neonazis das gleiche beabsichtigten wie einmal Hitlers Nationalsozialisten, nur sechzehn Prozent verneinten sie. Damit im Zusammenhang steht, ob sich der Nationalsozialismus in Deutschland wiederholen könne. Mehr als die Hälfte, 54 Prozent, verneinte die Frage, während es immerhin 42 Prozent sind, die ein Wiederaufleben der Nazi-Ideologie in Deutschland für nicht ausgeschlossen halten.

1945 – für die Deutschen das Jahr der Niederlage oder der Befreiung? Als vierzig Jahre danach der damalige Bundespräsident das Schicksalsjahr klar als Jahr der Befreiung definierte, war diese Formel noch ziemlich umstritten. Auch in den Jahren darauf hielt die Diskussion an. Vielleicht war man sich dessen in Deutschland nicht so bewußt, die Weltöffentlichkeit aber, auch Israel, hat aufmerksam den Verlauf des Meinungsstreits, soweit er öffentlich ausgetragen wurde und sich in Umfrageergebnissen spiegelte, verfolgt. Von Anfang an wich in den Antworten auch zu dieser Frage die Meinung der jungen Generation deutlich von der Einstellung des älteren Bevölkerungsteils ab. Heute sind es 69 Prozent aller Ost- und Westdeutschen, die 1945 als Jahr der Befreiung ansehen, nur dreizehn Prozent begreifen es als Jahr der Niederlage. Von den nach 1940 Geborenen ist es nur jeder zehnte, während 74 Prozent das Jahr des Kriegsendes ohne Vorbehalt als Befreiungsjahr empfinden.

Zwei Punkte in den Ergebnissen dieser Umfrage scheinen besonders interessant. So fällt zunächst auf, daß in den neuen Bundesländern, im Unterschied zu den alten, mehr Bürger zu der Auffassung neigen, Deutschland habe 1945 keine Befreiung, sondern eine Niederlage erlebt. Dabei hat gerade die DDR-Propaganda, mit dem Blick auf die Sowjetunion, mit großem Nachdruck stets die Befreiungstheorie verbreitet; der Jahrestag der deutschen Kapitulation galt offiziell als »Tag der Befreiung« und wurde entsprechend gefeiert. Zum anderen geht aus der Umfrage hervor, daß sich die Anhänger der Republikaner überraschenderweise zu etwa gleichen Teilen ebenso zum Jahr 1945 als Jahr der Niederlage wie als Jahr der Befreiung bekennen. An die zweite Hälfte wäre die Frage zu richten, weshalb sie dann ausgerechnet mit dieser Partei sympathisiert.

Natürlich sieht man nicht überall im Ausland in Umfrageergebnissen, die sich auf die Haltung der Deutschen gegenüber ihrer Vergangenheit beziehen, Beweise eines tatsächlichen Wandels. So wird den Deutschen nachgesagt, sie würden nur aus zynischem Interesse ihre Niederlage als Befreiung definieren, um sich von Schuldgefühlen zu befreien. Das aber würde auf eine Opferrolle der Deutschen hinauslaufen und auf eine unzulässige Gleichstellung mit anderen europäischen Völkern, die wirkliche Opfer waren. Ich sehe das, auch nach Gesprächen, die ich hatte, nicht so. Ein älterer Herr versicherte mir – es klang glaubhaft –, für ihn sei das Jahr 1945 lange eine »Tragödie« gewesen; erst spät habe er begriffen, daß das Kriegsende nicht nur den besetzten europäischen Ländern, sondern auch Deutschland und den Deutschen Befreiung und Erlösung brachte. Welche Gründe es auch dafür geben mag, daß die Mehrheit der Deutschen den Zusammenbruch des Dritten Reiches als Befreiung wertet, es bedeutet auf jeden Fall, daß sie, um es eher untertrieben zu formulieren, die NS-Zeit negativ einschätzen, und dies allein scheint wichtig für die Zukunft.

Während meiner Pariser Zeit lernte ich über Claus von Amsberg, der mit ihm seit den Nachkriegsjahren befreundet ist, einen deutschen Auslandskorrespondenten kennen, August Graf von Kageneck. »Gusti«, wie er genannt wird, ist mit einer Französin verheiratet, die ihren ersten Mann im Algerienkrieg verlor; Kageneck hat ihre Kinder adoptiert. Ganz bewußt versuchte er, den ihm in der Jugend eingeprägten Nationalsozialismus zu überwinden und sich, vor allem auf persönlicher Ebene, mit dem einstigen »Erzfeind« Frankreich zu befreunden. Als ich ihn das erste Mal sah, deutete nichts auf irgendwelche Nazi-Sympathien hin. Wir sprachen auch nicht über solche Dinge, weil ich mich dazu noch nicht in der Lage fühlte.

Eines Tages schickte er mir ein gerade von ihm veröffentlichtes Buch. Unter dem Titel »Lieutenant sous la Tête de Mort« – 1994 unter einem anderen Titel neu verlegt – schildert es seine Kriegserlebnisse als Panzeroffizier – eine Hymne auf glorreiche Zeiten eines jungen, stolzen und tapferen Soldaten, der den Krieg – frisch, fröhlich, frei – wie ein harmloses Räuber-und-Gendarm-Spiel mitmacht. Versuche, den Nationalsozialismus zu rechtfertigen, waren aber nicht zu entdecken. Ich sah das Buch nur oberflächlich durch, allerdings mit unguten Gefühlen, und hatte hinterher meine Schwierigkeiten, die Freundschaft zu einem Mann fortzusetzen, einem ehemaligen Hitler-Offizier, der nach so langer Zeit seinem Kriegsdienst noch positive Seiten abgewann.

Kageneck war mit seiner Frau von Paris nach Bonn übergesiedelt, als ich ihn dort wiedertraf, mehr als zwanzig Jahre nach unserer ersten Begegnung. Diesmal hatten weder er noch ich Schwierigkeiten, über die Vergangenheit zu reden. Er betätigte sich noch als Journalist, lebte ansonsten aber im Ruhestand. Offensichtlich hatte er Zeit gehabt, sich mit den Verbrechen des Dritten Reiches eingehender zu beschäftigen. So erklärte er, er könne die Revisionisten, die den Holocaust leugnen und die »Auschwitzlüge« verbreiten, schon lange nicht mehr unterstützen, bereits in den siebziger Jahren habe er von einem Historiker, welcher der Waffen-SS angehört hatte, also von authentischer Seite, die Tatsache der Vergasung von Juden bestätigt bekommen. Es war etwas peinlich zu hören, daß er so lange gebraucht, daß es erst eines Zeugen, der den Tätern nahestand, bedurft hat, um ein geschichtliches Faktum zu akzeptieren.

Inzwischen sind die Kagenecks zurück in ihrem geliebten Paris. 1996 sandte mir »Gusti« sein neuestes Buch, wieder in Französisch, »Examen de Conscience« (Gewissenserforschung), dessen Untertitel sinngemäß etwa lautet: »Wir waren besiegt, hielten uns aber für schuldlos.« Anders als das erste las ich es sorgfältig und nicht ohne Anteilnahme. Noch immer ist darin etwas vom Stolz des jungen Offiziers zu spüren, zugleich aber werden dessen innere Konflikte deutlich. Augenzeugen berichten ihm über die Ermordung von Juden, von der Ausrottung ganzer Bevölkerungsteile einer Stadt, die er zwei Tage vorher erobern half. Er befaßt sich mit der Rolle der Aristokratie, der er entstammt, der Rolle des Offizierskorps und des Großbürgertums bei der Machtergreifung Hitlers, und er geht auch der Frage nach, welchen Anteil die Wehrmacht an den furchtbaren Verbrechen im Zuge des »Vernichtungskriegs« hat.

Nicht jeder wird die letztlich auf Versöhnung gerichtete Suche nach einer Auseinandersetzung mit den Opfern nachvollziehen können, die aus dem Buch spricht. Nur zu gut läßt sich vorstellen, daß vor allem Nazi-Verfolgte Kagenecks »Gewissenserforschung« als blauäugig oder unglaubwürdig, wenn nicht als Heuchelei abtun. Andererseits: Wer oder welche Umstände zwangen den Autor zu dieser öffentlichen Abrechnung mit sich selbst? Gegenüber den Gleichgültigen und Reuelosen ist mir jedenfalls ein Mann lieber, der, nachdem er es in jungen Jahren noch nicht vermochte oder wollte, die Auseinandersetzung mit der problematischen Vergangenheit erst im späteren Leben vornimmt. Insofern läßt mich auch die neue, einsichtige Sensibilität des Grafen von Kageneck leichter begreifen, weshalb auch die ältere Generation der Deutschen das Jahr 1945 erst heute mehr als Jahr der Befreiung versteht.

Es ist, ohne jeden Zweifel, ein Verständnis, das auch auf die Nachkommenden wirkt.

Vermächtnisse und Perspektiven

Vieles spricht dafür, daß der öffentliche Meinungswandel zur Nazi-Vergangenheit, wie er sich in den Antworten auf die Alternativfrage »Niederlage oder Befreiung« spiegelt, auch mit einer neuen Einstellung zur Geschichte des deutschen Widerstands zusammenhängt

Die Erinnerung an das mißlungene Attentat auf Hitler am 20. Juli 1944 ist von der Bundesregierung zwar seit langem institutionalisiert, die Bevölkerung aber tat sich schwer damit. Nur zögernd hat man begreifen wollen, daß es Deutsche gab, die mit der Beseitigung Hitlers ein rasches Ende des Krieges und die Einsetzung einer neuen Regierung anstrebten. Wie viele waren es, die damals, aber auch noch lange danach, die Verschwörer als Verräter betrachteten? Wie groß mag die Anzahl derer gewesen sein, die auch in Mitbürgern, die Nazi-Verfolgten das Leben retteten, Gegner des »Volkswillens«, also ebenfalls Verräter, sahen? Und wie viele Retter mochten nach dem Krieg ihre Geschichte nicht offenbaren, aus begründeter Scheu, als »Nestbeschmutzer« verachtet zu werden?

Die Beschäftigung mit der Geschichte des Widerstands im Dritten Reich sollte nicht nur Deutschen eine selbstverständliche Pflicht sein. Auch Israel und die Juden können daraus Lehren ziehen. Nicht, daß man keine Kenntnis vom Ablauf der Verschwörung hätte, die an unglücklichen Zufällen gescheitert ist, doch der Respekt vor den Verschwörern selbst ist meist gering, relativiert durch die Tatsache, daß es sich vorwiegend um Männer handelte, die in gehorsamer Treue dem »Führer« gedient und in der Nazi-Hierarchie wichtige Posten bekleidet hatten. Natürlich, so wird argumentiert, begriffen diese Leute 1944, daß der Krieg verloren war und damit auch jedes Privileg, mit dem das Regime sie ausgestattet hatte. Der Widerstand war kein Widerstand als solcher, sondern der verzweifelte Versuch zu retten, was noch zu retten war. Bedauerlich zwar, daß ihr Wagnis so schlimme Folgen zeitigte, daß zwischen dem 20. Juli 1944 und dem Mai 1945 noch Millionen Menschen umkamen, darunter auch unzählige Juden in den Todeslagern. Alles Leid, alle Opfer der letzten zehn Kriegsmonate wären der Welt erspart geblieben. »Große Gerechte« aber oder gar moralische Vorbilder waren die Männer, die den Umsturz versuchten, nicht.

Der Widerstand ging jedoch, wie man weiß, nicht nur von hohen Berufsoffizieren und Zivilbeamten im Staatsdienst aus. Und was die Männer vom 20. Juli betrifft, so kann man zwar nicht leugnen, daß viele von ihnen über lange Jahre »echte« Gefolgsleute Hitlers gewesen sind, Nazis also, Antisemiten, Anhänger der nationalsozialistischen Rassenlehre, auch überzeugte, wenn nicht begeisterte Teilnehmer an den Eroberungsfeldzügen im Krieg. Doch das traf eben nicht für alle zu, und es waren auch nicht alle, die erst 1944 zu der Erkenntnis kamen, das Hitler-Regime müsse beseitigt werden. Wie weit der Widerstand verbreitet war und wie hoch der Preis gewesen ist, den die Beteiligten für ihren Einsatz entrichteten, belegt Marion Gräfin Dönhoff in ihrem Buch »Um der Ehre willen« mit den Zahlen der Opfer: »Nach dem seit Jahren geplanten und dann fehlgeschlagenen Attentat wurden hingerichtet: 21 Generale, 33 Obersten, 2 Botschafter, 7 Diplomaten, ein Minister, 3 Staatssekretäre und der

Chef der Reichskriminalpolizei, ferner mehrere Oberpräsidenten, Polizeipräsidenten und Regierungspräsidenten. Seit 1940/41 haben sich die Todesurteile der Militärgerichte jedes Jahr verdoppelt. 1944/45 waren es 8200. Der Volksgerichtshof verhängte im selben Jahr 2140.«

Unter den Verschwörern gab es nicht wenige, die spätestens schon 1933 die mit Hitler drohenden Gefahren abzuwenden suchten: Idealisten und Demokraten, gläubige Menschen, Gewerkschafter, Sozialisten und Kommunisten. Die Offiziere wiederum, die dem Widerstand angehörten, hatten vielfach Probleme mit dem Eid, den sie auf Hitler ablegen mußten. Er verpflichtete sie zu absolutem Gehorsam, während ihr Gewissen sie aufrief, alles zu tun, um das Unheil abzukürzen, das Hitler über die Welt gebracht hatte. Ob er selbst zu töten sei und auf welche Weise, war in den Kreisen des Widerstands eine der umstrittensten Fragen.

1979 verbrachte ich ein Wochenende bei Claus von Amsberg und seiner soeben zur Königin der Niederlande gekrönten Gattin Beatrix im Schloß Drakenstejn. Es war das letzte Wochenende vor dem Umzug des Paares in die Residenz Huisten Bosch in Den Haag. Ebenfalls zu Gast war ein imponierend großer, mir unbekannter Deutscher. Er war beinamputiert und hatte überdies zwei Finger verloren. Da er mit Prinz Claus und mit Beatrix offensichtlich gut befreundet war, ließ sich mit Sicherheit darauf schließen, daß er weder Nazi gewesen noch einer ihrer Sympathisanten war. Trotzdem hatte ich Vorbehalte gegen diesen Mann, der mir ohne Titel und Prädikate als Axel Bussche vorgestellt worden war. Mich beschäftigte, ob er seine Verletzungen im Krieg erlitten hatte.

Meine zwiespältigen Gefühle gegenüber dem Gast ließen mich im Gespräch alle Themen vermeiden, die irgendwie mit der Nazi-Zeit zu tun hatten. Wir unterhielten uns über den Nahen Osten, sprachen über Fragen der Weltpolitik und kamen schließlich auf ein Thema, das uns beiläufig auch auf Hitler brachte. Es ging zunächst um Friedrich den Großen, dann auch um das Leben und Wirken Napoleons. Bussche war ein wenig überrascht, als er in mir, einem Juden, einen Bewunderer Napoleons entdeckte. Doch bald merkte er, daß die Hochachtung nicht unbedingt der militärischen Begabung des Feldherrn galt, sondern der genialen Vielseitigkeit dieses ungewöhnlichen Mannes, seiner Kompetenz auf fast jedem Gebiet.

So erzählte ich, was Napoleon für die französischen Juden getan hat. Um bis dahin nicht eingelöste Ideen aus der Zeit der Französischen Revolution zu verwirklichen, suchte er nach Wegen, den Juden Gleichberechtigung und Emanzipation zu verschaffen – kein leichtes Vorhaben, denn die Bevölkerung war traditionell in Vorurteilen befangen, und die Juden selbst in ihrer Isolation verharrten verkrampft in dem Gefühl, sich gegen alles wehren zu müssen, was sie betraf. Napoleon begriff, daß sich nach Jahrhunderten voller Vorbehalte auf beiden Seiten eine Wende nicht willkürlich herbeiführen ließ. Eine Annäherung würde nur nach sorgfältiger Prüfung aller Umstände, aber auch der Mentalität der jeweils Betroffenen möglich sein. So verfaßte der Kaiser unmittelbar vor der Schlacht von Jena, in der Nacht vom 13. zum 14. Oktober 1806, in seinem Zelt bei Landgrafenberg den Grundsatz zur Wiedereinführung des »Sanhedrin«, des Hohen Rats, der obersten jüdischen Gerichtsbehörde in Jerusalem, die bis zum Jahr 70 nach unserer Zeitrechnung bestand. Der neue Hohe Rat sollte nach den Vorstellungen Napoleons Wege finden, die Juden aus freien Stücken und mit ihrem Einverständnis in die französische Gesellschaft zu integrieren. Sie konnten Napoleons »Sanhedrin« nur deshalb akzeptieren, weil er auf dem Geist und den Traditionen des alten basierte. Allein Napoleons Einfühlungsvermögen, seiner Kenntnis des altjüdischen Rechts und seiner Beharrlichkeit ist es zu danken, daß aus seinem Vorhaben ein dauerhafter Erfolg wurde.

Der Deutsche hörte aufmerksam zu. Dieser Teil unserer Gespräche endete damit, daß er sinngemäß erklärte, seit den Erfahrungen der Welt mit Hitler hätte das Ansehen Napoleons zwar beträchtlich gelitten, zwischen beiden gebe es dennoch einen abgrundtiefen Unterschied.

Erst Tage später, am Telefon, erfuhr ich von Claus von Amsberg, wer Axel von dem Bussche – sein richtiger Name – war. Er, der sich nach dem Krieg unter anderem der Entwicklungshilfe für die dritte Welt zugewandt hat, diente bis 1945 als Wehrmachtsoffizier, begeistert zunächst von den militärischen Erfolgen der Deutschen an allen Fronten, bis er 1942 Augenzeuge eines Massakers an Juden wurde. Von da an, nachdem er mit seinen Vorstößen bei Vorgesetzten, solchen Verbrechen entgegenzutreten, wenig ausrichtete, trug er sich mit dem Plan, Hitler zu töten. Er scheute nicht die Gefahr für das eigene Leben, war sich vielmehr bewußt, daß er sich, sollte das Attentat gelingen, selber opfern mußte. Eine geeignete Gelegenheit dazu schien 1943 gekommen, als man Hitler die Modelle neu entworfener Uniformen vorführen wollte, auf einer Art Modenschau mit dem »Führer« als oberstem Inspizienten und Gutachter. Bussche war darauf vorbereitet, unter dem Vorführmodell einer der Uniformen eine Bombe am Körper zu tragen, die Zündung zu betätigen, sobald Hitler in seine Nähe kam, und sich mit ihm in die Luft zu sprengen. Einen Tag vor der schon mehrfach verschobenen Veranstaltung machte ein Bombenangriff alle Vorkehrungen zunichte, das Gebäude wurde zerstört, die Uniformen verbrannten. Bussche kam an die Front zurück und wurde bald danach schwer verwundet.

Er sei von mir sehr angetan gewesen, sagte Claus von Amsberg, ich wußte jedoch nicht so recht, wieso. Abgesehen von der Napoleon-Geschichte, der er interessiert zuhörte, hatte ich nichts gesagt, was ihn in irgendeiner Weise hätte fesseln oder nachdenklich machen können, die Gespräche drehten sich eher um alltägliche, belanglose Dinge. Den Grund erfuhr ich erst Jahre später, als Claus und ich wieder auf die Begegnung mit dem Mann zurückkamen, der unter Aufopferung seiner selbst die Menschheit von Hitler erlösen wollte. »Bussche war deshalb so beeindruckt von dir«, sagte Amsberg, »weil du als Israeli überhaupt bereit warst, mit ihm zu sprechen.« Eigentlich unglaublich, dachte ich – der Held, der Widerstandskämpfer, der er war, er soll sich mir gegenüber gehemmt gefühlt haben? Ihn in Deutschland wiederzusehen war leider nicht mehr möglich, Axel von dem Bussche ist seit längerem tot.

Sein Name steht exemplarisch für alle, die sich aus Verantwortungsgefühl, Glaubens- und Gewissensgründen und im Bewußtsein des schrecklichen Unrechts, dessen Zeugen sie wurden, dem Widerstand verschrieben haben, oft schon lange vor der Kriegswende. Widerstandskämpfer aber lassen sich auch jene Frauen und Männer nennen, die verfolgte Juden retteten. Nicht jeder Widerstandskämpfer half Juden retten, aber jeder Judenretter leistete Widerstand. Sein Leben und das seiner Angehörigen setzte er dabei ebenso entschlossen aufs Spiel wie die Verschwörer.

Bisher sind es nahezu dreihundertfünfzig Deutsche, die nach sorgfältiger Prüfung ihrer Geschichte durch Yad Vashem, die israelische Forschungs- und Gedenkstätte in Jerusalem, als Retter jüdischer Verfolgter anerkannt sind. Hin und wieder begegne ich solchen Menschen, und in Abständen darf ich dem einen oder anderen von ihnen im Namen von Yad Vashem den Ehrentitel »Gerechte/r unter den Völkern« verleihen und die Würdigung mit der Überreichung der Yad-Vashem-Medaille und -Urkunde verbinden. Jede Rettungsgeschichte ist ein Drama für sich, spannend und erschütternd zugleich, erstaunlich, voller Rätsel und mitunter fast unglaublich, wäre sie nicht durch Zeugen belegt wie die Geschichte Hans Calmeyers, eines Rechtsanwalts aus Osnabrück.

Der Jurist gehörte während der Kriegsjahre zum Verwaltungsstab der deutschen Besatzungsmacht in Holland. Im Reichskommissariat für die Niederlande stand er an der Spitze des Referats für Verwaltung und Rechtsangelegenheiten (Referat Innere Verwaltung) in Den Haag. In Calmeyers Zuständigkeit fiel unter anderem, den Status von Juden festzustellen, die nachweisen konnten, daß sie nach den Rassegesetzen der Nazis »nur« Halb- beziehungsweise weniger als Halbjuden waren.

Calmeyer ließ bei seinen Kontakten mit holländischen Anwälten an seiner ablehnenden Haltung gegenüber dem Nazi-Regime keinen Zweifel. Indem er falsche Abstammungsnachweise bewußt akzeptierte und wiederholt Listen mit den Namen jüdischer Bürger ausfertigte, die aus den verschiedensten Gründen von der Deportation freigestellt wurden, gelang es ihm, an die dreitausend holländische Juden zu retten, trotz des Argwohns, den seine Tätigkeit bei den SS- und SD-Dienststellen erregte. Bereits im Herbst 1942 wurde er angewiesen, keine Listen mehr zu erstellen, doch Calmeyer hielt sich nicht daran.

Kein Zweifel, die Deportationen niederländischer Juden wären rascher und im Sinne der Nazis reibungsloser verlaufen, hätte an Calmeyers Stelle ein gewöhnlicher deutscher Beamter gesessen. Calmeyer sorgte dafür, daß bedrohte Juden, deren Freistellungsanträge ihm vorlagen, eine Karenzzeit bekamen, die sie zu ihrem Vorteil nutzen konnten, etwa zur Suche von Verstecken. Andere wurden rechtzeitig vor der Gestapo gewarnt. Ohne die ebenso tatkräftige wie verschwiegene Hilfe von Mitarbeitern seines Büros hätte Hans Calmeyer die Rettungsaktionen nicht durchführen können. Einer der Helfer, schon vor längerer Zeit als »Gerechter unter den Völkern« anerkannt, wurde zur Wehrmacht versetzt, desertierte und schloß sich der holländischen Untergrundbewegung an. Die Hauptlast der Verantwortung aber lag bei Calmeyer selbst, der zunehmend Schwierigkeiten mit dem Reichssicherheitshauptamt bekam. Dessen Mittel reichten, dank der schwer durchschaubaren Tricks des Judenretters, nicht aus, handfeste Beweise gegen ihn zu sammeln. Keine Idee schien ihm zu ausgefallen, um Juden vor der Vernichtung zu bewahren.

So berichtet ein holländischer Anwalt, Benno J. Stockvis, vom Fall eines sechzehnjährigen Mädchens, Ruth F., dem die Deportation drohte. Bei der Durchsicht ihrer Papiere sei ihm plötzlich eingefallen, daß die biblische Ruth, die Moabitin, vom jüdischen Volk aufgenommen wurde, obwohl sie fremd war. So wurde aus der jungen niederländischen Jüdin Ruth eine Adoptivtochter, die ihren Namen nur symbolisch trug, zur Erinnerung an die Frau aus dem Alten Testament und als Zeichen dafür, daß sie keine Jüdin von Geburt war. Calmeyer war einverstanden mit dieser »Regelung« und gab sein Plazet.

Calmeyers Entschlossenheit, Juden dem Zugriff der Gestapo zu entziehen, ging so weit, daß sein Amt auch Zeugenaussagen anerkannte, die nach »normalem« Rechtsverständnis Verdacht erregen mußten, weil sie wenig stichhaltig oder absolut unglaubhaft erschienen. Auf diese Weise erhielten etwa die Angaben eines alten Mannes Gewicht: Er behauptete, es seien in seinem Dorf Gerüchte in Umlauf, wonach die Großmutter eines Antragstellers von einem Arier geschwängert worden war. Bei dem Antragsteller konnte es sich also nur um einen »Vierteljuden« handeln. »Ich wußte nicht«, kommentierte ein Mitarbeiter Calmeyers die Geschichte, »daß jüdische Frauen derart unmoralisch sind.«

Jede der Fälschungen von Geburts- und Heiratsurkunden, Taufscheinen und ähnlichen Dokumenten, auf die Calmeyer sich wissentlich einließ, die er mit seinen Mitarbeitern sogar förderte und selber bewerkstelligte, kam der Rettung eines Menschenlebens gleich. »Seinen privaten Kampf zur Rettung von Juden führte er mit Verstand, Mut und Kühnheit, in ständiger Gefahr für Leib und Leben schwebend«, berichtet Stockvis. »Und wie viele, die Mut und Geistesgegenwart unter anhaltendem Druck bewiesen haben, brach er nach dem Krieg zusammen und verfiel in eine schwere Depression und in ein Gefühl von absoluter Frustration und Reue, gleich so, als säße er mit den Mördern, seinen Volksgenossen, die er so haßte, zusammen auf der Anklagebank. Sein Schicksal beweist, wie schwierig das Los eines einzigen Gerechten in ganz Sodom ist.«

In Osnabrück wurde erst nach mehr als anderthalb Jahrzehnten nach seinem Tod bekannt, wer Hans Calmeyer gewesen ist und was er vollbrachte – ein Mann des intakten Gewissens und der Zivilcourage, ein Retter von Tausenden Verfolgter, für seine Heimatstadt ganz sicher das überragende Beispiel des Wiedererstehens jenes »anderen«

Deutschland, das nur langsam Wirklichkeit werden konnte. 1994 nahm ich im Osnabrücker Rathaus an einer Veranstaltung zu Ehren Calmeyers teil. Aus den Ansprachen des Oberbürgermeisters und anderer Redner war das Bedauern über die lange Zeit herauszuhören, die man warten mußte, um Calmeyer zu ehren. Weder er selbst noch diejenigen, die ihm nahestanden, hatten von seinen Taten sprechen wollen, aus Furcht, damit noch nachträglich Anstoß zu erregen.

In den ehemals von den Deutschen besetzten Ländern sind Berichte über den Widerstand gegen Hitler, aber auch Geschichten wie die von Hans Calmeyer lange mit skeptischer Zurückhaltung aufgenommen, teilweise auch als Legenden abgetan worden. Manches von dem, was an Taten einzelner Widerstandskämpfer oder organisierter Gruppen aus den Kriegsjahren überliefert ist, hält tatsächlich einer genaueren Nachprüfung nicht stand, stellt sich als nur zur Hälfte wahr oder erfunden heraus.

Umgekehrt hat sich gezeigt, daß es in den Ländern, die mit Stolz auf ihren erfolgreichen Widerstand gegen die deutsche Besatzungsmacht verweisen, nicht wenige Helfer und Mittäter gab, Kollaborateure, die den Nazis willig bei Verhaftungen und Deportationen zur Hand gingen. Holland, das jahrzehntelang wegen seines Widerstands, vor allem auch aufgrund vieler geglückter Rettungsaktionen für Juden weithin in hohem Ansehen stand, muß sich heute mit der Schattenseite dieser Realität auseinandersetzen. Fest steht, daß es hier nicht weniger Kollaborateure als Widerstandskämpfer gegeben hat, nämlich vier Prozent, und daß die Mehrheit der Bevölkerung den Anordnungen der Nazis gehorsam gefolgt ist. Das gleiche gilt für die öffentliche Verwaltung. Gemessen daran waren es nur wenige Verfolgte, die gerettet werden konnten, und dies auch nicht immer von Helfern aus dem eigenen Land, wie die Calmeyer-Geschichte zeigt. Anders in Belgien: Zu Léon Degrelle und seiner »Wallonischen Legion«, die auf der Seite der Deutschen kämpfte, gab es das Gegenbild eines im Untergrund gut organisierten Widerstands. Besonders erfolgreich verliefen seine Aktionen zur Rettung bedrohter Juden.

Auch die Franzosen kamen in den letzten Jahren nicht umhin, sich selbstkritisch mit ihrem Verhalten während der Besatzungszeit zu befassen. Die Rolle der Résistance, die de Gaulle stets beharrlich unterstrich, blieb überschattet vom berüchtigten Vichy-Regime. Tatsache ist, daß die französische Bevölkerung weit aktiver und erfolgreicher, als es anderswo im besetzten Europa geschah, verfolgten Juden geholfen hat – fünfundsiebzig Prozent der Juden Frankreichs konnten gerettet werden. Ernsthaft und akribisch ist man heute bemüht, gewisse Legenden aufzulösen und der Bildung neuer entgegenzuwirken.

Großbritannien dagegen, auf dessen Hauptinsel kein einziger bewaffneter deutscher Soldat seinen Fuß gesetzt hat, konnte sich nach dem Krieg als europäische Zentrale des organisierten Widerstands gegen Nazi-Deutschland rühmen. Inzwischen weiß man, daß Bewohner der britischen Kanalinseln Jersey und Guernsey eng mit den deutschen Besetzern paktierten – ihnen erschienen sie geradezu als Musterbeispiele der Kollaboration. In unrühmlicher Erinnerung ist auch die »British Union of Fascists«. Ihr Anführer Mosley, der sich Hitler zum Vorbild erkor, bereitete sich auf eine Zusammenarbeit mit den Deutschen vor und war auch noch nach dem Krieg politisch tätig. Im übrigen fand sich in England vor 1939 kaum jemand, der mit Nachdruck vor Hitler warnte. Männer wie Lloyd George, der Luftfahrtminister Londonderry und der Herzog von Windsor sprachen sich eher für eine Annäherung an das nationalsozialistische Deutschland aus. Den Herzog, den abgedankten Edward VIII., mußte Churchill sogar vor dem Vorhaben warnen, im Falle einer Eroberung Englands durch die Deutschen doch noch den Königsthron zu besteigen, auf den er wegen seiner nicht gebilligten Ehe mit Wallis Warfield-Simpson verzichtet hatte. Doch solche oder noch größere Versuchungen blieben den Engländern erspart – dank Gottes Hilfe, die ihre Insel vor der deutschen Invasion bewahrt hat.

Widerstand setzte alle, die ihn im Untergrund betrieben, ständig den größten Gefahren aus. Überall im besetzten Europa wurden Nazi-Gegner verraten, verhaftet, gefoltert, deportiert, oft mitsamt ihren Angehörigen. Doch nur in Deutschland, von Einzelfällen abgesehen, hatten Widerstandskämpfer nicht nur Gestapo und SS, Spitzel und Denunzianten zu fürchten, sondern auch die allgemeine Gefolgstreue zu Hitler und die tief in allen Bevölkerungsschichten verwurzelte Überzeugung, nach der Widerstand als Landesverrat und somit als Schwerstverbrechen galt. Wer entdeckt zu werden drohte, zur Fahndung ausgeschrieben oder in ähnlichen Gefahrensituationen war, der hatte, anders als seine Gefährten in den besetzten Ländern, kaum mit Unterstützung durch seine Landsleute zu rechnen. Das traf in besonderem Maße auf Deutsche zu, die es wagten, Juden zu verstecken, ihnen zur Flucht zu verhelfen oder ihnen auch nur durch kleine Zuwendungen das Leben zu erleichtern. Um so höher muß man deshalb ihren Mut bewerten, nicht nur in Gedenkreden.

Einen Tag nach dem Attentat vom 20. Juli verabschiedete sich Henning von Tresckow, einer der Verschwörer, von einem Freund, bevor er sich das Leben nahm: »Wenn einst Gott Abraham verheißen hat, er werde Sodom nicht sogleich verderben, wenn es darin auch nur zehn Gerechte gäbe, so hoffe ich, daß Gott Deutschland um unseretwillen nicht vernichten wird.« Bundeskanzler Kohl zitierte diese Worte während der zentralen Gedenkfeier 1994 in Berlin. Gott hat Deutschland nicht vernichtet, und desto notwendiger scheint es, auch für Israelis und für Juden in aller Welt, den Kampf des deutschen Widerstands zur Kenntnis zu nehmen. Er verdient Bewunderung.

Die Geschichte wiederholt sich nicht, doch sie gibt Fragen auf an spätere Generationen. Einem meiner Sicherheitsleute kam, nachdem er mit mir Ausstellungen besichtigt, zahlreiche Veranstaltungen besucht und eine noch größere Anzahl von Reden gehört hatte, eine solche Frage. Nach langem Überlegen mußte er sich eingestehen, daß er, gäbe es heute plötzlich wieder ein Nazi-Regime, genau das tun würde, was, wie er sagte, »alle jungen Deutschen damals taten, trotz allem, was ich heute weiß und gelernt habe«. Er würde nicht genügend Entschlossenheit und Kraft aufbringen, sich dem Regime zu widersetzen oder Befehle zu verweigern.

Wenn ein mit demokratischen Idealen aufgewachsener junger Deutscher, gewiß alles andere als ein Nazi-Sympathisant, fünfzig Jahre nach dem Ende des Dritten Reiches ohne zwingenden Grund zu einer solchen Schlußfolgerung kommt, dann kann die Hochachtung vor dem deutschen Widerstand nur um so größer sein. Auch Israel wird sich dieses Respekts nicht länger versagen können.

Anfang der siebziger Jahre begleitete ich eine Gruppe prominenter Gäste aus dem Ausland durch Israel. Der Sechstagekrieg war etwa vier Jahre vorbei. Nach dem gewonnenen »Blitzkrieg« gegen die arabischen Nachbarstaaten hatte sich mit der allenthalben spürbaren Siegesstimmung Hochmut breitgemacht. Allen Israelis ging es gut, die Wirtschaft florierte, Hochtechnologie war eine ihrer Haupterrungenschaften geworden. Die Zukunft sah strahlend aus.

Auf ausländische Besucher wirkte diese Stimmung keineswegs immer sympathisch. Als ich der Gästegruppe erklärte, sie werde einem bekannten Schriftsteller begegnen, fügte ich wohlweislich hinzu, er sei ein Mann des ausgewogenen Urteils, gemäßigt, ein Philosoph mit großen Visionen, Amos Oz, dessen Bücher inzwischen alle ins Deutsche übersetzt sind und der den Friedenspreis des deutschen Buchhandels erhielt. Damals freilich beeindruckte er die Gäste eher mit sarkastischen Provokationen. Kaum daß sie das Haus betreten hatten, fragte er sie, wie lange sie schon im Lande seien. »Seit gestern? Na, dann hatten Sie ja schon Zeit, festzustellen, was für ein herrliches Land Israel ist und was für ein großartiges Volk wir sind!« Jeder blickte peinlich berührt zu Boden.

»Doch, doch«, fuhr Amos Oz fort, »schauen Sie sich uns nur gut an. Wir sind alle wie Samson aus der Bibel, wir alle sind Samsons. Nur, wenn Sie uns genau betrachten, werden Sie entdecken, daß wir Samsons in der Nacht Angst haben und vor der Finsternis zittern. Der Hochmut, der Stolz, den Sie heute an den Israelis beobachten und der Ihnen unangenehm vorkommen muß – er ist rein oberflächlich, gewissermaßen eine künstliche Übertreibung, um dahinter die Angst zu verstecken. Angst ist die große Motivation unseres Volkes, stärker als jede andere.« Und dann folgte ein Abriß der jüdischen Geschichte, die geprägt ist von jahrtausendelanger Verfolgung, bis heute hin.

Die Angst als Grund- und Leitmotiv der gegenwärtigen Politik Israels angesichts der fortdauernden Bedrohung habe ich Abdallah Frangi zu erklären versucht, dem Vertreter der PLO in Deutschland. Es gab mehrere Gelegenheiten, mit ihm lange Gespräche zu führen. Auch auf einer gemeinsamen Fahrt zu einem von der Konrad-Adenauer-Stiftung initiierten Seminar in Italien ging es um diese Angst. Doch Frangi verstand mich offenbar nicht und widersprach aufs heftigste. »Ihr habt Angst?« fragte er. »Ihr, die ihr alle Kriege gewonnen habt, eine blühende Wirtschaftsentwicklung erlebt und seht, wie eure Bevölkerung ständig wächst – ihr als Besetzer unseres Landes, ihr habt Angst? Wir, die nicht einmal in Würde leben können, die unter eurer Besatzung leben müssen, wir haben Angst!«

Es war nicht leicht, Frangi verständlich zu machen, daß unsere Angst sich nicht nur auf Kriege, auf Grenzverletzungen und Terroranschläge bezieht. Ich gab die Erklärung an ihn weiter, mit der Amos Oz seinerzeit die ausländischen Gäste zunächst verwirrt und in Verlegenheit gebracht hat, bis sie allmählich begriffen, was er meinte. Unsere Angst ist psychologisch bedingt, und man muß sie in Betracht ziehen, wenn man die Israelis verstehen und mit ihnen verhandeln will. Wir, wie auch andere Völker, doch in anderem Sinn, müssen uns mit unserer Vergangenheit und ihren Gespenstern auseinandersetzen. Der Gedanke, in der Welt isoliert zu sein, ist zweifellos eines dieser Gespenster und hatte gewisse Verhärtungen und Verkrampfungen zur Folge. »Die Welt ist gegen uns«, heißt die Parole der Verkrampften.

Daß wir dennoch und trotz allem nicht völlig allein waren, beweist die Vielzahl der Fälle, allein in Berlin, in denen während des Kriegs Nichtjuden jüdischen Mitbürgern zum Überleben verhalfen. Am Anfang der Verfolgung waren es angeblich fünf- bis zehntausend Juden, die in Berlin untertauchten, nur tausendfünfhundert haben den Krieg überlebt.

Wie viele Deutsche waren es, die ihnen geholfen, wie viele, die damit selber Gefahren auf sich nahmen, die Opfer von Denunzianten wurden, verhaftet und am Ende hingerichtet? Groß scheint auch die Zahl der Helfer und Retter zu sein, die im Bombenkrieg umkamen, ebenso wie zahllose »Illegale«, die heimlich Versteckten, bei Luftangriffen meist schutzlos. Die Tagebücher Victor Klemperers, der mit einer »arischen« Frau verheiratet und nicht untergetaucht war, vermitteln ein Bild von der verzweifelten Lage der Verfolgten gerade in den letzten Phasen des Kriegs.

Wenn man in Betracht zieht, daß es zweieinhalb Jahre waren, die zwei verfolgte deutsche Jüdinnen wie Inge Deutschkron und ihre Mutter in der Illegalität lebten, nicht wie Anne Frank und ihre Familie in Holland in einem Versteck, sondern in ständig wechselnden, und bedenkt man weiter, daß sie, um zu überleben, arbeiten, das heißt sich fortwährend um neue Arbeitsplätze bemühen mußten, in permanenter Angst vor der Entdeckung durch Nachbarn, dann gewinnt man in etwa eine Vorstellung von der Zahl derer, die an ihrer Rettung beteiligt waren. Ihr letztes Buch »Sie blieben im Schatten« hat Inge Deutschkron ihren Helfern gewidmet. Es ist, wie der Untertitel sagt, »ein Denkmal für stille Helden«.

Es gab also außer den von Yad Vashem anerkannten »Gerechten unter den Völkern« Tausende, die ihr eigenes Leben und das ihrer Familien riskierten, um Verfolgten zu helfen. Sind wir uns dessen hinreichend bewußt?

Als ich den Deutschlandbesuch von Staatspräsident Ezer Weizman im Januar 1996 vorbereitete, schlug ich einen Gedenkaufenthalt in Plötzensee vor, der Hinrichtungsstätte vieler deutscher Widerstandskämpfer. Der Präsident und seine Frau Re'uma zeigten sich nicht nur von diesem Ort beeindruckt, fast mehr noch bewegte sie das Gespräch mit einer Gruppe ehemaliger Angehöriger des deutschen Widerstands, die am Morgen jenes Tages zur Gedenkstätte gekommen war, um die israelischen Staatsgäste zu treffen. Natürlich wußten der Präsident und seine Frau von der Existenz und Stärke der Verschwörergruppen, die auf unterschiedliche Weise das Nazi-Regime bekämpft haben, die Eindrücke vom unmittelbaren Kontakt mit einigen Überlebenden aber waren so nachhaltig, daß sie später, nach der Rückkehr, in allen Gesprächen mit der israelischen Presse deutlich anklangen. Nie zuvor haben Zeitungen in Israel so ausführlich über den Widerstand in Deutschland berichtet wie – erfreulicherweise – anläßlich des Weizman-Besuchs Anfang 1996.

Das Wissen, daß wir trotz allem nicht völlig isoliert sind, daß es selbst in schwierigsten, furchtbarsten Zeiten jene gab, die unerschrocken zu uns standen, könnte helfen, uns ein wenig aus der Verkrampfung zu lösen und damit auch befreiend zu wirken bei der Bewältigung der Schwierigkeiten in dem komplizierten und schicksalhaften Friedensprozeß, in dem Israel sich gegenwärtig befindet.

Schlußstrich? Nachdem das Gedenkjahr 1995 so würdig begangen wurde – darf man nun, wie es manche wünschen, einen Schlußstrich unter die deutsche Vergangenheit ziehen? Meinungsumfragen zufolge sind es sogar die meisten Deutschen, die sich dies wünschen oder die zumindest glauben, daß ein solcher Schlußstrich möglich sei. Immerhin stimmen 53 Prozent aller Deutschen in Ost und West einer entsprechenden Frage zu, 41 Prozent verneinen sie. Interessant ist, daß es unter den Vierzehn- bis Achtzehnjährigen nur 41 Prozent sind, die den Schlußstrich wünschen, 59 Prozent sind gegenteiliger Meinung. Ein unentschiedenes »ich weiß nicht« gibt es hier nicht, jeder Jugendliche vertritt eine dezidierte Ansicht, im Unterschied zu den älteren Befragten, von denen sich elf Prozent unentschieden äußern.

Abgesehen von Leuten, die sich aus persönlichen, ideologischen Gründen oder aus reinem Wunschdenken so verhalten, meine ich, daß sich die Deutschen, die an die Möglichkeit des Schlußstrichs glauben, einfach täuschen. Man hat im Rahmen einer geschichtlichen Beurteilung noch nie einen Strich unter irgendeine Epoche ziehen können. Historiker legen Schlußstriche innerhalb der Geschichte immer erst zu einem weit späteren Zeitpunkt fest, manchmal erst, nachdem Hunderte von Jahren vergangen sind. Das Jahr 1492, lernten wir in der Schule, war das Ende des Mittelalters. Daß dies wirklich zutraf, wußte niemand von den damals Lebenden, wußten auch jene nicht, die hundert Jahre später existierten. Erst aus weiter Retrospektive ließ sich die Zeit vor der Wende zum 16. Jahrhundert als eine solche verstehen. Dem Verlangen nach kurzfristig zu setzenden Zeitzäsuren widerspricht auch das Fortleben großer historischer Persönlichkeiten im Gedächtnis der Nachwelt. So erschienen seit seinem Todesjahr 1821 bis heute über Napoleon weltweit mehr Veröffentlichungen, als Tage vergangen sind.

Wir haben also weder die Macht noch die historische Kompetenz, für unsere Zeit ein abschließendes geschichtliches Urteil festzulegen, das bleibt kommenden Generationen überlassen. Darüber hinaus lehrt die Geschichte, daß Daten oder symbolträchtige Ereignisse sehr oft nur einen oberflächlichen und vorübergehenden Eindruck hinterlassen. Heute weiß man um den Rang des Jahres 1995 als Gedenkjahr, doch werden davon weder unsere Gedanken noch unsere Gefühle begrenzt. Am 9. Mai 1995, wie auch zwei Tage davor, am 7. Mai – und Jahre davor und danach – setzte sich unser Leben mit allem Denken und Handeln fort, kein willkürliches Datum konnte und kann es aufhalten. Wie wenig die Auseinandersetzung mit der Vergangenheit an fixe Daten gebunden ist, zeigt nicht zuletzt auch das gewaltige Echo, das Goldhagens Buch im Herbst 1996 in Deutschland fand.

Sollten wir uns wirklich einen Schlußstrich wünschen, und läßt er sich tatsächlich ziehen? Vor den Deutschen wie auch vor den Israelis liegen, in bezug auf die Vergangenheit, noch viele Aufgaben. Noch immer macht in Deutschland der Neonazismus von sich reden; Sehnsüchte nach dem Dritten Reich und dessen wahnwitzigen Ideen werden laut, und zwar keineswegs nur von denen, die Nazi-Uniformen tragen oder sich mit Nazi-Symbolen schmücken, nicht einmal von den Gewalttätern, die Anschläge verüben, Friedhöfe schänden und Ausländer bedrohen. Umfrageergebnisse zeigen, daß Extremisten in der deutschen Bevölkerung mehr Sympathien finden, als man annehmen möchte. So bekannten sich 1995 von allen Deutschen 24 Prozent zu der Ansicht: »Die Ideen des Nationalsozialismus waren gar nicht so schlecht.« Diese bedenkliche Auffassung findet sich nicht etwa nur bei Anhängern der Republikaner, sie wird durchgehend, und zwar zu gleichen Teilen und in der Höhe des Gesamtergebnisses der Umfrage, auch von Wählern der CDU/CSU, der FDP und – überraschenderweise – der SPD vertreten. Lediglich bei den Grünen (fünfzehn Prozent) und bei Wählern der PDS (zwölf Prozent) ist der Anteil geringer.

Es ist klar, die Umfrage, bei der es um eine qualitative Bewertung der Nazi-Ideologie ging, ergab keine Mehrheit. Auch läßt das Ergebnis keine Schlüsse auf die Situation zur Zeit der Weimarer Republik zu. Andererseits gibt es Leute, die extrem radikale Gruppierungen, welche von einem Viertel der deutschen Gesamtbevölkerung positiv eingeschätzt, zumindest aber geduldet werden, für gefährlich halten. Schließlich begann Hitler auch nur mit einer kleinen Minderheit, die nach zehn Jahren dann an die Macht gelangte. Der Unterschied zwischen der Weimarer Republik und der Bundesrepublik besteht jedoch darin, daß – obwohl es sich damals wie heute um echte Demokratien mit einem parlamentarischen System handelt – die Bevölkerung der Weimarer Republik nicht von demokratischen Ideen durchdrungen war. Franz von Papen sagte bei seiner Vernehmung im Nürnberger Prozeß: »Die Weimarer Verfassung hatte dem Volke eine Fülle von Rechten gegeben, die nicht seiner politischen Reife entsprachen.« Damals war das Wort im Schwange: »Vox populi – vox Rindvieh.«

Die Mehrheit der heutigen Bundesbürger ist demokratisch erzogen, von demokratischem und humanistischem Ideengut geprägt worden. Sie beweist, wie wenig gleichgültig ihr rechtsradikale Umtriebe sind, die Medien befassen sich kritisch damit, und Politiker aller Parteien sind sich einig im Vorgehen gegen antidemokratische Strömungen. Schwer zu erklären und mit dem Blick auf die Zukunft beunruhigend ist trotz allem, daß heute noch – oder wieder – 24 Prozent aller Deutschen die Ideen der Nazis als »gar nicht so schlecht« empfinden. Der Weg zur endgültigen Beseitigung des Spuks der Vergangenheit, des Rassismus und der Gewalt als politisches Mittel ist also noch lange nicht gesichert. Wir werden wachsam sein müssen – »wir«, weil die Verantwortung für die Zukunft gleichermaßen bei den Deutschen wie den Israelis liegt.

Wer das öffentliche Leben in Deutschland mit einiger Aufmerksamkeit beobachtet, der weiß, daß der Rechtsextremismus eine gewisse Salonfähigkeit erlangt hat. Die Entwicklung setzte mit dem relativierenden Revisionismus konservativer Hochschullehrer im Historikerstreit der achtziger Jahre ein. Man würde es sich aber zu leicht machen, ihren Wortführern und Schülern einfach die Billigung strafwürdiger Verbrechen wie Gewalttaten gegen Ausländer oder die Schändung von Friedhöfen und Gedenkstätten zu unterstellen. Den Verdacht, mit den von ihnen verbreiteten Ideen das Umfeld geschaffen zu haben, das derartige Ausschreitungen erst möglich macht, würden sie selbstverständlich energisch zurückweisen. An ihrer Selbsteinschätzung als Wissenschaftler und Publizisten, ja schon an der vorgeblichen Logik ihrer Argumente prallt der Vorwurf ab, wenn nicht Anstifter, so doch mitverantwortlich zu sein für willkürliche Überfälle und gezielte Anschläge der Art, wie sie fast regelmäßig auf den Nachrichtenseiten der Tagespresse erscheinen. Kein Revisionist wird einräumen, der Verbreitung von rechtsradikalem Gedankengut Vorschub zu leisten.

Es wäre in der Tat auch jedem noch so um Aufklärung bemühten Richter unmöglich, etwa zwischen der Zerstörung jüdischer Grabmäler und den Theoretikern des neuen Revisionismus eine kausale Verbindungslinie herzustellen. Andererseits gibt es eine Vielzahl von Druckschriften, die mit Parolen und in schlagwortartig primitiver Form die Gedanken der Intellektuellen unter den Revisionisten verarbeiten und damit gerade bei jugendlichen Lesern Verwirrung stiften und potentielles Unheil anrichten können. Das Gebot der Wachsamkeit versagt oft gerade an den Quellen, aus denen die rechtsradikale Szene in Deutschland ihre Ideen bezieht, mehr mittelbar, wie gesagt, als direkt. Häufig sind es respektable Leute, Universitätsprofessoren und Schriftsteller wie Viktor Suworow, Joachim Hoffmann oder Walter Post, die da meinen, von der Nazi-Zeit ein anderes Bild zeichnen zu müssen als das, welches sie tatsächlich besaß.

Ich beobachte Holocaust-Leugner seit Jahren, und zwar nicht nur in Deutschland. Am Anfang hat mich das Rätsel ihres Leugnens fasziniert: Wie kommt es, fragte ich mich, daß jemand so beharrlich eine Tatsache in Abrede stellt, die hunderttausendmal von unzähligen Zeitzeugen – Opfern wie Tätern – festgestellt und in allen Details beschrieben wurde, ein Faktum, das mehr als hinreichend dokumentiert und von allen Historikern der Welt, den Revisionisten eingeschlossen, einhellig anerkannt ist? Den einzigen Hinweis, der das Phänomen erklären könnte, finde ich im fanatischen Antisemitismus, im grenzenlosen Judenhaß, den die Leugner verbreiten und schüren. Leugnen sie womöglich deshalb, weil sie im Grunde meinen, der Holocaust habe sich in der Geschichte letztendlich so nicht ereignet, nicht so, wie er nach ihrer Auffassung hätte verlaufen müssen, daß er Stückwerk blieb und leider unvollendet?

Die Frage nach der Kollektivschuld, mit der ich öfters konfrontiert werde, hat in der deutschen Öffentlichkeit lange die Diskussion um die Ursachen, das Ausmaß und die Folgen der Verbrechen Hitler-Deutschlands beherrscht. Das Wort Kollektivschuld bezog sich vor allem auf das dem jüdischen Volk zugefügte Leid. Ohne Ausnahmen zuzulassen, stellte es für alle Nicht-Opfer in Deutschland eine gemeinsame Verantwortung und Haftung her, ursprünglich sogar – so wollten es 1945 die Siegermächte – für sämtliche politischen Handlungen der Nazi-Regierung und ihrer Organisationen. Im Lauf der Zeit ist diese Auffassung mehr und mehr revidiert und durch eine den historischen Tatsachen gemäßere ersetzt worden. Schuldig kann nur sein, wer sich persönlich vergangen hat, nicht die an einem Verbrechen Unbeteiligten und erst recht nicht die Nachkommen. Doch wo sich die Frage nach der Verantwortung nicht oder nicht mehr stellt, bleibt das Problem der Verantwortlichkeit – zwei unterschiedliche Begriffe, die man nicht verwechseln sollte.

Dem Thema der Gesamtschuld und Gesamtverantwortung der Deutschen widmete sich Michael Wolffsohn in seiner Rede anläßlich des Volkstrauertags im Herbst 1995 im Berliner Dom. Als ich vom Volksbund deutscher Kriegsgräberfürsorge eine Einladung zu dieser Veranstaltung erhielt, fühlte ich mich zunächst in keiner Weise angesprochen. Was hatte ich auf dieser Feierstunde verloren, was sollte ich in einem wilhelminischen Gotteshaus, in dem man der Opfer der Deutschen beziehungsweise der Wehrmacht im Zweiten Weltkrieg gedachte? Erst als ich die Einladung genauer las, stellte ich fest, daß es sich beim Hauptredner um Professor Wolffsohn von der Bundeswehrakademie in München handelte, einen Juden, von dem ich wußte, daß seine Familie nur mit Mühe und Not den Nazis entkommen war. So fuhr ich doch. Nachdem Bundespräsident Herzog gesprochen hatte, stellte Wolffsohn die im Augenblick wohl jeden der Zuhörer bewegende Frage, ob er, ein deutscher Jude, »mit Ihnen allen über dieselben Opfer trauern kann«. Er ließ da keinen Zweifel – Mitgefühl und Trauer schließen auch den einzelnen deutschen Soldaten ein, Menschen, die, wie er sagte, »kaum einer kennt«.

Statt an der Verdammung zur kollektiven Schuld und Verantwortung festzuhalten, die durch den Antritt neuer Generationen nach dem Krieg ohnehin bald brüchig geworden ist, befürwortet Michael Wolffsohn eine »Haftungsgesellschaft«. Er sieht in deren Existenz auch eine Garantie dafür, daß sich Geschehenes unter ähnlichem Vorzeichen nicht wiederholt. Verantwortlichkeit also statt Verantwortung. Kritische Auseinandersetzung mit der eigenen Geschichte statt, wie früher, Verdrängung, verharmlosende Beschönigung, Versuche, Schuld im nachhinein gegen andere aufzurechnen, sie damit möglichst zu verringern und aus Tätern Opfer zu machen, sie zumindest aber auf die gleiche Stufe zu stellen. »Wer sein geistiges und geistliches Erbe vernachlässigt und lässig verspielt«, sagte Wolffsohn, »schafft sich selbst die eigene Leere und hat keine Wurzeln. Wie ein wurzelloser Baum fällt auch jeder wurzellose Mensch und eine wurzellose Gesellschaft. Es bedarf keines Sturmes. Ein Windstoß genügt.«

Auch um dieser Gefahr zu begegnen, beschloß der Bundestag Anfang 1996 die Einführung eines offiziellen Gedenktags für die Opfer des Nationalsozialismus. Bewußt wählte man dafür den Tag, an dem die Überlebenden des Konzentrationslagers Auschwitz befreit wurden, den 27. Januar 1945. Viele mögen fragen, ob es fünfzig Jahre nach dem Zusammenbruch des Dritten Reiches eines solchen Gedenktags bedarf, sagte die Bundestagspräsidentin in ihrer Ankündigung: »Hat es in den zurückliegenden Jahrzehnten an Aufklärung, Erinnerung und Gedenken gefehlt?« Rita Süßmuth ging dann auf die Überlegungen ein, die dem Beschluß zugrunde liegen. Ein nationaler Gedenktag sei deshalb unabdingbar, »weil es in der Geschichte der Völker Ereignisse von fundamentaler Auswirkung für deren Existenz in Gegenwart und Zukunft gibt, die gegen das Vergessen in herausgehobener Form gesichert werden müssen«. Mit einer parlamentarischen Feierstunde aber sei es nicht getan. »Dieser Tag muß Anlaß sein, das Gedenken im ganzen Lande auf unterschiedliche Weise wachzuhalten und zu gestalten.«

Ähnliche Erwartungen äußerte Bundespräsident Herzog, der die Hauptrede hielt. Er wünsche sich, daß der 27. Januar künftig »zu einem wirklichen Tag des Gedenkens, ja des Nachdenkens wird«. Herzog wies eindringlich darauf hin, daß das Datum nicht zufällig gewählt wurde: »Auschwitz steht symbolisch für millionenfachen Mord, vor allem an Juden, aber auch anderen Volksgruppen. Es steht für Brutalität und Unmenschlichkeit, für Verfolgung und Unterdrückung, für die perfektionierte, organisierte ›Vernichtung‹ von Menschen. Die Bilder von Leichenbergen, von ermordeten Kindern, Frauen und Männern, von ausgemergelten Körpern, sind so eindringlich, daß sie sich nicht nur den Überlebenden und den Befreiern unauslöschlich eingemeißelt haben, sondern auch denjenigen, die heute deren Schilderungen nachlesen oder Bilddokumente betrachten.«

Wie alle Gäste dieser Veranstaltung des Bundestags saß ich auf der Zuhörertribüne, neben mir – zufällig in Deutschland zu Gast – Henry Kissinger, der ehemalige amerikanische Außenminister. Während wir auf die Eröffnung der Sitzung warteten, unterhielten wir uns angeregt über den Friedensprozeß im Nahen Osten. Wir haben das ohnehin unerschöpfliche Thema nicht beenden können, doch bevor die Bundestagspräsidentin ihre Ansprache begann, bedeutete Kissinger mir, das Gespräch hinterher fortsetzen zu wollen. Doch dazu kam es nicht. Kissinger war – und machte auch keinen Hehl daraus – zu angerührt von allem, zu betroffen, als daß er nach dieser Stunde noch über andere Dinge hätte reden können: »Ich weiß nicht, ob nach dem Krieg mich jemals etwas so bewegt hat.«

Bewegt war auch ich. Die Worte, die dieser Stunde ihren Inhalt gaben, und die Gewißheit, daß von nun an in diesem Land ein Tag im Jahr ausschließlich dem Gedenken der Nazi-Opfer gewidmet sein würde, riefen Erinnerungen und Hoffnungen wach, ließen aber auch Fragen aufkommen. Es waren eigentlich die gleichen, die mich 1995 bei der Teilnahme an ähnlichen Veranstaltungen beschäftigten: Wie reagieren die von Goldhagen beschriebenen »ganz gewöhnlichen Deutschen« darauf. Wie sprechen sie darüber im engsten Familienkreis? Wie reden sie in Kneipen, an Stammtischen, wenn es um Ereignisse geht, die nach dem Willen des Bundestags Gegenstand eines nationalen Gedenktags sein sollen – werden sie in der Bevölkerung überhaupt diskutiert?

Es ist leider schwierig für mich, solchen Fragen direkt nachzugehen. Von allen Sicherheitsauflagen abgesehen, kann ich mich nicht unerkannt als stummer Zuhörer in private Gesprächsrunden mogeln. Um die Volksmeinung zum Sinn von Gedenktagen zu erfahren, die der Erinnerung an ohnehin Unvergeßliches dienen, kann ich mich nicht unsichtbar machen. Zwar treffe ich immer wieder mit Deutschen unterschiedlichster Herkunft zusammen, Menschen aus allen Landesteilen, Alters- und Berufsgruppen – meine Kontakte beschränken sich keineswegs nur auf »offizielle« Kreise –, mir ist jedoch klar, daß die Partner dieser Begegnungen sich mir gegenüber, einem Vertreter des Judenstaates Israel, über die deutsche Vergangenheit nicht immer so äußern, wie ihr privates Umfeld es vielleicht von ihnen gewohnt ist. Um so mehr bin ich, auch wenn sie den unmittelbaren menschlichen Kontakt nicht ersetzen können, auf die Resultate von Umfragen als halbwegs verläßliche Antwortgeber angewiesen.

Und die offiziellen, die staatstragend-feierlichen Erklärungen selbst? Natürlich geben sie nicht immer die öffentliche Meinung wieder; die Vox populi bedient sich, weil ihr andere Denkmuster zugrunde liegen, ohnehin einer davon abweichenden Sprache. Gelegentlich auch reicht die Wirkung solcher Erklärungen nicht über die einer rein rhetorischen Leistung hinaus, der es an Aussagekraft mangelt, nicht aber an Kunstgriffen, andere Gedankengänge als die geäußerten zu verbergen.

Trotzdem sind öffentliche Verlautbarungen zum Umgang mit der NS-Zeit für mich von erheblich grundlegender Bedeutung, in zweierlei Hinsicht. Zum einen gehe ich davon aus, daß Politiker sich nur selten Äußerungen leisten können, für die die Mehrheit der Bevölkerung nicht – oder noch nicht – aufnahmefähig ist. Erst 1985 haben auch breitere Schichten Richard von Weizsäckers und Helmut Kohls Erklärungen zum Jahr des Kriegsendes als der eigenen Überzeugung entsprechend akzeptieren können. Nach meinem Eindruck spiegeln die Aussagen deutscher Politiker in den letzten Jahren überhaupt mehr den jeweiligen Stand des öffentlichen Bewußtseins, als daß sie Botschaften von allzu hoher, abgehobener Warte sind. Zum anderen bin ich überzeugt davon, daß nicht nur von Mahn- und Gedenkreden, sondern von jedem Wort, wenn es von berufener Seite kommt, eine verwandelnde, vielfach zukunftsweisende Kraft ausgehen kann. Sie ist es, die langfristig zum Umdenken erzieht.

Die Schlußfrage im erwähnten »Fragebogen« des FAZ-Magazins, die sich für mein Motto interessierte, habe ich 1995 lapidar mit dem Satz beantwortet, mein Motto sei, an keinem bestimmten zu hängen. Heute, nach meinen bisherigen Erfahrungen in Deutschland, würde ich ein französisches Wort wählen: »Rien n'est jamais acquis« – nichts ist sicher, was man für endgültig erworben hält.

Deutschland zur Kenntnis nehmen heißt für einen Israeli natürlich auch, sich mit den hier neu entstandenen jüdischen Gemeinden zu befassen. Das ist nicht immer leicht und auch nicht immer selbstverständlich. Auch in anderen Ländern machen es sich manche Israelis schwer, Beziehungen zu Juden aufzubauen, die dort als Bürger leben. Das Leben in den

Gemeinden, die sich nach dem Untergang des Hitler-Reiches aus oft mehr als bescheidenen Anfängen in Deutschland entwickelt haben, wirft heute einige grundsätzliche Fragen auf, die sich aus dem Verhältnis zwischen dem Staat Israel und den Juden in aller Welt ergeben.

Im Anschluß an die Erklärung seiner Unabhängigkeit gab sich der Staat Israel ein Grundgesetz, das Gesetz der Rückkehr der Juden nach Israel. Damit verpflichtet sich der Staat auf ewige Zeiten, jedem Juden bedingungslos Asyl zu gewähren und ihm die israelische Staatsbürgerschaft zu verleihen, sobald er die Rechte, die sich aus dem Gesetz ergeben, in Anspruch nimmt.

Historisch geht das Gesetz auf den Zionismus zurück. Die wichtigste Säule des Staats, der Zionismus, garantiert die Rückkehr der Juden in ihre historische Heimat mit der Möglichkeit für jeden, sich dort ein neues Leben in Würde aufzubauen, nämlich eine Existenz in politischer Unabhängigkeit. Das aber kommt einer Ablehnung der jüdischen Existenz im Ausland gleich, die so gesehen eigentlich nie würdig sein konnte – eine Schlußfolgerung aus dem Scheitern der Emanzipation der Juden im 19. Jahrhundert in Europa, nachdrücklich verstärkt noch durch den Holocaust.

Darüber hinaus wuchs in Israel nach dem Zweiten Weltkrieg in bezug auf die sich in Deutschland neu bildenden jüdischen Gemeinden eine grundsätzliche Verstimmung darüber, daß Juden nach ihrer schrittweisen Entwürdigung bis hin zum Holocaust bereit waren, wieder im Land ihrer Henker zu leben. Man empfand dies als Schmach für das gesamte jüdische Volk. Dabei waren es – und sind es vereinzelt auch heute noch – keineswegs nur Israelis, sondern auch Juden anderswo in der Welt, die dieses Gefühl der Demütigung belastet.

Mittlerweile jedoch haben sich die Zeiten gewandelt. Israelis sehen heute das jüdische Dasein in der Diaspora mit mehr Gelassenheit als in den ersten Jahren der Existenz ihres Staates. Nach wie vor ist die Idee von Israel als ewige Asylstätte für alle Juden lebendig, man weiß aber ebenso, daß es für das Judentum mehr als nur eine Daseinsform gibt. Zweitausend Jahre des Exils haben eine Realität geschaffen, die sich nicht einfach auflösen läßt. Wichtig für unsere Zukunft ist allein, unsere Kultur, unsere Tradition zu bewahren. Wir haben die Vielfalt des jüdischen Lebens hingenommen, haben sie akzeptiert und kommen damit meist gut zurecht.

Was die jüdischen Gemeinschaften in Deutschland angeht, so liegen die Dinge freilich etwas komplizierter. Mit einem Problem wurde ich schon konfrontiert, als ich mich auf meinen Posten in Deutschland vorbereitete. Es ging um die Juden, die nach dem Zusammenbruch der Sowjetunion endlich die Erlaubnis zur Auswanderung erhielten. Israel nahm von ihnen bereits etwa 700 000 auf, nicht alle Emigranten aber gaben Israel den Vorzug, manche wollten sich anderswo im Westen niederlassen, so auch in Deutschland. In den letzten sieben Jahren konnten sich hier die jüdischen Gemeinden in etwa verdoppeln. Heute zählen sie rund 70 000 Mitglieder – immer noch weniger als ein Promille der Gesamtbevölkerung.

Die israelische Regierung sah diese Entwicklung von Anfang an mit großer Besorgnis. Man konnte nicht verstehen, daß Juden, denen sich Israel als Heimat anbot, die mithin kein anderes Asylland nötig hatten, dennoch anderswo leben wollten, sogar in Deutschland. Das Verlangen keine jüdischen Emigranten aus der Sowjetunion und anderen Ländern aufzunehmen, brachte die deutsche Regierung in einen doppelten Konflikt. Einmal gab es die nur langsam erstarkenden jüdischen Gemeinden, die auf Zuwachs von außen hofften. Zum anderen ließen sich moralische Verpflichtungen gegenüber Israel schwer in Einklang bringen mit dessen Forderung, jüdische Zuwanderer abzuweisen. War es nicht ganz und gar unmöglich, daß der Judenstaat von deutschen Behörden verlangte, sie dürften jeden Asylsuchenden aufnehmen, nur keinen Juden? Durfte sich überhaupt ein anderer Staat, Israel eingeschlossen, in innenpolitische Angelegenheiten Deutschlands einmischen?

Die israelische Regierung unter Ministerpräsident Shamir ließ indessen keine vernünftigen Argumente gelten. Hartnäckig bestand sie darauf, Deutschland solle keine Juden aufnehmen und solche, die sich um die Einwanderung bemühten, an Israel verweisen. Dem neuen Ministerpräsidenten Rabin wie auch dem neuen Außenminister, meinem Vorgesetzten Shimon Peres, war die Frage peinlich, die ich vor dem Antritt meines Amts in Bonn an sie richtete: Sollten wir immer noch auf die deutschen Behörden Druck ausüben und darauf bestehen, Juden aus der ehemaligen Sowjetunion die Aufnahme zu verweigern? Ich erhielt keine eindeutige Antwort, die Wahl der richtigen Politik in dieser Angelegenheit wurde mir überlassen.

Juden sollten, wie alle Menschen der Welt, das Recht haben, dort zu leben, wo sie wollen. Auch der Staat Israel hat nicht das Recht, ihnen in dieser Hinsicht Vorschriften zu machen. Das Gesetz der Rückkehr verpflichtet zwar Israel zur Aufnahme jedes Juden, der sie begehrt, zwingt aber niemanden gegen seinen Willen, diesem Gesetz zu folgen – die Verpflichtung liegt allein auf der Seite Israels. In diesem Sinne habe ich denn auch meine Aufgaben wahrzunehmen versucht, sowohl den deutschen Behörden wie den jüdischen Gemeinden gegenüber.

Insofern stellten die öffentlichen Äußerungen Präsident Ezer Weizmans während seines Staatsbesuchs im Januar 1996 einen gewissen Rückschlag dar. Er vertrat unumwunden die Auffassung, Juden hätten in Deutschland nichts verloren, es gebe überhaupt für Juden, nicht nur solchen aus der ehemaligen Sowjetunion, keinen Grund, in Deutschland zu leben. Weizmans Worte ließen außer acht, daß es mittlerweile sehr viele Deutsche gibt, die stolz sind auf das neu erstehende jüdische Leben in ihrem Land – sie sehen darin einen späten Sieg über Hitler, der ein »judenreines« Deutschland wollte. Noch während Weizmans Aufenthalt in Deutschland gestand ich in einer Fernsehsendung dem Präsidenten das Recht zu, seine ganz persönliche Meinung zu äußern. Damit war zugleich meine eigene, reservierte Haltung zu Weizmans Ansicht klargestellt.

Eine Woche später war ich Gast bei einem Essen, das der ägyptische Botschafter in Bonn gab. Seine Tischrede galt dem Ehrengast des Abends, er unterließ es jedoch nicht, auch an meine Adresse ein paar Worte zu richten. »Man hat mir mehrfach erzählt, Israel sei eine echte Demokratie«, sagte er. »Doch wie demokratisch Israel ist, wußte ich bis zur vorigen Woche nicht, als ich im Fernsehen meinen hier anwesenden israelischen Kollegen sah, der sein Staatsoberhaupt öffentlich fast gerügt hat. Ich bin davon ausgegangen, er würde meiner Einladung zum heutigen Abend nicht folgen können, weil er den Weg zurück in seine Heimat antreten mußte . . . Aber er ist, wie ich sehe, immer noch da . . .«

Die Wunde und die Narbe

Ich bin weiterhin auf meinem Posten, nach wie vor bemüht, meine Mission im Dienst der deutsch-israelischen Beziehungen zu erfüllen. Die Frage, ob diese Beziehungen mittlerweile »normal« seien, wird nicht nur deutschen Politikern gestellt und mit ziemlicher Regelmäßigkeit in den Medien erörtert, auch ich sehe mich immer wieder mit ihr konfrontiert, aus unterschiedlichsten Anlässen. Doch was heißt im Zusammenhang mit internationalen Beziehungen schon »normal«? Die Art, in der zwei Staaten im Rahmen der diplomatischen Beziehungen, die sie zueinander unterhalten, Kontakte pflegen und sie, etwa auf wirtschaftlichem oder kulturellem Gebiet, erweitern, ist jedesmal eine andere. Beziehungen zwischen Ländern sind ohnehin in ständigem Wandel begriffen, unterscheiden sich so deutlich voneinander, daß sich kaum zwei identische Beispiele finden lassen. Was nun Israel und Deutschland betrifft, so sind auf israelischer Seite, um dieses anschauliche, wenngleich nicht unumstrittene Bild zu gebrauchen, die alten Wunden längst verheilt, die zurückgebliebenen Narben aber immer noch empfindlich.

Als ich mich in einem solchen Sinne 1995 vor der deutschen Öffentlichkeit äußerte, hatte das gewisse Folgen in Israel. Dov Shilanski, vormaliger Präsident der Knesset, erklärte ebenso öffentlich, er habe das Auswärtige Amt in Jerusalem aufgefordert, mich unverzüglich von meinem Botschafteramt abzulösen und nach Israel zurückzurufen.

Sein Ersuchen begründete er mit dem Hinweis, ich hätte in den deutschen Medien die Auffassung vertreten, die deutsch-israelischen Beziehungen basierten jetzt nicht mehr auf einer offenen Wunde. Dov Shilanski ist ein Überlebender des Holocaust, vermutlich steht er mit seiner Meinung nicht allein.

Doch ob Wunde oder Narbe und wie immer man den Heilungsprozeß einschätzen und prognostizieren mag, Ungeschicklichkeiten genügen, um in Israel unliebsame Erinnerungen zu wecken. Im schlimmsten Fall können sie eine Krise wie jene heraufbeschwören, die am Rande des Golfkriegs ausbrach – in diesem emotionalen Maß undenkbar in den Beziehungen zu einem anderen Land. Um so bewußter betrachte ich meine Mission in Deutschland noch immer als Herausforderung, auch und ganz besonders für die Zukunft. Das künftige Verhältnis zwischen beiden Ländern wird wie bisher zu einem großen Teil von der Stärke und Aufrichtigkeit der gemeinsamen Verantwortung in bezug auf die Vergangenheit abhängen.

»Gibt es noch Grenzen im Umgang miteinander?« Als Richard von Weizsäcker diese Frage 1995 in einem ZDF-Interview beantwortete, wies auch er auf die, wie er sagte, »Empfindsamkeit« der deutsch-israelischen Beziehungen hin. »Wie könnte es auch anders sein«, fügte er hinzu, um dann auf die obligatorische Frage zur Normalisierung der Beziehungen einzugehen. Er finde den Begriff der Normalität auf das Verhältnis beider Länder nicht so ganz leicht anwendbar, »aber die besonderen Kennzeichen liegen . . . einerseits in der großen Intensität und auf dem faktischen Umfang nicht nur im wirtschaftlichen Bereich, sondern darüber hinaus in der großen Zahl von Menschen, die mit persönlichem Engagement an diesen Beziehungen beteiligt sind.

Das ist etwas, was ich kaum in den Beziehungen Deutschlands zu irgendeinem anderen Land kenne.«

Der Friedensprozeß, in dem sich Israel heute – nach fast fünfzigjährigem Kriegszustand – befindet, ist überaus kompliziert, der Weg zum Frieden noch immer lang und dornenreich. Krisen und Unterbrechungen werden ihn wohl auch weiterhin markieren, sollten aber nicht den Blick in die Zukunft verstellen. Die Tatsache, daß alle Völker im Nahen Osten nach Jahrzehnten bereit sind, miteinander zu reden, um Frieden zu schließen und auf gemeinsamen Interessensgrundlagen Möglichkeiten der Zusammenarbeit zu finden, bezeichnet einen allgemeinen Wandel in der Mentalität dieser Völker. Der einmal beschrittene Weg ist dadurch unumkehrbar geworden.

Um einen möglichst dauerhaften Frieden zu erzielen, werden parallel zweierlei Verhandlungen geführt: bilaterale zwischen Israelis und Palästinensern sowie multilaterale, an denen fast alle Kontrahenten teilnehmen. Ein Friedensabkommen, so schwierig es zu erreichen sein wird, kann zunächst nur ein Ansatzpunkt sein, auf- und ausbaufähig, um in der Realität des Alltags der Völker dieser Region eine Wende herbeizuführen: direkte Kontakte zwischen den Menschen, diplomatische Beziehungen, offene Grenzen, Handelsverkehr, Tourismus und, vor allem, gemeinsame wirtschaftliche Bemühungen auf der Grundlage überregionaler Entwicklungspläne. An den multilateralen Verhandlungen, die sich dieser schwierigen Aufgabe widmen, nehmen außer Israel, den Palästinensern und den übrigen nahöstlichen Staaten auch Japan, die Europäische Union und die Vereinigten Staaten teil. Während es von Anfang an nicht an allgemeinem Verständnis für die Notwendigkeit übergreifender

Projekte fehlt, die in der Zukunft verwirklicht werden müssen, sind die dafür erforderlichen riesigen Investitionen noch nicht gewährleistet.

Trotzdem wächst die Überzeugung, daß ein friedlicher Naher Osten, der sich auch wirtschaftlich auf einer gemeinsamen Ebene entwickelt, gute Chancen hat, allmählich zu einem blühenden Teil der Welt heranzuwachsen. Wer heute in rentable überregionale Entwicklungspläne investiert, sichert sich für morgen im Rahmen einer allgemeinen wirtschaftlichen Zusammenarbeit Handelspartner und Kunden. Meine Beiträge zur deutsch-israelischen beziehungsweise europäisch-israelischen Kooperation betrachte ich als wichtigen und würdigen Teil meiner Tätigkeit. Immerhin geht es darum, der deutschen und europäischen Wirtschaft eine Hauptrolle im Nahen Osten zu sichern und somit auch politische Einflußmöglichkeiten in einer Region, die an der Schwelle des Kontinents liegt.

Eine weitere Frage zur Zukunft der Beziehungen zwischen Deutschland und Israel ist noch stärker mit der Europäischen Union verbunden. Sie geht von einem erfolgreichen Abschluß des Friedensprozesses im Nahen Osten aus und von der Vorstellung, wie sich der Alltag der Israelis dann gestalten und welche praktischen Auswirkungen der Frieden auf die Zukunft des Landes haben wird. Natürlich wird Israel alles tun, um mit den Nachbarstaaten vertrauensvoll zusammenzuarbeiten, gerade auf wirtschaftlichem Gebiet. Dennoch wird Israel kein volles Mitglied der nahöstlichen Völkergemeinschaft sein, die durch eine gemeinsame Geschichte, Sprache und Kultur, überwiegend auch durch eine gemeinsame Religion verbunden ist. Israel wird daran nicht teilhaben können, will es aber auch nicht. Wir wollen unsere Identität nicht verlieren, unsere eigenen Traditionen, unsere

Kultur, Religion und Sprache bewahren. Die Lage der eingekreisten, belagerten Enklave, die Israel heute darstellt, wird sich nach dem Friedensschluß zwar durch zahlreiche Brücken zu unseren Nachbarn ändern, wird dann aber auch der Fortbestand unserer Identität gewährleistet sein?

Auf sich gestellt und aus eigener Kraft dürfte es Israel kaum gelingen, seine Zukunftsaufgaben zu meistern. Um mit den rasch fortschreitenden internationalen Entwicklungen auf wirtschaftlichem, technologischem und wissenschaftlichem Gebiet Schritt halten zu können und diese Entwicklungen vielleicht auch durch eigene Leistungen zu beeinflussen, wird Israel sich Partner suchen und sich ihnen anschließen müssen. Selbst zehnmal größere Länder in Europa haben, um in der hochtechnisierten Gesellschaft von heute mit ihrer Wirtschaft und Forschung international wettbewerbsfähig zu bleiben, die Notwendigkeit solcher Zusammenschlüsse erkannt und für sich die Konsequenzen gezogen – das Ergebnis ist die im Entstehen begriffene europäische Vereinigung.

Japan, eine führende Wirtschaftsmacht, scheidet als ständiger Partner für Israel aus, ebenso die Vereinigten Staaten. Die USA sind zwar verläßliche Freunde und Verbündete, die tatkräftigsten Förderer Israels auf jedem Gebiet, wirtschaftlich jedoch sind sie eher an Südamerika, an Südostasien und danach erst an Europa interessiert. Die Chance für Israel, sich dauerhaft mit wirtschaftlich starken Partnern zu verbinden, dürfte deshalb allein in Europa liegen.

Um dieses Ziel zu erreichen, darf Israel wie die Bundesregierung zugesichert hat, vor allem mit deutscher Hilfe rechnen. Dem Einsatz der Bundesregierung ist es zu danken, daß die Staats- und Regierungschefs der Europäischen Union Ende 1994 in Essen unter deutscher Präsidentschaft einen

Beschluß faßten, der Israel innerhalb der EU einen Privile-
giertenstatus einräumt. Damit ist zwar erst der Ansatz eines
Weges vorgezeichnet, der noch genauer definiert, der verlän-
gert und auf seine Tragfähigkeit hin geprüft werden muß,
mit dem Anfang aber sind Zeichen gesetzt, die zu Hoffnungen Anlaß geben.

Er läßt sogar Visionen für die kommenden Jahrzehnte
zu. Erfüllen sie sich, dann wird Israel wirklich und fast wie
selbstverständlich mit Deutschland verbunden und zugleich
in Europa verankert sein – ein Pfeiler zu einem Brücken-
schlag zwischen diesem Kontinent und den Ländern des Nahen Ostens.

Im vorliegenden Buch erwähnte oder zitierte Literatur

Inge Deutschkron, Ich trug den gelben Stern, Köln 1983

Inge Deutschkron, Israel und die Deutschen. Das schwierige Verhältnis, Köln 1991

Inge Deutschkron, Mein Leben nach dem Überleben, München 1995

Inge Deutschkron, Sie blieben im Schatten. Ein Denkmal für stille Helden, Berlin 1996

Marion Dönhoff, Um der Ehre willen – Erinnerungen an die Freunde vom 20. Juli, Berlin 1994

Klaus Gebert (Hrsg.), Generalfeldmarschall Fedor von Bock – Zwischen Pflicht und Verweigerung. Das Kriegstagebuch, München 1995

Daniel Jonah Goldhagen, Hitlers willige Vollstrecker. Ganz gewöhnliche Deutsche und der Holocaust, Berlin 1996

Hans-Dieter Grabe, Er nannte sich Hohenstein. Eine Dokumentation des ZDF, Mainz 1994

Yohanan Meroz, In schwieriger Mission. Als Israels Botschafter in Bonn, Berlin 1986

Ingo Müller, Furchtbare Juristen. Die unbewältigte Vergangenheit unserer Justiz, München 1987

William L. Shirer, Aufstieg und Fall des Dritten Reiches, Köln und Berlin 1961

John Weiss, Ideology of Death, Chicago 1995

Personenregister

Opfer der chinesischen Kulturrevolution

Eindrucksvoll erzählt Nien Cheng ihren Leidensweg in den Kerkern des maoistischen China. Neben Solschenizyns *Archipel Gulag* und Koestlers *Sonnenfinsternis* gehört ihr Bericht zu jenen Zeugnissen menschlicher Qual und Größe, wie sie nur unser Jahrhundert der Kriege und Katastrophen hervorbringen konnte. Nien Chengs Erinnerungen durchleuchten die Dramatik der Kulturrevolution und die Motive der Beteiligten.

»Erschütternde Enthüllungen«   Die Welt

Nien Cheng
Leben und Tod in Schanghai
480 Seiten
Ullstein TB 35920

Ⅱ ULLSTEIN

Sind Versicherungen schuldfähig?

Als 1997 jüdische Organi-
sationen die deutschen
Versicherer mit Millionen-
klagen aus alten Policen von
Holocaustopfern überzogen,
waren die betroffenen
Unternehmen empört. Im
Bemühen um political
correctness und aus Angst vor
Umsatzeinbußen trauten sie
sich allerdings nicht, dieses
laut zu sagen. Stattdessen
untersuchten sie die eigene
Firmengeschichte und stellten
überrascht fest, daß die meisten Unterlagen im Krieg vernichtet wurden. Arno
Surminski durchleuchtet die
Rolle der Versicherungen im
Dritten Reich.

Arno Surminski
**Versicherung unterm
Hakenkreuz**
Originalausgabe
272 S., mit 30 s/w-Abb.
Ullstein TB 35949